D1730840

Bernhard Zimmermann   Die griechische Komödie

Bernhard Zimmermann

Die griechische Komödie

Verlag Antike

Gedruckt mit freundlicher Unterstützung der
Sokratischen Gesellschaft e.V., Mannheim

Die Deutsche Bibliothek verzeichnet diese Publikation
in der Deutschen Nationalbibliografie
http://dnb.ddb.de

© 2006 Verlag Antike e.K., Frankfurt am Main
Satz Anne Schlichtmann, Freiburg
Einbandgestaltung disegno visuelle kommunikation, Wuppertal
Einbandmotive Dionysos-Theater und Mosaik einer Komödienmaske,
  mit freundlicher Genehmigung des Autors
Gedruckt auf säurefreiem und alterungsbeständigem Papier
Printed in Germany

ISBN-10 3-938032-10-3
ISBN-13 978-3-938032-10-7

www.verlag-antike.de

Vorwort

Vorliegender Band ist die vollständig überarbeitete und erweiterte Fassung meines 1998 bei Artemis & Winkler erschienenen Buchs „Die griechische Komödie". Ich danke Dr. Martina Erdmann für die Aufnahme des Buchs in ihr Verlagsprogramm, vor allem jedoch für die fachkundige und gründliche Betreuung in der Phase der Überarbeitung. Anne Schlichtmann (Freiburg) habe ich für ihre unermüdliche Hilfe bei der Erstellung der Druckvorlage und für viele Hinweise zu danken. Das Erscheinen des Buchs wurde ermöglicht durch einen namhaften Druckkostenzuschuß der Sokratischen Gesellschaft, der mein herzlicher Dank gilt.

Widmen möchte ich das Buch meinen Freiburger Doktorandinnen und Doktoranden. Sie werden viele Diskussionen, die wir in den Kolloquien geführt haben, in den überarbeiteten Passagen insbesondere des 1. Kapitels wiedererkennen.

Freiburg, im April 2006

Bernhard Zimmermann

Inhaltsverzeichnis

1. Einleitung

1.1 Die Überlieferung der griechischen Komödie

Von der ungeheueren Zahl der zwischen 486 und 120 v. Chr. aufgeführten Komödien – es dürften mehr als 2300 Stücke von 256 uns namentlich bekannten Dichtern gewesen sein – sind nur kärgliche Reste erhalten: Elf Komödien des Aristophanes (um 450 bis nach 388 v. Chr.) und nur ein Stück Menanders (342/341–293/292 v. Chr.) sind vollständig überliefert. Fünf weitere Komödien sind wenigstens in großen Teilen lesbar und in ihrer Handlung erkennbar. Eine Flut von Fragmenten – von einzelnen Wörtern bis hin zu längeren Verspartien – ergänzt dieses Bild.

Den Werken der beiden Dichter war ein unterschiedliches Schicksal beschieden: Während die elf Stücke des Aristophanes in mehr als 230 Handschriften tradiert wurden, war von Menander außer einer Vielzahl von Versen moralisierenden Inhalts, den sogenannten Gnomen Menanders, fast nichts bekannt, bis zu Beginn dieses Jahrhunderts mehrere Papyrusfunde ein ganzes Stück und größere zusammenhängende Partien von Komödien ans Licht brachten. Hierdurch entstand ein zuverlässigeres Bild vom Werk des attischen Dichters, dessen Themen und Stoffe bisher nur in den Bearbeitungen durch die römischen Komödiendichter Plautus (ca. 250–184 v. Chr.) und Terenz (ca. 195 oder 185–159 v. Chr.) für uns greifbar waren.

Ein kurzer Blick auf die verschlungenen Wege der Überlieferung soll das Mißverhältnis zwischen der Anzahl der in der Antike aufgeführten und heute erhaltenen Komödien klären helfen. Von der Geschichte der Komödientexte ist weit weniger bekannt als von der Überlieferung der Tragiker. Eine wichtige Station bei der Tradierung der Tragödien des Aischylos, Sophokles und Euripides waren die kulturpolitischen Aktivitäten des athenischen Politikers Lykurg, der im Jahre 330 v. Chr. ein ‚Staatsexemplar‘, also einen offiziellen Text der drei großen Tragödiendichter anfertigen ließ. Diese Maßnahme war notwendig geworden, da nach 386 v. Chr. Wiederaufführungen der Klassiker des 5. Jahrhunderts durch Volksbeschluß genehmigt worden waren. Bis zu diesem Zeitpunkt waren Reprisen im Dionysostheater in Athen nicht möglich; in den ländlichen Theatern konnten allerdings die Stücke, die einmal in Athen aufgeführt worden waren, nochmals inszeniert werden. Nur Aischylos' Tragödien durften als postume Ehrung des Dichters schon im 5. Jahrhundert mehrfach aufgeführt werden. Regisseure wie Schauspieler griffen fortan recht stark in die Texte ein, veränderten sie dem Publikumsgeschmack und den eigenen Zwecken entsprechend derart, daß der originale Wortlaut immer mehr zu verschwinden drohte.

Vor allem die Dramen des im 4. Jahrhundert äußerst beliebten Euripides waren diesen Eingriffen, den sogenannten „Schauspielerinterpolationen", besonders ausgesetzt.

Anders verlief die Entwicklung bei der Schwestergattung Komödie: Zwar sind durch Inschriften seit dem Jahre 339 v. Chr. Wiederaufführungen „alter" Komödien bezeugt; doch es wurden, wie es scheint, weniger die Komödien des 5. Jahrhunderts, sondern Stücke zeitgenössischer Autoren oder von Dichtern der jüngsten Vergangenheit bei diesen Anlässen wiederaufgeführt. Die Ursache dieser unterschiedlichen Entwicklung ist darin zu sehen, daß die Gattung Komödie sich auch im 4. Jahrhundert weiter entwickelte, während es nach dem Tod des Euripides (406 v. Chr.) und Sophokles (406/405 v. Chr.) keine nennenswerten Tragödiendichter mehr gab. Zudem war die Komödie des 5. Jahrhunderts zu sehr auf aktuelle Probleme zugeschnitten, als daß sie ohne weiteres, losgelöst von den politisch-historischen Umständen ihrer Aufführungszeit, von einem späteren Publikum verstanden werden konnte. Daher ist es eher unwahrscheinlich, daß Lykurg auch für die Komödiendichter ein Staatsexemplar herstellen ließ, zumal deren Stücke im Gegensatz zu den klassischen Tragödien nicht den Eingriffen der Regisseure und Schauspieler ausgesetzt waren.

Seit dem 3. Jahrhundert v. Chr., der Zeit des Hellenismus also, verengte sich der Dichterkanon auf wenige Namen. Wenn der römische Dichter Horaz (65–8 v. Chr.) in seiner Gattungsgeschichte der Satire als Repräsentanten der griechischen Komödie des 5. Jahrhunderts nur Eupolis, Kratinos und Aristophanes namentlich nennt – in dieser Reihenfolge dem metrischen Zwang gehorchend, *Eupolis atque Cratinus Aristophanesque poetae* (*Satire* 14,1) –, kommt darin diese Tendenz der Verengung deutlich zum Ausdruck. Im ägyptischen Alexandria, dem kulturellen Zentrum der ptolemäischen Dynastie, beschäftigten sich die bedeutendsten Gelehrten der Zeit wie der Dichter und Philologe Kallimachos (* um 300 v. Chr.), Aristophanes von Byzanz (257–180 v. Chr.), Lykophron (Anfang 3. Jahrhundert v. Chr.) und Aristarch (217–145 v. Chr.) mit den Klassikern der griechischen Literatur. Sie sammelten die Handschriften, derer sie habhaft werden konnten, edierten die Texte und versahen sie mit Einleitungen (Hypotheseis), die Informationen zur Datierung, zum Inhalt und zur Stellung des Stücks im Werk und der Biographie des jeweiligen Dichters enthalten konnten, und mit sprachlichen und inhaltlichen Kommentaren (Scholien). Dieses Material, das ständig ergänzt wurde, ist in den mittelalterlichen Handschriften erhalten. Mit der Komödie befaßten sich Lykophron, der die Sprache der drei großen Dichter des 5. Jahrhunderts, Aristophanes, Kratinos und Eupolis, untersuchte und eine Abhandlung über die Komödie verfaßte; Aristophanes von Byzanz, auf den wissenschaftlich fundierte Ausgaben des Aristophanes und Menanders zurückgehen; und Apollodor, ein Schüler Aristarchs (Mitte 2. Jahrhundert v. Chr.), der sich mit dem sizilischen Komödiendichter Epicharm befaßte.

Von den alexandrinischen Philologen stammt wohl auch die heute noch übliche Dreiteilung der griechischen Komödie in die Phase der Alten Komödie *(Archaía)* des 5. Jahrhunderts v. Chr., die Übergangszeit der Mittleren *(Mése,* um 400–320 v. Chr.) sowie die Zeit der Neuen Komödie *(Néa,* 320 – ca. 120 v. Chr.). Diese Differenzierung kann frühestens nach dem Tod Menanders, des wichtigsten Vertreters der Neuen Komödie, entstanden sein (293/292 v. Chr.), in einer Zeit also, in der die letzte Entwicklungsstufe der griechischen Komödie deutlich von der vorangehenden Epoche abgegrenzt werden konnte. Wie wir späteren antiken Traktaten über die griechische Komödie entnehmen können, legten die antiken Philologen als Unterscheidungsmerkmale sowohl strukturelle und formale Kriterien als auch inhaltliche Gesichtspunkte – wie den politischen Gehalt eines Stücks – ihrer Epocheneinteilung zugrunde. Auch die vorliegende Darstellung hält sich an diese Dreiteilung.

Die folgenden Generationen bezogen sich auf die Texte und das Erklärungsmaterial, das die alexandrinischen Gelehrten zusammengetragen hatten. Beliebte Bühnenautoren wie der Tragiker Euripides oder – im Bereich der Komödie – Menander wurden ausführlicher kommentiert und häufiger abgeschrieben als weniger angesehene Dichter. Der Schulbetrieb trug in der römischen Kaiserzeit dazu bei, die Zahl der Dramatiker auf einen bestimmten Kanon zu beschränken. Ein wichtiger Vermittler in diesem Prozeß ist ein Gelehrter der augusteischen Zeit: Didymos mit dem bezeichnenden Namen Chalkenteros („Der Mann mit dem eisernen Gedärm", das wohl dazu nötig war, um die enorme, ihm zugeschriebene Zahl von Büchern – es sollen an die 4.000 gewesen sein – zu Papier zu bringen). Er resümierte und exzerpierte die ungeheuer reiche Literatur, die ihm noch zur Verfügung stand – gerade dadurch wurden jedoch in der Folge viele Originaltexte aus dem Überlieferungsprozeß verdrängt – und verfaßte Wörterbücher zur Sprache der Komödie und Tragödie und arbeitete das Kommentarmaterial der früheren Philologen auf. Viel von dem, was wir noch heute in den erklärenden Notizen (Scholien) der Handschriften lesen, geht auf ihn zurück. Hinzu kam die Vorliebe der römischen Kaiserzeit für Anthologien und Spruchsammlungen, die die Zahl der vollständig überlieferten Dichter weiter einschränkte. Eine wahre Fundgrube für die nicht erhaltenen Dichter der Alten Komödie bietet Athenaios von Naukratis, ein Autor des 2./3. Jahrhunderts n. Chr. In seinem Werk *Deipnosophisten* *(Gelehrte beim Mahle)*, einem ‚Lexikon in Form von Tischgesprächen', zitiert er ausführlich Passagen von Komödiendichtern des 5. Jahrhunderts v. Chr., in denen Essen, Trinken und das, was in irgendeinen Zusammenhang mit einem Gelage gebracht werden kann, im Mittelpunkt stehen. Zahlreiche Komödienverse zitiert auch Johannes aus Stobai in Makedonien, genannt Stobaios (5. Jahrhundert n. Chr.). Um die literarischen Kenntnisse seines Sohnes Septimius zu verbessern, verfaßte er eine Sammlung von Exzerpten meist pädagogischen und moralisierenden Inhalts, unter denen Menanders Werk mit 850 Zitaten eine herausgehobene Stellung einnimmt.

In der Folgezeit kam zu den bisherigen kulturellen Zentren mit Konstantinopel, seit 330 n. Chr. Hauptstadt des römischen Reiches, ein weiteres hinzu. Durch einen Erlaß des Kaisers Valens (372 n. Chr.) sollten sich hier sieben Schreiber – vier griechische und drei lateinische – um den Bestand der kaiserlichen Bibliothek kümmern und sich vor allem der Umschrift der auf Papyrusrollen enthaltenen Texte in Pergamentcodices annehmen. Diese bibliothekarische Maßnahme war wohl aus mehreren Gründen erforderlich geworden: Das aus Tierhäuten gewonnene Pergament war zwar bedeutend teurer als Papyrus, jedoch auch bei weitem haltbarer als das aus den Fasern des Schilfrohrs hergestellte ‚Papier'. Außerdem dürften in den Wirren der Völkerwanderungszeit die Nachschubwege für Papyrus aus Ägypten unterbrochen worden sein. Schließlich hat vermutlich auch das zur Staatsreligion erhobene Christentum maßgeblich zur Einführung von Codices, also Büchern, beigetragen, da die in der Liturgie erforderliche Lektüre verschiedener neu- und alttestamentarischer Bibelstellen ein ständiges Hin- und Herblättern bedingt, was anders als in den Papyrusrollen in einem Buch ohne Schwierigkeiten möglich ist. Diese mit großem Aufwand verbundenen Aktivitäten trugen – wie später im 9. Jahrhundert die Umschrift von Majuskel- in Minuskel-Ausgaben, also der in Großbuchstaben geschriebenen Texte in die in dieser Zeit übliche Kleinschrift – wesentlich zur Ausdünnung des Textbestandes bei, da man sich bei der Auswahl der Texte, die übertragen werden sollten, ganz pragmatisch an den Lesebedürfnissen der Zeit orientierte.

Zwei politische Ereignisse, die für die Überlieferung der heidnischen antiken Literatur verheerende Folgen hatten, dürfen nicht vergessen werden: In der Zeit des Bildersturms in Byzanz (726–842 n. Chr.) wurden die Werke vieler paganer Autoren, darunter die Menanders, vernichtet. Der byzantinische Patriarch Photios versuchte im 9. Jahrhundert möglichst viele Texte zu retten. Er ließ Abschriften der erhaltenen Texte in der Minuskelschrift anfertigen, exzerpierte die ihm immer noch zahlreich zur Verfügung stehenden Texte und veröffentlichte diese Zusammenfassungen in seinem Werk *Bibliothéke*. Schließlich legte er ein Lexikon jener Wörter an, die seinen Zeitgenossen ohne Erläuterung nicht mehr verständlich waren. Das Material war vorwiegend den Komödien des 5. Jahrhunderts v. Chr. entnommen. Eine weitere wichtige Quelle für die griechische Komödie ist das byzantinische enzyklopädische Lexikon *Suda* aus der Mitte des 10. Jahrhunderts. Die Bedeutung dieses Lexikons als Überlieferungsträger wird ohne weiteres deutlich, wenn man bedenkt, daß 5.000 der 30.000 Stichwörter aus dem Werk des Aristophanes oder aus den Aristophanes-Scholien stammen.

Bei der Zerstörung Konstantinopels durch die Kreuzritter im Jahre 1204 und der Wiedereroberung der Stadt unter Kaiser Michael VIII. Palaiologos im Jahr 1261 wurden wiederum große Textbestände vernichtet. Doch auf diese Phase der Zerstörung folgte eine Renaissance unter der Dynastie der Palaiologen: Die Philologen Maximos Planudes (um 1250–1310), Thomas Magister (um 1270–1325), Manuel Moschopoulos (um 1265–1315) und Demetrios Triklinios (um 1280–1340) befaßten sich mit der Neuedition und vor allem Kommentierung der Dramatiker. Wie schon die Gelehrten der römischen Kaiserzeit, konzentrierten sie sich auf die wenigen, in der Schule gelesenen Komödien des Aristophanes (die sogenannte byzantinische Trias): den *Plutos* (*Reichtum*), die *Wolken* und die *Frösche*, auf jene Stücke des attischen Dichters also, die aufgrund ihres moralisierenden Tones (*Plutos*), ihres philosophischen (*Wolken*) oder literaturgeschichtlichen Inhalts (*Frösche*) als Schullektüre in Frage kamen. Die venezianischen Wiegendrucke des frühen 16. Jahrhunderts basieren auf den Arbeiten dieser spätbyzantinischen Gelehrten der Palaiologenzeit, die somit die wichtigste Brücke zwischen Antike und Renaissance bilden.

Daß diesen an dunklen Jahrhunderten und Renaissancen reichen Weg der Tradierung von den 256 namentlich bekannten Komödienautoren nur Aristophanes – abgesehen von der Glücksfunde der Menander-Papyri am Ende des letzten und in diesem Jahrhundert – mit elf vollständig erhaltenen Stücken überlebte, ist nicht nur bloßer Zufall der Überlieferungsgeschichte. Inhalte, Themen und Esprit seiner Komödien faszinierten nicht nur das zeitgenössische Publikum des 5. Jahrhunderts v. Chr., sondern ziehen noch heute Leser und Theaterbesucher in ihren Bann. Entscheidend war jedoch, daß in seinen Stükken einerseits für die Literatur- und Philosophiegeschichte wichtige Personen wie Aischylos, Euripides und Sokrates auftreten und die Komödie *Plutos* mit seinem moralisierenden Ton dem Geschmack späterer Zeiten entgegenkam. Beigetragen hat auch, daß das Attisch des Aristophanes als schulmäßig galt und so seit der römischen Kaiserzeit Schülergenerationen an seinem Stil ihr Griechisch schulten. Den Werken von Menander und anderen Komödiendichtern des 3. und 2. Jahrhunderts v. Chr. wurde gerade ihre Beliebtheit zum Verhängnis. Da die Römer Plautus und Terenz Stücke der zeitgenössischen griechischen Komödie ins Lateinische übertrugen, erlosch in der römischen Kaiserzeit allmählich das Interesse an den griechischen Originalen, zumal man mit Menanders Sentenzen (*Gnómai*) das Wichtigste zu haben meinte, so daß ihre Werke allmählich aus dem Überlieferungsprozeß verschwanden.

1.2 Gesellschaft und Komödie

In der Leichenrede (Epitaphios) auf die im ersten Jahr des Peloponnesischen Kriegs (431/430 v. Chr.) Gefallenen legt der Historiker Thukydides (ca. 460–395 v. Chr.) dem Politiker Perikles einen Lobpreis der kulturellen Errungenschaften des demokratischen Athen in den Mund. Perikles erwähnt in seiner Rede auch den regen Festbetrieb der Polis, der Stadt Athen, und die prächtigen privaten Bauten, die die Stadt zieren (II 38):

> Und in der Tat haben wir uns auch von den Mühen des alltäglichen Lebens in größtem Maße geistige Entspannungsmöglichkeiten geschaffen, und zwar durch Wettkämpfe und Opfer, die in steter Folge das ganze Jahr hindurch stattfinden, auf der einen und prächtige private Einrichtungen auf der anderen Seite, deren täglicher Genuß alles Betrübliche und Verdrießliche vertreibt.

Thukydides läßt Perikles in diesem Abschnitt Feste und private Einrichtungen einander gegenüberstellen, also öffentliche Feste, die die Polis, die Stadt Athen, organisiert und private Einrichtungen, Bauwerke, die Ausstattung von Bauten, Stiftungen oder Weihegeschenke. Besonders der Begriff „Wettkampf" (Agon) ist in diesem Zusammenhang von Bedeutung: Denn in der Tat fanden an vielen der über das Jahr verteilten Götterfeste Wettkämpfe statt, die entweder sportlicher oder musischer Art waren; man spricht von gymnischen und musischen Agonen. Zwei städtische Feste sind für uns von besonderem Interesse, da sie mit dramatischen Aufführungen verbunden waren: die Großen (oder Städtischen) Dionysien – das Hauptfest der Stadt Athen, das im attischen Monat Elaphebolion (März/April) abgehalten wurde – und die Lenäen im Monat Gamelion (Januar/Februar). Dionysien und Lenäen sind Teil einer Reihe von winterlichen Festen zu Ehren des Vegetations- und Weingottes Dionysos, die sich vom Dezember bis in den Frühling hinzogen.

Den Auftakt machten im attischen Monat Poseideon (etwa unserem Dezember entsprechend) die Ländlichen Dionysien, die in den einzelnen Ortschaften Attikas, den Demen, stattfanden und von den jeweiligen Ortsvorstehern, den Demarchen, organisiert wurden. Im Mittelpunkt des Festes stand eine Phallos-Prozession (*pompé*, πομπή). Ein hölzerner Phallos wurde als Fruchtbarkeitssymbol, um das Gedeihen der Wintersaat zu beschwören, durch das Dorf getragen; ein Chor sang einen wohl mit Obszönitäten angereicherten Hymnos auf Phallos oder Phales. Ein literarisches Zeugnis für dieses Fest findet sich in den *Acharnern* des Aristophanes: Der komische Held Dikaiopolis feiert, nachdem er seinen privaten Friedensraum inmitten der Kriegswirren eingerichtet hat, in seinem Heimatdemos die Ländlichen Dionysien mit Prozession und einem Hymnos auf den Phallos (v. 262–279):

Phales, des Bakchos Spielgesell,
Nachtschwärmer, lust'ger Zechkumpan,
Ehbrecher, Knabenschänder!
Vergnügt zum ersten Mal seit
Sechs Jahren grüß ich dich, ins Dorf
Zurückgekehrt mit dem Vertrag.
Juchhe, an Krücken geht der Krieg,
Und lahm ist selbst der Lamachos *(athenischer General)*.
Denn zehnmal lust'ger ist's, Phales, Phales,
Des Nachbarn hübsche Magd beim Reisigklauen
Im Phelleuswäldchen zu erwischen und –
Rund um den Leib zu packen, zu heben,
Ins Gras zu werfen, zu nehmen sie,
Phales, Phales!
Und willst du mit uns trinken, schlürfst du morgen
Ein Schlückchen Friedenswein im Katzenjammer,
Und Schild und Spieß, die häng ich in den Rauch.

Wie bei den Großen Dionysien und wohl auch als Imitation der großen städtischen Feierlichkeiten, wurden bei den Ländlichen Dionysien im 5. und 4. Jahrhundert auch Dramen aufgeführt.

Die Lenäen (im Januar/Februar) – der Name leitet sich mit großer Wahrscheinlichkeit nicht von dem griechischen Wort für „Kelter" (*lenós*, ληνός), sondern von *lénai* (λῆναι) ab, einer anderen Bezeichung der Dionysosanhängerinnen, der Bakchantinnen oder Mänaden – wurden mit einer Prozession begangen, die der Archon Basileus, der für Kultangelegenheiten zuständige höchste Staatsbeamten, und die Epimeletai, die für die Eleusinischen Mysterien Verantwortlichen, anführten. Bezeugt sind Spottreden und -gesänge (*skómmata*, σκώμματα), die während der Prozession von den Wagen herab vorgetragen wurden. Komödien- und Tragödienaufführungen wurden erst spät – vermutlich um 440 v. Chr. – Bestandteil des Festes.

Mit den Anthesterien, dem dreitägigen „Blütenfest" gegen Februarende, wurde der Beginn der Vegetationsperiode begrüßt. Am ersten Festtag, der Pithoigia („Faßöffnung"), wurde zum ersten Mal der Wein des Vorjahres ausgeschenkt. Im ländlichen Demos Ikaria, wo der Gott den Menschen den Wein übergeben hat, wird das Fest von den Kindern mit Schaukeln (*aióra*, αἰώρα) gefeiert. Am zweiten Tag, den Choen, zieht der Gott, vom Meer vermutlich auf einem Wagen kommend, begleitet von Spottgesängen, in die Stadt ein, verbindet sich mit der Frau des Archon Basileus in einer „heiligen Hochzeit" (*hierós gámos*, ἱερὸς γάμος) und übernimmt die Herrschaft in der Stadt. Es folgt ein Wettrinken der Bevölkerung aus großen, ca. drei Liter fassenden Krügen (*choaí*, χοαί), der übriggebliebene Wein wird in das nur an diesem Tag geöffnete Heiligtum des Dionysos in den Sümpfen (Dionysos Limnaios) gebracht. Die Tempel der anderen olympischen Götter sind an diesem Tag geschlossen, so daß sich eine ‚karnevaleske' Umkehrung der normalen Ordnung ergibt. Dies setzt sich am dritten Tag fort, dem Chytren-Fest – *chýtroi* (χύτροι) sind „Töpfe", in denen sich Gemüseeintopf befindet. An diesem Tag steigen Tote als unheimliche Wesen, „Karer" genannt, aus der Unterwelt herauf. Begangen wurde der Tag, wie die Quellen vermuten lassen, mit Maskentreiben. Dem Treiben wird am Abend mit dem Ruf „Hinaus, Karer! Vorbei sind die Anthesterien!" ein Ende gesetzt. In klassischer Zeit fanden auch an den Anthesterien Agone statt. Man weiß nicht, ob dies dramatische oder chorische Wettkämpfe waren; es wird aber in der Forschung angenommen, daß es eine Art von Qualifikationswettbewerb für Schauspieler gewesen sei, bei dem eine Entscheidung getroffen wurde, wer bei dem wichtigsten Polis-Fest, den Großen Dionysien, eine Rolle bekommen würde.

Die Stiftung der Großen Dionysien in der zweiten Hälfte des 6. Jahrhunderts v. Chr. geht auf den Tyrannen Peisistratos zurück. Durch das mehrtägige glanzvolle Fest, das im Zentrum seiner Macht, in Athen, stattfand, versuchte der Tyrann, den Einfluß seiner adligen Rivalen zu brechen, deren Einfluß auf lokalen Kulten beruhte. An die Stelle dieser zahlreichen attischen Lokalkulte setzte Peisistratos ein gesamtattisches Fest. Indem er den Kult des in dem attischen, nahe an der Grenze zu Böotien gelegenen Dorfes Eleutherai verehrten Dionysos nach Athen importierte, förderte er einen Kult, zu dem seine Familie eine besondere Beziehung hatte. Besonderen Glanz verliehen dem neuen Dionysosfest die dramatischen und chorischen Aufführungen. Seit 534 v. Chr. hören wir von tragischen Aufführungen. Als Erfinder der Tragödie gilt der Dichter Thespis. Der Dithyrambos, das alte Kultlied zu Ehren des Dionysos, gehörte seit 509 v. Chr. zum Festprogramm, die Komödie erst seit 486 v. Chr.

Die enorme politische Bedeutung des Festes wuchs mit der Einführung der Demokratie im Jahre 511/510 v. Chr. Sie wurde dadurch unterstrichen, daß der oberste Repräsentant des demokratischen Athen, der Archon eponymos, der Staatsbeamte also, nach dem in den offiziellen Aufzeichnungen das Jahr benannt wurde (z.B. ἐπὶ Καλλίου, *epí Kallíu*, „unter Kallias", „in der Amtszeit des Archons Kallias"), für die Organisation des Festes verantwortlich war. Die Großen Dionysien waren in der Folgezeit – in den Gründerjahren der Demokratie und der ersten großen Bewährungsprobe des jungen Gemeinwesens in der Zeit der Perserkriege (490–480 v. Chr.) – das Fest, das in seinen vielfältigen, oft symbolischen Handlungen und Inhalten wesentlich zur Stärkung der noch ungefestigten Identität und des Selbstwertgefühls des neuen Athen beitragen sollte. Kleisthenes, der nach dem Sturz der Tyrannis (511/510 v. Chr.) die Demokratie in Athen eingeführt hatte, hatte zur Absicherung des neuen politischen Systems die alten Verwaltungseinheiten der vier Phylen zerschlagen und durch zehn neue, gleichsam am Reißbrett entworfene Phylen ersetzt. Ziel dieser die Basis des neuen politischen Systems bildenden Phylenreform war nichts anderes als eine Vermischung der Bürgerschaft Attikas, da jede der zehn demokratischen Phylen sich aus den drei Landesteilen Küste, Stadt und Binnenland zusammensetzte. Die alten Einflußbereiche der Adligen waren damit auf einen Schlag zerstört, die Ausbildung einer neuen Identität der Bürger dringend notwendig geworden.

Die Dionysien übten in diesem Prozeß eine harmonisierende, zwischen den Gruppen ausgleichende Wirkung aus, da an ihnen sowohl der Adel als auch das Volk beteiligt waren. Die Reichen mußten in einer Art indirekter Besteuerung (*leiturgía*, λειτουργία, „Dienstleistung") für die Finanzierung der Chöre aufkommen (*choregía*, χορηγία). Im Falle eines Sieges wurden sie auf Inschriften namentlich geehrt. Wie der Fall des Politikers Alkibiades in der Zeit des Peloponnesischen Krieges zeigt, nutzten ehrgeizige junge Adlige das kostspielige Amt gerne als Sprungbrett für die politische Karriere. Es dürfte kein Zufall sein, daß Themistokles 476 v. Chr. Chorege war, als der Tragiker Phrynichos die *Phönizierinnen* aufführte, und Perikles 472 v. Chr. bei der Aufführung der aischyleischen *Perser*, wenn man bedenkt, wie politisch aktuell die beiden Stücke waren, in denen die persische Niederlage bei Salamis dramatisiert wird. In der dem militärischen Unternehmen gegen Syrakus vorangehenden Diskussion – in einer Rede in der Volksversammlung im Jahre 415 v. Chr. in Athen – läßt denn auch der Historiker Thukydides (VI 16) den Politiker Alkibiades deutlich aussprechen, daß die Leistungen für die Stadt Athen bei gymnischen und musischen Agonen einerseits natürlich dem Ansehen der Polis, andererseits jedoch auch dem persönlichen Renommee dienen. Mit Nachdruck verlangt Alkibiades wegen seiner für die Stadt vollbrachten finanziellen Leistungen das Oberkommando in dem militärischen Unternehmen für sich:

Mehr als anderen steht es mir zu, das Amt zu bekleiden, Athener, (...) und zugleich bin ich auch der Meinung, es zu verdienen. Denn das, weshalb ich in aller Leute Munde bin, bringt meinen Vorfahren und mir Ruhm, der Heimat sogar Nutzen. Denn die Griechen hielten Athen für noch mächtiger und bedeutender, als es eigentlich ist, wegen der Pracht und des Glanzes meiner Festgesandtschaft nach Olympia *(anläßlich der olympischen Spiele, vermutlich 416 v. Chr.)* – denn sie erwarteten vorher, daß die Stadt völlig niedergekämpft sei –, weil ich sieben Wagen ins Rennen schickte, so viele, wie kein Privatmann je zuvor, Sieger wurde, Zweiter und Vierter wurde und auch sonst alles dem Sieg angemessen hergerichtet hatte. Eigentlich gilt solches als Ehre, hinter der Leistung wird jedoch auch noch Macht vermutet. Und wodurch ich wiederum in der Stadt durch die Finanzierung von Aufführungen *(Choregien)* oder sonst irgendetwas glanzvoll dastehe, dies wird von den Städtern neidisch betrachtet – das ist nun mal so –, den Fremden gegenüber ist dies auch ein Ausdruck von Stärke. So ist dieses unvernünftige Verhalten nicht nutzlos, wenn einer auf eigene Kosten nicht nur sich selbst, sondern auch der Stadt Nutzen bringt.

Allerdings war im Sinne der demokratischen Gleichheit dem Entfaltungsdrang reicher Choregen ein Riegel vorgeschoben: Um keine Benachteiligung aufkommen zu lassen, wurde ausgelost, in welcher Reihenfolge die Choregen Flötenspieler und Choreographen verpflichten durften, die entscheidend zum Gelingen einer Aufführung beitragen konnten.

In welchem Maße die Bürger an diesen Aufführungen beteiligt waren, verdeutlicht die Zahl von weit mehr als 1.100 Chorsängern (Choreuten), die alljährlich für die verschiedenen Darbietungen an den Dionysien gebraucht wurden. Der erbitterte Kritiker der radikalen athenischen Demokratie des ausgehenden 5. Jahrhunderts v. Chr., der anonyme, in der Forschung als der Alte Oligarch bezeichnete Autor, dessen Pamphlet *Über den Staat der Athener* unter Xenophons Schriften überliefert ist, sieht in dem Choregiesystem eine bösartige, aber erfolgreiche, gegen die Adligen gerichtete Erfindung des Volkes, des Demos: Die Reichen müssen für die Feste der Masse zahlen und werden dadurch allmählich ärmer, das Volk dagegen tanzt, singt, vergnügt sich und wird dafür auch noch – als Mitglied eines Chores – bezahlt (I 13).

Die zweifache, innen- wie außenpolitische Funktion der Dionysien wird besonders deutlich, wenn man die symbolhaften Handlungen betrachtet, die das Fest im Dionysostheater zu Athen einleiteten: Vor den Augen der Gesandten der Bundesgenossen und der Athener selbst, deren Theaterbesuch man in der Zeit der radikalen Demokratie gegen Ende des 5. Jahrhunderts sogar durch die Zahlung eines „Schaugelds" *(theorikón)* förderte, wurden die alljährlichen Tributüberschüsse säckeweise im Theater ausgestellt, verdiente Bürger erhielten eine Auszeichnung, die Söhne der im Krieg gefallenen Athener zogen ins Theater ein und wurden ermahnt, es ihren Vätern an Tapferkeit gleichzutun.

Platon läßt in seinem Dialog *Menexenos* (235a–b) im Zusammenhang einer offiziellen Totenrede (Epitaphios) Sokrates die Wirkung solcher, die Emotionen ansprechenden Reden und Handlungen schildern. Was Sokrates über die Totenrede sagt, läßt sich ohne Schwierigkeiten auf die Eröffnungszeremonie der Großen Dionysien übertragen:

> In der Tat, Menexenos, scheint es in vielerlei Hinsicht eine schöne Sache zu sein, im Krieg zu sterben. Denn man erhält ein schönes und prächtiges Begräbnis, auch wenn man als armer Mensch gestorben ist, und dazu noch Lob, auch wenn man kein guter Mensch ist, und dies von klugen Männern, die nicht einfach blind darauflos ihre Lobreden halten, sondern sie seit langem vorbereitet haben. Und die loben nun so schön, daß sie, indem sie das Zutreffende und auch nicht Zutreffende über jeden einzelnen sagen und alles mit Begriffen schön ausgestalten, unsere Seelen ganz betören. Und sie preisen auch die Stadt auf jede Art und Weise und die im Krieg Gefallenen und alle unseren Vorfahren von früher und auch uns selbst, die wir noch leben, so daß ich, Menexenos, mir ganz edel vorkomme, wenn ich von ihnen gelobt werde, und jedesmal dastehe und bezaubert lausche und glaube, im Augenblick größer und edler und schöner zu sein. Und in der Regel gehen auch immer einige Fremde mit mir dorthin und hören mit zu. Bei ihnen gewinne ich unvermittelt an Ansehen und Würde. Denn auch jenen ergeht es, wie es scheint, genauso, was meine Person und die ganze Stadt angeht: Sie kommt ihnen unter dem Einfluß der Rede bewundernswerter vor als zuvor. Und dieses Gefühl von Erhabenheit bleibt mir länger als drei Tage. So tief ist die Rede und die Stimme des Redners in meine Ohren eingedrungen, daß ich nur mit Mühe am vierten oder fünften Tag wieder meiner selbst gewahr werde und wahrnehme, wo ich mich wirklich befinde. So lange glaube ich, auf der Inseln der Seligen zu wohnen. So geschickt sind die Redner bei uns.

Der besondere Glanz der Großen Dionysien kam durch die seit 484 v. Chr. auf fünf Tage ausgeweiteten chorlyrischen und dramatischen Aufführungen zustande. Der erste Tag war dem Dithyrambos gewidmet, einem chorlyrischen, von einem 50 Mann starken Chor vorgetragenen Kultlied zu Ehren des Dionysos. Die Aufführung der Dithyramben war als Wettkampf der zehn Phylen organisiert. Jede Verwaltungseinheit trat mit zwei Chören – einem Knaben- und einem Männerchor – zum Agon an. Keine andere Gattung als der Dithyrambos spiegelt eindrücklicher die politische, stabilisierende Wirkung der Dionysien wider. Die Phylenchöre setzten sich ausschließlich aus attischen Vollbürgern zusammen. Da die Einstudierung eines von der gesanglichen und choreographischen Leistung bestimmt nicht anspruchslosen Chorlieds, das in der Regel 150 bis 300 Verse umfaßte und dessen Darbietung wohl 15 bis 20 Minuten gedauert haben dürfte, sicherlich einige Zeit in Anspruch nahm, wurde schon während des Jahres vor dem Fest durch die Proben der Kontakt zwischen den örtlich getrennt lebenden Phylenmitgliedern verstärkt oder gar erst hergestellt. Ein Sieg und die damit verbundene Ehrung führten zweifelsohne, wie dies heutzutage bei sportlichen Erfolgen gerade junger Staaten der Fall ist, zu einem engeren Zusammenhalt und zu einem stolzen Zugehörigkeitsgefühl nicht nur zur siegreichen eigenen Phyle, sondern auch zur Polis Athen, da jede der zehn Phylen nach der Idee des Kleisthenes ein Kleinattika, ein Zehntel der Polis, repräsentierte und zudem die Stadt das Fest organisierte und auch die Ehrungen verlieh.

Über den Inhalt der an den Dionysien aufgeführten Dithyramben läßt sich aufgrund des sehr bruchstückhaften Erhaltungszustands keine gesicherte Aussage machen. So viel läßt sich jedoch sogar an den kargen Fragmenten ablesen: Die Erzählung eines Mythos wird vom Dichter dazu eingesetzt, den aktuellen Anlaß, das Fest zu Ehren des Gottes Dionysos, in einer mythischen und damit zwar vergangenen, aber doch zeitlosen Ebene widerzuspiegeln und der Festgemeinschaft der zehn Phylen an dieser Welt der Erinnerung Anteil zu geben. Mittler zwischen der Aktualität und der Welt des Mythos ist der Dichter als „Seher" (*mántis*, μάντις) oder Musenherold, der der versammelten Festgemeinde die Pforten der Erinnerung öffnet. Dieses spannungsreiche Zusammenspiel zwischen mythischer Vergangenheit und festlicher Gegenwart können wir in den Fragmenten der pindarischen Dithyramben nachvollziehen. Den um 470 v. Chr. für seine Heimatstadt Theben geschriebenen Dithyrambos (Fr. 70b Maehler) leitet Pindar mit einleitenden poetologischen Reflexionen zur choreographischen Gestaltung des Dithyrambos und zur Euphonie, der Aussprache des Sigma (s) ein. Es folgt ein längerer Abschnitt (v. 6–21), der das aktuelle Dionysosfest in Theben in einer olympischen Szenerie widergespiegelt, in der Feier, die die olympischen Gottheiten zu Ehren des Dionysos abhalten, der – wie beim aktuellen Fest in Theben – auch auf dem Olymp sich an dem Chorreigen erfreut. Nach einer poetologischen Selbstbestimmung – der Dichter rühmt sich als Musenherold – leitet Pindar durch das Signalwort „einmal" (*poté*, ποτέ) zum Mythos über, beginnend beim Urvater Thebens, Kadmos, über Dionysos bis hin zur eigentlichen Erzählung, dem Unterweltsgang des Herakles. Leider ist von den mythologischen Erzählungen der Dithyramben zu wenig erhalten, als daß man auf ihren Inhalt schließen könnte. Es scheint aber so zu sein, daß die erzählten Mythen einen direkten Bezug zur auftraggebenden Polis hatten: Der Festgemeinde wurde im Chorlied als einem Akt der Selbstvergewisserung ihre eigene Geschichte erzählt.

Aus den für Athen verfaßten Dithyramben Pindars ist durch die Ungunst der Überlieferung keine Spur aus der mythologischen Erzählung erhalten, wohl aber zeigen die wenigen erhaltenen Verse aus dem dritten, für Athen verfaßten Dithyrambos Pindars, daß der Lobpreis der Stadt und ihrer Bürger einen hohen Stellenwert eingenommen haben muß:

Glänzendes und veilchenbekränztes und besungenes, Griechenlands Bollwerk, berühmtes Athen, göttliche Stadt (Fr. 76 Maehler) (beim Artemision), wo die Söhne der Athener die glänzende Grundlage der Freiheit legten (Fr. 77 Maehler)

Aus dem zweiten für Athen verfaßten Dithyrambos (Fr. 75 Maehler) sind keine politischen, aktuellen Anspielungen erhalten, wohl aber lädt der Chor die olympischen Götter ein, „im heiligen Athen", „am opferrauchdurchwehten, von vielen Menschen begangenen Nabel der Stadt, auf der mit Kunstwerken reichlich verzierten, berühmten Agora" der Darbietung des Liedes beizuwohnen. Die Bruchstücke der Athener Dithyramben Pindars lassen die Vermutung zu, daß die Leistungen der Stadt Athen in der unmittelbaren Vergangenheit der Perserkriege – das kann man aufgrund der Struktur der pindarischen Dithyramben mit großer Wahrscheinlichkeit annehmen – in einer mythischen Ebene widergespiegelt werden.

Der demokratische, egalitäre Charakter des Dithyrambenwettkampfs, der Solisten (Dichter und Virtuosen) nicht berücksichtigte, wird vor allem dadurch unterstrichen, daß – im Unterschied zur Komödie und Tragödie – als Sieger im Agon nicht ein Individuum, der Dichter, sondern die gesamte Phyle ausgerufen wurde. Der Dichter, der in einer Person auch Komponist und Choreograph war – terminus technicus ist *chorodidáskalos* (χοροδιδάσκαλος, Chormeister) – wurde auf den offiziellen Inschriften nicht einmal erwähnt, wie dies die Siegesinschrift für das Jahr 458 v. Chr. belegt, in dem Aischylos mit seiner *Orestie* den Sieg errang:

Unter Philokles (siegte) die Phyle Oineis mit dem Knabenchor, Demodokos war Chorege. Die Phyle Hippothontis (siegte) mit dem Männerchor, Euktemon aus Eleusis war Chorege. Bei der Komödie war Eurykleides Chorege, Euphronios inszenierte (d.h. war der siegreiche Dichter). Bei der Tragödie war Xenokles aus Aphidna Chorege, Aischylos inszenierte.

Am zweiten Tag wurden ab 486 v. Chr. fünf, in den Krisenjahres des Peloponnesischen Kriegs vermutlich nur drei Komödien aufgeführt. Auf den Komödientag folgten als Krönung und Abschluß des Festes drei Aufführungstage, die allein der Tragödie vorbehalten waren. Das Übergewicht, das der tragischen Gattung im Spielplan zufällt, unterstreicht eindrucksvoll die Geltung der Tragödie im kultisch-politischen Leben des klassischen Athens. An jedem der drei Tage inszenierte je ein Dichter eine tragische Tetralogie: drei Tragödien (Trilogie) und ein Satyrspiel. Während bei Aischylos die vier Stücke in einem inhaltlichen Zusammenhang standen, schrieben Sophokles und Euripides in sich abgeschlossene Einzelstücke.

Das eine tragische Tetralogie abschließende Satyrspiel bildete den heiteren, burlesken und versöhnlichen Ausklang nach der oft erschütternden Handlung der vorangehenden Tragödien. Beim Satyrspiel ist der Bezug zum Dionysoskult, der in der Tragödie nur in Ausnahmefällen wie in den *Bakchen* des Euripides gewahrt ist, offensichtlich. Durch das ländliche Ambiente, in dem sie häufig angesiedelt sind, wurden gleichsam die Ländlichen Dionysien in das große Fest der Stadt integriert. Den Chor bilden die Satyrn, zum Gefolge des Dionysos zählende Mischwesen, die mit einem Pferdeschwanz und einem erigierten Phallos ausgestattet sind. Angeführt werden sie von ihrem glatzköpfigen, einen zotteligen Mantel tragenden Vater, dem Silen oder Papposilen, dem Erzieher des kleinen Dionysos. Ein Handlungsschema des Satyrspiels scheint gewesen zu sein, daß die Satyrn, fern von ihrem Herrn Dionysos, bei einem Bösewicht Sklavendienste leisten müssen, bis sie schließlich von einem listigen Helden befreit werden.

Der besondere Reiz des Satyrspiels entsteht aus dem Gegensatz zwischen den animalischen Satyrn, die sich sowohl durch sexuelle Lüsternheit als auch durch Feigheit auszeichnen, und der Welt der Heroen und Götter. Häufig scheint in den Satyrspielen in verrätselter Form die Erfindung von dionysischen Kultgegenständen oder Riten thematisiert worden zu sein. Als Begründer des Satyrspiels gilt in der Antike Pratinas von Phleius auf der Peloponnes (ca. 530 – vor 467 v. Chr.), ein Zeitgenosse des Aischylos. Die antike Literaturtheorie verbindet die Einführung des Satyrspiels mit dem Vorwurf, den entrüstete Zuschauer im Theater erhoben hätten: „Aber das (sc. die Tragödie) hat doch gar nichts mit Dionysos zu tun!" Die Einführung des Satyrspiels sollte also den dionysischen Charakter des Festes zurückbringen. Man wird die Zuschreibung an Pratinas wohl so deuten müssen, daß er dafür verantwortlich war, daß das Satyrspiel offizieller Bestandteil der Dionysien wurde und daß er somit die uns bekannte Form der Tetralogie, von drei Tragödien und dem abschließenden Satyrspiel, schuf.

Die Entscheidung über die Plazierung der Phylen im Dithyrambenagon und Dichter im Komödien- und Tragödienagon fällte ein in einem komplizierten Verfahren gewähltes Schiedsrichtergremium, das einen Querschnitt durch die Polis darstellte. Die Dichter schrieben ihre Dramen für eine einmalige Aufführung in Athen, es sei denn, das Volk beschloß in der Volksversammlung (*ekklesía*, ἐκκλησία), einem Dichter für ein bestimmtes Stück das Wiederaufführungsrecht zu verleihen. Diese Ehre wurde Aristophanes mit seinen *Fröschen* nicht wegen ästhetischer Kriterien, sondern wegen des patriotischen Tons einiger Passagen des Stücks zuteil. Dem Gott Dionysos sollten nur „Erstlingsfrüchte" dargebracht werden. Die Dichter konnten jedoch im allgemeinen mit Wiederaufführungen bei den Ländlichen Dionysien oder gar außerhalb Attikas rechnen. So hat Aischylos auf Einladung des syrakusanischen Tyrannen seine *Perser* im Theater von Syrakus erneut inszeniert.

Die Verbindung von musischen Agonen und Frühjahrsfest zu Ehren des Gottes Dionysos, den engen Zusammenhang von Wiederkehr der Vegetation und prächtigem Fest der Stadt läßt der Chorlyriker Pindar den Chor seines zweiten, für Athen geschriebenen Dithyrambos (erstes Viertel des 5. Jahrhunderts) in beeindruckender Weise besingen (Fr. 75 Maehler):

Kommt hierher, ihr olympischen Götter, zum Tanze
Und schickt auch die strahlende Anmut!
Kommt zum von zahlreichen Menschen bevölkerten, zum
  opferduftdurchwehten
Nabel der Stadt, zur herrlichen Agora mit all ihren Kunstwerken.
Veilchenkränze empfangt und Gesänge, wie im Frühling wir sie pflücken.
Und seht mich, der ich mit dem Prunkstück meiner Gesänge, von Zeus
  gesandt,
Zum zweiten Mal schon komme
Zum Gott, der den Efeu liebt, zu Bromios, den wir Menschen
Auch den laut Rufenden, den Eriboas, nennen,
Wenn wir den Sproß höchster Väter und Frauen aus dem Stamme des
  Kadmos (*Dionysos*) besingen.
Deutliche Zeichen entgehen mir, dem Seher, nicht,
Wenn das Gemach der purpurnen Horen (*Vegetationsgöttinen, Personifikationen
  des Aufblühens*) sich öffnet
Und der Frühling seine wohlduftenden göttlichen Pflanzen hervorbringt.
Dann, ja dann wird die Erde mit lieblichen Büscheln von Veilchen übersät,
Dann windet man die Rose ins Haar,
Dann ertönt der Gesang zur Flötenbegleitung,
Und die Chöre ziehen, mit Stirnbändern geschmückt, hin zu Seméle
(*Mutter des Dionysos*).

Die vielfältigen Bezüge, die die Großen Dionysien zum Leben der Polis hatten – Kult und Religion, Politik und Repräsentation des Gemeinwesens sowie den Wettkampf der Dramatiker – besingt der Chor in der 423 v. Chr. aufgeführten Komödie *Die Wolken* des Aristophanes (v. 299–313):

Jungfraun mit tauendem Haar
Schweben wir hin zu Athenes gesegneten
Gauen, des Kekrops (*eines mythischen Königs Athens*)
Heldenerzeugende, liebliche Flur zu schaun,
Die das Geheimnis mystischer Feier wahrt,
Wo sich das Heiligtum
Öffnet am Fest der Weihe den Schauenden,
Dort, wo Geschenke, Bilder und ragende
Tempel die himmlischen Götter verherrlichen,
Festliche Züge der Frommen, der Seligen,
Jubel der Blumenbekränzten und Schmausenden
Wechseln im Reigen des Jahres,
Dort, wo man feiert im Lenze des Bakchos Fest,
Fröhlich mit Tanz und Gesang um die Wette zum
Volltönenden Klang der Flöten!

Wie Perikles im Geschichtswerk des Thukydides (II 38) die Bauwerke und
Feste als Möglichkeit der Entspannung und Erholung der Athener heraus-
streicht, so läßt auch Aristophanes seinen Chor die Feierlichkeiten der eleusinischen Mysterien, die prunkvollen öffentlichen Bauten, die mit Weihegeschen-
ken und zahlreichen Kunstwerken ausgestattet sind, und als Höhepunkt die
Großen Dionysien mit ihren dramatischen und chorlyrischen Aufführungen
besingen.

Ihren eigentlichen Platz hatten die Komödien allerdings bei dem anderen
Fest, den Lenäen, an denen die Tragödie eine eher untergeordnete Rolle spielte
und das erst seit ca. 430 v. Chr. mit einem Agon ausgestattet wurde. Daß dieses
Fest ältere Wurzeln als die Dionysien hat, wird daraus ersichtlich, daß ihm der
Archon Basileus vorstand, der für den Kult zuständige Beamte. Im Gegensatz
zu den Dionysien waren die Athener bei diesem Fest eher „unter sich", wie
Aristophanes in den *Acharnern* (v. 504–508) dichtet, da Anfang Februar eine
geregelte Schiffahrt von den Inseln nach Athen kaum möglich war:

Wir sind hier unter uns am heut'gen Fest.
Noch sind die Fremden, die Tribute, noch
Sind die Verbündeten nicht eingetroffen.
Wir sind hier lauter attischreines Korn,
Ohn' alle Spreu und alle Hintersassen.

Die Organisation der beiden mit dramatischen Aufführungen verbundenen
Feste muß man sich folgendermaßen vorstellen: Unmittelbar nach dem Ende

der Lenäen oder Großen Dionysien stellten die Dichter – Tragiker wie Komödienautoren – beim zuständigen Archon den Antrag, einen Chor (d.h. das Aufführungsrecht) für das kommende Jahr zugewiesen zu bekommen. Terminus technicus ist *chorón aiteísthai* (χορὸν αἰτεῖσθαι), „einen Chor für sich verlangen". Man darf kaum annehmen, daß sich die Komödiendichter schon mit fertigen Stücken bewarben, da das Komödienpublikum mit aktuellen Anspielungen rechnete. Die *Frösche* des Aristophanes aus dem Jahr 405 v. Chr. belegen, daß der Dichter noch bis zuletzt aktuelle Ereignisse in seine Komödie einbaute. Zunächst war Aristophanes bei der Konzeption seines Stücks nur vom dem im Frühjahr 406 v. Chr. erfolgten Tod des Tragikers Euripides ausgegangen. Während der Abfassung der Komödie starb überraschend auch Sophokles, auf dessen Tod seine Dichterkollege an einigen Stellen noch eingeht, denen man allerdings anmerkt, daß sie später eingearbeitet worden sind. So werden die Dichter vorab lediglich eine Handlungsskizze und eine Beschreibung des Chores, dessen Ausstattung vom Choregen bezahlt und dessen Kostümierung vorbereitet werden mußte, beim zuständigen Beamten eingereicht haben. Es liegt auf der Hand, daß gerade jüngere Dramatiker zunächst auf die Protektion angesehener Dichter oder einflußreicher Fürsprecher angewiesen waren, um eine Aufnahme ihrer Stücke in die Dionysosfeste zu erreichen.

Nach der Zuteilung der Chöre an drei Tragiker und fünf Komiker bestimmten die Archonten die jeweiligen Choregen. Ein Spottlied aus den *Acharnern* des Aristophanes (v. 1150–1161) zeigt, welche Hähme geizige Choregen auf sich ziehen konnten. Voller Schadenfreude malt sich der sich um seine Bewirtung betrogen fühlende Chor im Stück des Aristophanes aus, wie es dem Geizkragen Antimachos angesichts einer bereitstehenden Delikatesse ergehen sollte:

Den Antimachos, das Spritzbüchsenmaul, den Historienschreiber und
    Verseschmied –
Ich denk, ich sag es kurz heraus: Der Henker soll ihn holen,
Den Kerl, der uns schnöd am Lenäenfest als Chor ohne Schmaus nach
    Haus geschickt!
Ich möcht ihn nur sehen, wenn lüstern einmal,
Auf ein Älchen er wär: aus der Pfanne frisch,
Noch knisternd neben dem Salzfaß läg's
Auf der Tafel – und wie er die Hand ausstreckt',
Da käm ein Hund und schnappt ihm, wutsch!
Das Älchen hinweg vor der Nase.

In der Folgezeit oblag es dem Dichter in seiner Funktion als Chormeister (*chorodidáskalos*, χοροδιδάσκαλος), das Stück mit den professionellen Schauspielern und dem aus 24 Bürgern bestehenden Chor einzustudieren. Aristophanes scheint diese Pflicht nicht besonders geliebt zu haben. Häufig übertrug er die Inszenierung seiner Stücke anderen – Kallistratos und Philonides sind uns namentlich bekannt.

1.3 Spielstätte, Maske und Kostüm

Die Aufführungen fanden in dem am Südhang der Akropolis gelegenen Dionysostheater statt. Die heute noch sichtbaren Reste stammen allerdings erst aus der Zeit des Lykurg (um 330 v. Chr.), also aus der Zeit der Neuen Komödie, lassen aber dennoch Rückschlüsse auf den Zustand der Anlage im 5. Jahrhundert zu. Der Zuschauerraum (*théatron*, θέατρον) – mit einer Ehrenreihe für hohe Beamte, Priester und sonstige Würdenträger (*prohedría*, προεδρία) – umschloß die Orchestra (ὀρχήστρα), den Tanzplatz des Chores. Sie wurde nach hinten durch die im 5. Jahrhundert wohl leicht erhöhte Bühne (*logeíon*, λογεῖον), mit dem Bühnenhaus im Hintergrund (*skené*, σκηνή), begrenzt. Immer noch nicht geklärt ist die Frage der Form der Orchestra im Theater des 5. Jahrhunderts. Die communis opinio war bis vor wenigen Jahren, daß sie kreisrund gewesen sei. Neuere archäologische Ausgrabungen im Dioynsostheater, durch die ein Abflußkanal vor den Ehrensitzen aufgedeckt wurde, legen eine rechteckige Form wie die des ländlichen Theaters von Thorikos nahe. Archäologisch nicht zu klären ist, ob die Bühne tatsächlich leicht erhöht war oder ob die Schauspieler auf demselben Niveau wie der Chor agierten. Die in den Texten verwendeten Verben der Bewegung wie „hinaufgehen" (*anabaínein*, ἀναβαίνειν) und „hinabgehen" (*katabaínein*, καταβαίνειν) lassen auf eine erhöhte Bühne schließen.

In der Zeit der Neuen Komödie, im Theater des Lykurg, fand das Spiel der Schauspieler auf einer stark erhöhten Bühne statt, so daß nunmehr Schauspieler und Chor, wie das auch die Texte widerspiegeln, schon durch die Bühnenanlage deutlich voneinander geschieden waren. Das gut erhaltene Theater von Epidauros ist in dieser Epoche gebaut worden. Die Skene wies bis zu drei Türen auf, die je nach den Erfordernissen des Dramas drei Häuser oder zwei Häuser und ein Heiligtum bedeuteten. Im 5. Jahrhundert war dieser Bühnenhintergrund noch aus Holz und deshalb den Erfordernissen des jeweiligen Dramas leichter anzupassen, als dies bei der steinernen Skene des 4. Jahrhunderts möglich war. Zwar gab es Bühnenmalerei (*skenographía*, σκηνογραφία), die Sophokles eingeführt haben soll; aber trotzdem war der Bühnenhintergrund alles andere als realistisch. Es kam vor allem auf die evozierende, Bilder schaffende Worte des Dichters, auf die verbale Bühnenmalerei an, die den neutralen Hintergrund jeweils neu definierte.

Die Komödie bedient sich zu parodischen Zwecken gerne der beiden Theatermaschinen der tragischen Bühne: des Ekkyklemas und des Krans (*mechané*, μηχανή, *géranos*, γέρανος, *kráde*, κράδη). Das Ekkyklema (ἐκκύκλημα) war ein flacher Wagen, der aus einer der Türen der Skene herausgerollt werden konnte, um Innenszenen – oft als Tableaus präsentiert – sichtbar zu machen, um also gleichsam das Innere nach außen zu klappen. Auf den heutigen Theaterbetrieb übertragen, hatte es die Funktion des Scheinwerfers, der einen Innenraum ausleuchtet, oder der Drehbühne, durch die eine Szene von außen nach innen verlagert werden kann. Auf die Verwendung des Ekkyklemas verweist Aristophanes ausdrücklich in den *Acharnern* (v. 406–409): Dem Tragiker Euripides ist es in dieser Szene, da er völlig in seine schriftstellerische Arbeit versunken ist, nicht möglich, zu Fuß aus seinem Haus zu kommen. So läßt er sich denn kurzerhand auf dem Ekkyklema, auf dem zu seinem Metier als Tragiker passenden Gerät, aus dem Haus rollen. In den *Thesmophoriazusen* wird ein anderer bekannter Tragiker, Agathon, der gerade ein Chorlied komponiert, ebenfalls mit dem Ekkyklema aus seinem Haus geschoben (v. 96).

Der Kran ist die vor allem in der euripideischen Tragödie häufig eingesetzte Theatermaschine, mit der am Ende der Stücke ein Gott, der sprichwörtliche deus ex machina, schwebend erscheint. Der Tragiker pflegte durch diesen bewußt aufgesetzt wirkenden Kunstgriff die Handlung, die die vom Mythos vorgeschriebene Bahn zu verlassen drohte oder gar bereits verlassen hatte, bisweilen geradezu gewaltsam zu dem durch die Tradition vorgegebenen Ende zu bringen. Antiphanes, ein Dichter der Mittleren Komödie, mokiert sich über dieses Gerät der tragischen Bühne und stellt der Tragödiendichtung die Arbeit des Komikers entgegen, der immer etwas Neues – sowohl in der Stoffgestaltung als auch in der Charakterisierung der handelnden Personen – bieten müsse (Fr. 189 PCG, Übersetzung nach A. Körte, *Die hellenistische Dichtung*, Leipzig 1925, 21 f.):

Ach, die Tragödie hat's in allen Stücken
Gar gut: Sind doch zunächst die Stoffe
Den Zuschauern vertraut, eh' noch der Dichter
Etwas gesagt, ein Hinweis schon genügt.
Sag' ich nur „Ödipus", so weiß man alles:
Daß Laios der Vater, daß die Mutter
Iokaste, Töchter kennt man auch und Söhne,
Weiß, was er dulden wird, was er getan (...).

Wenn dann die Dichter (*von Tragödien*) ganz ermattet sind
Und in dem Stück nichts mehr zu sagen wissen,
So haben sie den Götterapparat (*die Mechanê*)
Wie einen Finger hoch – und das genügt
Den Zuschauern. Wir (*die Komödiendichter*) haben's nicht so gut;
Erfinden muß man alles, neue Namen,
Das, was vorher geschah, was jetzt geschieht,
Den Ausgang und den Eingang. Läßt hiervon
Ein Chremes oder Pheidon (*typische Komödiencharaktere*) etwas aus,
So wird er ausgezischt. Jedoch ein Peleus,
Ein Teukros (*tragische Helden*) darf sich so etwas erlauben.

Doch nicht nur von der rivalisierenden Schwestergattung, sondern auch von der Dramentheorie wird der Einsatz der Theatermaschine heftig getadelt. Aristoteles in der *Poetik* (am Beispiel der euripideischen *Medea*, c. 15, 1454a 37–b2) und später Horaz (*Ars poetica* 191f.) betonen, daß durch dieses Mittel die Lösung des Handlungsknotens nicht organisch, aus der Entwicklung des dramatischen Geschehens heraus erwachse, sondern von außen aufgepropft wirke. Aristophanes verwendet im *Frieden* – in einer herrlichen Umkehrung des in der Tragödie gebräuchlichen Einsatzes – den Kran der tragischen Bühne als Auftakt des Stücks. Der Komödiendichter setzt die Maschinerie nicht dazu ein, um eine ausweglose Situation mehr oder weniger gewaltsam aufzulösen, sondern ganz im Gegenteil, um die Handlung zu eröffnen. Nicht ein Gott erscheint von oben, sondern ein Mensch entschwebt nach oben, dazu noch höchst ungebührlich auf einem Mistkäfer sitzend und den Bühnenhandwerker ermahnend, äußerst vorsichtig mit der Seilwinde umzugehen. Der Mensch braucht – dies zeigt die aristophanische Szene – keine Götter, um ausweglose Situationen zu bereinigen, sondern er nimmt sein Schicksal selbst in die Hand. In der Phase der Neuen Komödie scheint die Flugmaschine – jedenfalls nach dem uns zur Verfügung stehenden Material – keine Verwendung mehr gefunden zu haben, während sich das Ekkyklema noch im *Dyskolos* des Menander nachweisen läßt (v. 690ff.).

Die Schauspieler in der Alten Komödie trugen Masken (*prósopa*, πρόσωπα), die oft groteske Gesichter zeigten, hatten unter einem eng anliegenden Gewand (*somátion*, σωμάτιον) einen ausgestopften Bauch und ein gepolstertes Gesäß, dazu trugen sie einen kurzen Mantel (*chitón*, χιτών) und einen Überhang (*himátion*, ἱμάτιον) darüber und waren mit einen überdimensionalen Phallos ausgestattet. Diese Kostümierung weist deutlich auf den Dionysoskult als Ursprung der Komödie hin. Als Gott der Ekstase, der durch den Wein oder dadurch, daß er in Menschen hineinfährt, Gottbegeistertheit (*enthusiasmós*, ἐνθουσιασμός) verleiht und den Menschen aus sich hinaustreten läßt, der Individualität und Rationalität in kultischer Raserei (*manía*, μανία) verschwinden läßt, ist Dionysos auch der Gott der Maske, die die Individualität verhüllt, und des Theaterspiels, in dem der Mensch zu einer anderen Person wird. Der erigierte Phallos, mit dem die Schauspieler des 5. Jahrhunderts ausstaffiert waren – das auffallendste Relikt aus der vorliterarischen Phase der griechischen Komödie, das auf Dionysos als Fruchtbarkeits- und Vegetationsgott verweist –, wird immer wieder von den Dichtern sozusagen als Requisit ins komische Spiel eingebracht. Der Chor der *Wespen* des Aristophanes trägt in komischer Umkehrung des normalen Kostüms den Phallos als Wespenstachel am Hinterleib (v. 225), den die Choreuten, als es zur Attacke geht (v. 408), durch die Beine nach vorne ziehen. In dem nostalgischen Rückblick der alten Wespen-Männer auf ihre glanzvolle Jugend spielt auch der Phallos eine Rolle (v. 1060–1062). Und in einer deftigen Szene wird der Phallos gar von dem alten Philokleon als Seilwinde eingesetzt, um eine junge Hetäre nach oben, auf die Bühne zu hieven (v. 1342–1344):

Komm nur da rauf, Goldkäferchen, du süßes,
Und halt dich mit der Hand hier, an dem Seilstumpf,
Doch nicht zu fest! Der Stumpf ist morsch und mürb!
Ein bißchen Reiben, nun, das macht ihm nichts!

Die Chöre zeichneten sich im 5. Jahrhundert häufig durch eine phantastische Kostümierung aus. Man denke nur an die *Vögel, Wolken* oder die *Wespen* des Aristophanes. Eine Passage in den *Rittern* des Aristophanes (v. 520–525) läßt die Vermutung zu, daß der Dichter Magnes, ein Vorgänger des Aristophanes in der komischen Musenkunst, der an den Dioynsien des Jahres 472 v. Chr. erfolgreich war, eine besondere Vorliebe für Tierchöre hatte: Vögel, Gallwespen und Frösche lassen sich erschließen. Vasenbilder des 6. Jahrhunderts weisen eine Vielzahl von solch phantastischen Chören auf, die mit vorliterarischen komischen Bräuchen in Verbindung stehen (s.u. S. 32).

In der Phase der Neuen Komödie weichen die Phantastik und groteske Übersteigerung der Körperlichkeit einem zeitgenössischen Realismus. Die bunte Vielfalt der früheren Chöre wird zu einem einheitlichen menschlichen Chor, der zumeist eine Gruppe bezechter junger Männer, einen Komos, darstellt und nicht mehr Teil der dramatischen Handlung ist. Es wird höchstens bei seinem ersten Auftritt auf ihn aufmerksam gemacht, um seine Anwesenheit in der Orchestra zu motivieren und gleichzeitig den Schauspielern die Gelegenheit zu geben, die Bühne zu verlassen, wie dies z.B. in Menanders *Dyskolos* der Fall ist (v. 230–232):

Da nähert sich – sehe ich gerade – eine Schar,
Verehrer des Gottes Pan, leicht angetrunken sind sie.
Denen gehe ich – scheint mir – besser aus dem Weg.

Eine ähnliche Formulierung findet sich auch in der *Aspis* Menanders (v. 245–248):

Mach dich fort,
Weg von der Tür! Denn da nähert sich eine weitere
Belästigung, betrunkene Leute. (*an die Betrunkenen*) Paßt auf!
Was das Schicksal bringt, weiß man nicht. Genießt das Leben, solang es
    geht.

In den Masken bildet sich eine feste Typisierung heraus: Bei dem Theaterhistoriker Pollux (2. Jahrhundert n. Chr.) findet sich ein Katalog von 44 verschiedenen Typen, unterteilt nach alten und jungen Männern, alten und jungen Frauen (die in der gesamten griechischen Antike von Männern gespielt wurden) sowie Sklaven. Kostüm und Maske wurden von den Dichtern der Alten und Neuen Komödie in unterschiedlicher Weise eingesetzt: Während Aristophanes und seine Zeitgenossen dem Publikum gerade in der Kostümierung des Chores oder der Schauspieler ständig etwas Neues bieten wollten und Kostüm und Maske ganz gezielt dazu einsetzten, um Inhalte, insbesondere Abstraktes, bildlich darzustellen – wie etwa der Wolkenchor in den *Wolken* des Aristophanes das Nebulöse der sophistischen Spekulation widerspiegelt oder der Wespenstachel in seinen *Wespen* die Aggressivität der alten Richter drastisch ausdrückt –, ist ein Dichter wie Menander zunächst natürlich durch die Konvention der Maske und des Kostüms gebunden. Aber gerade gegen diese Konvention schreiben Dichter wie Menander an: Durch eine bestimmte Maske erwecken sie beim Publikum eine Vorstellung der dargestellten Person, die sie dann auf der sprachlichen Ebene, besonders durch eine feine Charakterzeichnung, im komischen Spiel in Frage stellen oder widerlegen.

1.4 Ursprungsfragen

Da die Komödie beinahe ein halbes Jahrhundert später als die Tragödie in das offizielle Festprogramm der Dionysien (486 v. Chr.) und Lenäen aufgenommen wurde (um 440 v. Chr.), liegt ihre Geschichte noch mehr, als dies bei der Tragödie der Fall ist, im dunkeln (Aristoteles, *Poetik* c. 5, 1449a 32ff.). So führen auch die meisten antiken wie modernen Rekonstruktionsversuche der Gattungsgeschichte in der vorliterarischen Zeit, die sich entweder auf Details der Kostümierung wie den Phallos oder auf bestimmte Strukturen und Bauformen der Stücke stützen, zu keinem verläßlichen Ergebnis. Es wird dabei allzu gerne vergessen, daß die erhaltenen Texte des Aristophanes den Höhepunkt der Komödiendichtung des 5. Jahrhunderts darstellen und daß deshalb Rückschlüsse auf die vorliterarische Phase, die auf der Basis dieser hochliterarischen Texte angestellt werden, bestenfalls den Rang einer intelligenten Spekulation beanspruchen dürfen. Festhalten kann man jedoch auf alle Fälle, daß Kostüme, insbesondere natürlich der Phallos, und Masken Elemente des Dionysoskultes sind und daß ebenso inhaltliche Merkmale der Alten Komödie wie Spott, Obszönitäten (*aischrología*, αἰσχρολογία) und die Beschreibung eines wahren Schlaraffenlandlebens sich aus Vorstellungen, die mit Fruchtbarkeitskulten zusammenhängen, erklären lassen. Zudem dürften alle Erklärungsversuche, die die Komödie auf eine Wurzel zurückführen wollen, in die Irre führen.

Eher dürfte eine Vielzahl sich gegenseitig beeinflussender Elemente zur Genese der Gattung Komödie beigetragen haben. Phantastische Chöre, wie man sie häufig auf Vasendarstellungen des 6. Jahrhunderts findet, Spottlieder und Fruchtbarkeitsriten sind ihre kultischen oder volkstümlichen Wurzeln. Die beiden anderen dionysischen Gattungen, Dithyrambos und Tragödie, die lange vor der Komödie offiziell ins Festprogramm aufgenommen wurden, dürften nicht unwesentlich dazu beigetragen haben, daß die Komödie sich in so kurzer Zeit nach ihrer Etablierung an den Großen Dionysien zur kunstvollen Form entwickelt hat.

Trotzdem seien einige mögliche Wurzeln der Gattung erwähnt: Die Bezeichnung Komödie (*komodía*, κωμῳδία) könnte auf den Komos als einen möglichen Ursprung verweisen, bedeutet doch Komödie „Gesang (*odé*, ᾠδή), der von einem Festumzug (*kómos*, κῶμος) (oder anläßlich eines Komos) aufgeführt wird". Eine Wurzel der Komödie könnte demnach im Symposion liegen, dem „Trinkgelage", einer Institution der archaischen Adelsgesellschaft, an das sich solch ein Umzug der Teilnehmer anschließen konnte. Bei Symposien, an denen in der Regel Mitglieder eng zusammengehörender Gruppen (Hetairien) teilzunehmen pflegten, wurden reihum Trinklieder (Skolia) vorgetragen oder Reden über bestimmte, vom Symposiarchen, dem Vorsitzenden des Symposien, vorgegebene Themen gehalten. Sowohl der Philosoph Platon (427–347 v. Chr.) als auch der Historiker und Sokrates-Schüler Xenophon (ca. 430–350 v. Chr.) haben Schriften mit dem Titel *Symposion* verfaßt, die einen Einblick in den Ablauf eines derartigen Trinkgelages geben. Neben diesen intellektuellen Vergnügungen gab es auch einfachere Formen der Unterhaltung: pantomimische Einlagen oder mimetische Tanzaufführungen, wie sie Xenophon im *Symposion* (9, 43, 2–7) und der kaiserzeitliche Autor Athenaios in den

Deipnosophisten (14, 629f.) bezeugt. Vasenbilder aus dem 6. Jahrhundert, auf denen eine Gruppe von als Vögel verkleideten Männern, Delphinenreiter, Stiermenschen und andere Mischwesen einem Aulos-Spieler folgen, könnten auf solche Darbietungen beim Symposion verweisen.

Weitere Hypothesen zur Entstehung der Gattung bietet Aristoteles in der *Poetik* – Hypothesen deshalb, weil Aristoteles, wie er selbst betont (c. 5, 1449b 1–9), nichts Genaues über die Phase vor 486 v. Chr. weiß, als die Komödie Bestandteil der Dionysien wurde: weder wer die einzelnen Bauformen der Komödie erfand noch wer die Zahl und Masken der Schauspieler festlegte. Unmittelbar davor (c. 4, 1449a 9–15), in einer äußerst kontrovers diskutierten Passage, skizziert Aristoteles eine Entwicklungsgeschichte der Tragödie und Komödie, die aus Improvisationen hervorgegangen seien und erst allmählich zu der Form gefunden hätten, die den Gattungen angemessen sei. Die frühen Improvisationen lokalisiert Aristoteles in phallischen Prozessionen – genauer: „bei denen, die die Phalloslieder (*phalliká*, φαλλικά) anstimmen". Erst allmählich – also wohl erst nach 486 v. Chr., nachdem die improvisierten Darbietungen von Freiwilligen, die sich noch ohne feste organisatorische Strukturen bei bestimmten Festen und Anlässen zusammengefunden hätten, in den institutionellen Rahmen der Dionysien aufgenommen worden seien –, hätten sich unter dem Einfluß der sizilischen Komödie – gemeint ist vor allem der Dichter Epicharm (erste Hälfte 5. Jahrhundert v. Chr.) – Handlungsstrukturen herausgebildet, die den bloßen Spott ablösten oder absorbierten. Verbunden ist diese Entwicklung mit dem Komödiendichter Krates (Mitte 5. Jahrhundert, s.u. S. 160f.).

Die Rekonstruktion der Gattungsgeschichte selbst auf der Basis der aristotelischen *Poetik* wird dadurch noch komplizierter, daß Aristoteles im 3. Kapitel (1448a 29–b 2) weitere Ursprungsorte der Komödie anführt. Auf die Erfindung der Komödie – so Aristoteles' Referat – würden die Dorer Anspruch erheben, da in dem dorischen Megara unter einer demokratischen Regierung die Komödie eingeführt worden und zudem – die Chronologie bei Aristoteles stimmt allerdings nicht – Epicharm aus dem dorischen Dialekt sprechenden Sizilien viel älter als die ersten namentlich bekannten attischen Komödiendichter sei: Chionides, der den ersten komischen Agon im Jahr 486 v. Chr. gewann, und Magnes, der erfolgreichste komische Dichter des 5. Jahrhunderts v. Chr., der den ersten Sieg 472 v. Chr. errang. Als Argument führen die Verfechter des dorischen Ursprungs der Komödie eine äußerst fragwürdige Etymologie an: Komödie (κωμῳδία) leite sich nicht von dem attischen Wort *kómos* (κῶμος, „Umzug") ab, sondern von *kóme* (κώμη), der dorischen Bezeichnung für „Dorf": Leute, die das Bürgerrecht verloren hätten und aus der Stadt verstoßen worden seien, seien durch die Dörfer gezogen und hätten – so muß man den Gedankengang wohl ergänzen – Spott-, Rüge- und Heischelieder gesungen. Außerdem verweise das Wort Drama auf einen dorischen Ursprung der dramatischen Gattungen überhaupt, da „handeln" im Dorischen *drán* (δρᾶν), im Attischen jedoch *práttesthai* (πράττεσθαι) heiße.

Die von Aristoteles referierte dorische Entwicklungslinie der Gattung Komödie wird gestützt durch eine Notiz einer in Stein gemeißelten Chronik von der Insel Paros aus dem Jahr 264/263 v. Chr., des sog. Marmor Parium, die von dem byzantinischen Philologen Johannes Tzetzes (1110–1185 n. Chr.) bestätigt wird. Für den Zeitraum 582/581–561/560 v. Chr. wird angemerkt, daß ein gewisser Susarion aus dem dorischen Megara der Erfinder von komischen Chören gewesen sei. Die ersten Chöre habe der attische Demos Ikaria gestellt. Als Siegespreis sei ein Korb voller Feigen und ein Maß Wein ausgesetzt gewesen. Es fällt auf, daß aus derselben Zeit aus dem dorischen Korinth vermehrt Vasen erhalten sind, auf denen sog. Dickbauchtänzer dargestellt sind: Männer, bekleidet mit einem trikotähnlichen Kostüm, das – wie bei den Komödienschauspielern des 5. Jahrhunderts – am Gesäß ausgestopft ist und somit eine grotesk übersteigerte Leiblichkeit zur Schau stellt.

Die Vielfalt von Nachrichten und Zeugnissen zur Vor- und Frühgeschichte der Komödie verbietet – ähnlich wie bei der Tragödie – die Annahme einer einsträngigen Entwicklung. Die Testimonien lassen bei aller gebotenen Vorsicht folgende Schlüsse zu: Zunächst ist die Einbettung der Komödie in den Dionysoskult unbestreitbar. Viele Elemente der Komödien des 5. Jahrhunderts v. Chr. finden sich in den verschiedenen Dionysosfesten (s. o. S. 14ff.). So gab es an den Ländlichen Dionysien eine Prozession zu Ehren des personifizierten Phallos, einer Fruchtbarkeitsgottheit. Das Liedchen, das der Haupteld der aristophanischen *Acharner* bei seiner Feier der Ländlichen Dionysien anstimmt (s.o. S. 15), enthält in nuce die dionysischen Elemente, die die Komödien des Aristophanes und seiner Zeitgenossen auszeichnen: In der Ausnahmezeit des Dionysosfestes kann die Phantasie sexuellen Wunschvorstellungen freien Lauf lassen. Trinken, Essen, Genießen im Übermaß sind wie im Schlaraffenland möglich und gestattet. Vorgesetzte, in erster Linie militärische Amtsinhaber, und Angehörige der Oberschicht können ungestraft verspottet und verhöhnt werden. Gerade der ungehemmte Spott über Zeitgenossen, das sog. *onomastí komodeín* (ὀνομαστὶ κωμῳδεῖν, „verspotten unter namentlicher Nennung des Opfers") ist auch für andere Feste belegt. Spottlieder waren während der Prozession (*pompé*, πομπή) der Anthesterien üblich; und für den Zug von Athen nach Eleusis anläßlich der Demeter geweihten Eleusinischen Mysterien sind *Gephyrismoí* (γεφυρσιμοί), an der Brücke gesungene Spottlieder, bezeugt. Ein sowohl inhaltlich als auch strukturell zentrales Element der Komödien des 5. Jahrhunderts, die heftige Auseinandersetzung, der Agon, läßt sich bei den

Ländlichen Dionysien nachweisen, bei denen ein Wettkampf von Komoi stattgefunden haben soll. Zahlreiche Riten und Mythen, die mit dem Gott Dionysos zusammenhängen, bringen diese festliche, Normen und Regeln durchbrechenden Ausnahmezeit zum Ausdruck: Die Bakchantinnen (auch Mänaden genannt), Verehrerinnen des Dionysos, schwärmen, wenn sie vom Gott beseelt sind, ins Gebirge (*oreibasía*, ὀρειβασία, „Gang ins Gebirge"), bekleidet mit dem Fell eines Rehkitzes (*nebrís*, νεβρίς), wilde Tiere zerreißend (*sparagmós*, σπαραγμός) und roh verzehrend (*omophagía*, ὠμοφαγία). Gleichsam als Waffen Thyrsosstäbe, mit Efeu und Weinlaub verzierte Stäbe mit einem Pinienzapfen an der Spitze, in den Händen haltend, sind sie in ihrer Ekstase unempfindlich gegen jegliche Art von Schmerz. In der Komödie werden die eher heiteren Seiten des Dionysischen vorgeführt, ein überdimensionales, unvorstellbares Wohlleben, in dem eine ungehemmte Spottlust, die weder vor menschlichen noch göttlichen Autoritäten Respekt hat, ausgelebt werden kann. Da diese Freiheiten auf wenige Tage im Jahr beschränkt bleiben, kann man – ähnlich wie bei anderen vergleichbaren Ausnahmezeiten in der europäischen Kultur, seien es die Saturnalien in Rom, seien es Karneval oder Fasnacht – in diesen Tagen Dampf ablassen, angestauten Aggressionen und Vorurteilen in symbolischer, ungefährlicher Form freien Lauf lassen – mit der Folge, daß das Funktionieren der Gesellschaft gemäß ihrer Normen für den Rest des Jahres garantiert ist. Es muß allerdings betont werden, daß es einen methodischen Kurzschluß darstellt, wenn man diese den verschiedenen Dionysosfesten innewohnenden Funktionen ohne weiteres auf die Gattung Komödie – jedenfalls in ihrer literarischen Ausformung des ausgehenden 5. Jahrhunderts v. Chr. – überträgt. Ohne Zweifel übernehmen die Komödiendichter eine Vielzahl von dionysischen Motiven; sie integrieren sie jedoch in eine dramatische Handlung, in der diese Motive eine bestimmte Funktion ausüben. Insbesondere verfremden die Dichter die den Athenern bekannten Formen des Dionysischen und machen sie damit zu Kunst, zu Literatur.

Wie lassen sich diese unterschiedlichen Nachrichten über den Ursprung der Gattung Komödie zu einem Gesamtbild zusammenfügen? Die Zeugnisse machen deutlich, daß es Vorformen der Komödie im 6. Jahrhundert an verschiedenen Orten und zu verschiedenen Anlässen – bei Dionysosfesten und Symposien – gab. Daß die Entstehung der Gattung von der antiken Literaturgeschichtsschreibung in die Zeit zwischen 580 und 560 v. Chr. in den attischen Demos Ikaria gelegt und einem gewissen Susarion zugeschrieben wird (s.o. S. 33), entspringt dem Bedürfnis der griechischen Antike, für kultische und kulturelle Formen einen Erfinder (*prótos heuretés*, πρῶτος εὑρετής) zu benennen. Die Geschichte enthält jedoch eine vielschichtigere Aussage: Der Ort

Ikaria verweist auf den Dionysoskult. Hier soll der Gott den Wein an Ikarios übergeben haben. Dieser bot ihn seinen Mitbürgern zum Trank, doch da diese die berauschende Wirkung des Weines nicht kannten, erschlugen sie ihn, weil sie glaubten, er habe sie vergiften wollen. Dieser Mythos hängt eng mit dem Frühlingsfest der Anthesterien zusammen. Zweitens – so gibt die Geschichte zu erkennen – sei die Gattung Komödie eine typisch attische Angelegenheit gewesen und habe drittens ihren Platz ursprünglich auf dem Land, nicht in der Stadt, gehabt.

Auffallend an dieser Darstellung ist, daß die Datierung des Susarion in die Zeit fällt, als der Dionysoskult in den von Tyrannen beherrschten Gemeinwesen seine Blütezeit hatte. In Korinth soll etwa gleichzeitig unter dem Tyrannen Periandros (ca. 630–580 v. Chr.) der Dichter Arion das Kultlied des Dionysos, den Dithyrambos, eingeführt haben. In Sikyon auf der Peloponnes gab es unter dem Tyrannen Kleisthenes (600–565 v. Chr.) Dionysos geweihte „tragische Chöre", wie der Historiker Herodot (V 67) berichtet. Dazu paßt, daß nach der antiken Literaturgeschichtsschreibung eine Wurzel der Tragödie in Sikyon angenommen und mit einem gewissen Epigenes in Verbindung gebracht wird. Die Vasenbilder der Zeit sind voll von dionysischen und sympotischen Motiven – man denke nur an die Darstellungen von Dickbauchtänzern, Stiermenschen, Delphinen- und Straußenreitern oder von Vogelchören.

Das heißt: Das 6. Jahrhundert ist eine Zeit, in der wir mit verschiedenen Formen von chorischen Darbietungen anläßlich von Dionysosfesten oder Symposien zu rechnen haben, die auch agonale Züge tragen konnten und als Wettkampf oder Wettsingen von Chören oder Komoi aufgeführt wurden. Man könnte sich vorstellen, daß die phantastisch maskierten oder vermummten Chöre im Gesang ihre eigene Maskierung beschrieben und erklärten. Dazu würde passen, daß in einer typischen Bauform der Komödie, der sogenannten Parabase (s.u. S. 38), die von zahlreichen Gelehrten als Nucleus der Komödie angesehen wird, der Chor nach einem einleitenden Hymnos über seine Maskierung spricht und sie den Zuschauern erläutert.

Daß sich aus diesen improvisierten Chordarbietungen gerade in Athen die hochliterarische Form der Komödie entwickelte, wie sie uns in den Stücken des Aristophanes und den Fragmenten seiner Zeitgenossen entgegentritt, kann man am ehesten aus dem Einfluß der Tragödie erklären, die seit den 30er Jahren des 6. Jahrhunderts v. Chr. Bestandteil der von Peisistratos gegründeten Großen Dionysien war. Nach dem Modell der Schwestergattung schufen die ersten namentlich bekannten Komödiendichter Chionides und Magnes Dramen, indem sie vermutlich – ähnlich wie Thespis etwa 50 Jahre zuvor – dem Chor einen oder zwei Schauspieler entgegenstellten und damit dramatische Handlung möglich machten.

1.5 Form und Struktur der griechischen Komödie

Im 12. Kapitel der *Poetik* (1452b 14–27) beschreibt Aristoteles die Abschnitte, in die man jede Tragödie untergliedern könne: den Prolog, die Epeisodien, die Exodos und die Chorika (Chorpartien), die entweder die Parodos (Einzugslied des Chores) oder Stasima (Standlieder des Chores, d.h. alle anderen Chorlieder nach der Parodos, nachdem der Chor seinen Platz in der Orchestra bezogen hat) sein können. Arien (Monodien) und Wechselgesänge zwischen Chor und Schauspieler (Kommoi oder besser Amoibaia genannt) finde man dagegen nicht in jeder Tragödie. Als Prolog bezeichnet Aristoteles die ganze Partie eines Dramas vor dem Choreinzug, als Epeisodion alle ganzen Teile zwischen den Chorliedern und als Exodos schließlich den Teil einer Tragödie, auf den kein Chorlied mehr folgt. Viele Interpreten richteten sich in ihren Untersuchungen zur Form und Struktur der griechischen Tragödie bis in die jüngste Zeit hinein nach der Autorität des Aristoteles und preßten die erhaltenen Tragödien in das Prokrustesbett der aristotelischen Definition, ohne auf die Handlung und die aus ihr sich ergebende Gliederung zu achten. Der Komödie hingegen blieb dies erspart – vor allem wohl deshalb, weil das zweite Buch der *Poetik*, in dem Aristoteles über die Komödie handelte, verloren ist. Man befaßte sich mit der Struktur und insbesondere mit den formalen Besonderheiten der aristophanischen Komödien unbelastet durch ein Gliederungsschema des Aristoteles.

Die Struktur einer Komödie des 5. Jahrhunderts v. Chr. ergibt sich aus dem Zusammenwirken von Chor und Schauspielern. Während dem Chor die lyrischen, d.h. gesungenen Partien zufallen, äußern sich die Schauspieler in gesprochenen Versen und dem dafür geeigneten iambischen Trimeter, der aufgrund der Freiheiten und Variationsmöglichkeiten, die er bietet, der gesprochenen Rede am nächsten kommt. Wenn Chor und Schauspieler sich unterhalten, gehen sie in der Regel ins Rezitativ über und bedienen sich iambischer, trochäischer oder anapästischer Tetrameter. So gleicht eine Komödie des 5. Jahrhunderts v. Chr., wenn man die Vortragsarten betrachtet, weit eher einer Oper als einem modernen Sprechstück. Durch den hohen Anteil rezitierter Verse unterscheidet sie sich auch von der gleichzeitigen Tragödie.

Einem Komödiendichter des 5. Jahrhunderts stand eine Vielzahl von rhythmischen Formen zur Verfügung. Die antike Metrik ist quantitierend. Der Rhythmus eines Verses ergibt sich also nicht aus dem Wechsel von betonten und unbetonten Silben, sondern aus der Abfolge von kurzen (v) und langen (–) Silben; an bestimmten Stellen im Vers kann sowohl eine kurze als auch eine lange Silbe stehen, ein sogenanntes Anceps (x). Die verschiedenen Kombinationsmöglichkeiten kurzer und langer Silben führen zu einer Vielzahl metrischer Formen.

Der Sprechvers des Dramas ist der iambische Trimeter, bestehend aus drei iambischen Metren (x – v –). Da Anceps, Länge und Kürze in diesem Metrum – jedenfalls in der Komödie – auch durch eine Doppelkürze ersetzt werden können, ist er das geeignete rhythmische Gerüst der gesprochenen Verse. In rezitierten Partien finden Langverse Verwendung, iambische (viermal x – v –), trochäische (viermal – v – x) oder anapästische (viermal v v – v v –) Tetrameter. In diesen Versen fehlt als rhythmisches Signal für Pause im Vortrag im letzten Metrum jeweils ein Element (sogenannte Katalexe).

Auf einen besonders großen Reichtum an Metren konnte der Komödiendichter bei der Komposition gesungener Partien zurückgreifen. Man muß bei den lyrischen Partien der Alten Komödie zwischen typischen komischen Metren unterscheiden und solchen, die durch die hohen Gattungen, durch die Tragödie oder die Chorlyrik, beeinflußt sind. Ursprünglich komische Rhythmen zeichnen sich durch ihre Einfachheit aus und verweisen dadurch auf ihre volkstümlichen Wurzeln. Sie basieren vorwiegend auf dem iambischen und trochäischen Rhythmus oder lassen sich in volkstümlichen oder einfachen kultischen Liedern nachweisen. Wenn die Komödie sich der oft schwierigen metrischen Formen der hohen Gattungen bedient, ist dies stets als Parodiesignal zu werten. Mit dem Metrum wechselt in diesen Fällen auch die sprachliche Form zu einer übertrieben erhabenen Ausdrucksweise.

Die große Bandbreite metrischer Formen legt die Vermutung nahe, daß der Dichter sie bei der Komposition nicht beliebig über das Stück verteilte, sondern daß in der Wahl eines bestimmten Metrums auch eine bestimmte dichterische Absicht zu sehen ist. Diese Annahme wird bestätigt, wenn man untersucht, welche inhaltliche Aussage durch bestimmte Metren vermittelt werden kann. So dienen z.B. trochäische Tetrameter dazu, Aggressivität und Schnelligkeit zu untermalen. Iambische Tetrameter dagegen sind dem Gang alter Leute angemessen, wobei die Unsicherheit der Alten wie im Einzugslied der *Wespen* des Aristophanes noch durch Synkopen (v. 248–272) unterstrichen werden kann. Das ionische Metrum, ein lyrisches Versmaß (v v – –), belegt in besonderer Weise, wie die rhythmische Form den Inhalt trägt. Ioniker haben offensichtlich eine enge Verbindung zu orientalischen Rhythmen. Sie werden in der Komödie dazu eingesetzt, um die stets mit dem Orient in Verbindung gebrachte Laszivität und Verweichlichung zu unterstreichen oder um auf den aus dem Osten stammenden Dionysoskult zu verweisen.

Gerade strukturell unterscheiden sich die Komödie und die Tragödie des 5. Jahrhunderts beträchtlich voneinander. In der Zeit Menanders, am Ende des 4. Jahrhunderts v. Chr., verliert die Komödie ihre spezifischen Merkmale und gleicht sich strukturell der Tragödie an; die für die Komödie des 5. Jahrhunderts typischen Formen verschwinden gänzlich.

Das auffallendste Bauelement in der Phase der Alten Komödie ist ein reines Chorstück: die Parabase, in der der Chor vor die Zuschauer tritt (daher der Name, abgeleitet von *parabaínein*, παραβαίνειν) und sich unmittelbar an sie wendet. Obwohl die Parabase den Handlungsablauf unterbricht, stellt sie keinen Fremdkörper in der Komödie dar, sondern ist auf vielfache Art und Weise – metrisch, sprachlich und inhaltlich – im jeweiligen Stück verwurzelt. In ihrer vollständigen Form besteht sie aus sieben Teilen, drei einfachen und vier paarweise aufeinander bezogenen Elementen. Die Einleitung bildet das in anapästischen oder lyrischen Metren gehaltene Kommation („Stückchen"), das von der Handlung zur Parabase überleitet. Es folgt die eigentliche Parabase, für die man nach dem darin zumeist verwendeten Versmaß auch den Begriff „die Anapäste" findet. In diesem Teil spricht der Chorführer im Namen des Chores oder im Auftrag des Dichters, ja sogar als Dichter selbst über die Rolle des Dichters in der Gesellschaft, über die Qualitäten seiner Dichtungen oder über das Verhältnis des Dichters zum Publikum. Die anapästischen Langverse laufen aus in einem sogenannten Pnigos, dem „Ersticker", in dem der Chorführer ohne metrische Pause, ohne Unterbrechung und ohne Luft zu holen, zu einem verbalen Feuerwerk ansetzt. Die zweite, korrespondierende Hälfte gehört ganz dem Chor. Sie besteht aus zwei lyrischen Teilen, einer Ode und einer rhythmisch ihr entsprechenden Antode, die zumeist in der altertümlichen Form des hymnischen Götteranrufs (sogenannter *kletischer Hymnos*, ὕμνος κλητικός) gehalten sind. Es folgt jeweils eine entweder aus 16 oder 20 trochäischen Tetrametern bestehende rezitierte Partie, das sog. Epirrhema (die „Daraufrede", d.h. auf eine gesungene Partie folgenden Rede) und Antepirrhema. In diesem Teil singt und spricht der Chor über seine Rolle und seine Maske.

Als Beispiel soll die Parabase der 424 v. Chr. aufgeführten *Ritter* (498–610) des Aristophanes dienen, die alle Teile besonders deutlich ausgeprägt aufweist. Im Kommation (v. 498–506) verabschiedet der Chorführer die Schauspieler und wendet sich mit schmeichlerischen Worten direkt an die Zuschauer.

An den Schauspieler
Nun gehe mit Glück und arbeite ganz
In unserem Sinn! Es beschirme dich Zeus,
Der Beschützer des Markts! Und wenn du's geschafft,
Kehre zu uns zurück mit Kränzen geschmückt
Als triumphierender Sieger!

Zum Publikum
Doch ihr, die ihr in jeglicher Poesie
Als Kenner erprobt,

Merkt auf und richtet jetzt eueren Sinn
Auf die Parabase des Stücks!

Da die Verse des Kommations bereits im anapästischen Rhythmus gehalten sind, weisen sie durch das Metrum auf die folgende eigentliche Parabase (v. 507–550) voraus. In ihr spricht der Chorführer – im Namen des Dichters – über dessen bisherige Laufbahn als Komödiendichter, vor allem über die erstaunliche Tatsache, daß Aristophanes in diesem Stück zum ersten Mal selbst Regie führt. Er erklärt die Zurückhaltung seines Dichters mit der wetterwendischen Gunst des Publikums, der sich der junge Aristophanes nicht so ohne weiteres von Anfang an aussetzen wollte, und begründet diese Aussage mit einem Rückblick auf das Schicksal berühmter älterer Komödiendichter (Magnes, Kratinos, Krates), die die Athener, nachdem sie diese zunächst über alle Maßen geschätzt hatten, plötzlich fallen ließen. Die Partie ist von größtem Interesse für die Rekonstruktion der Biographie des Aristophanes (s.u. S. 63f.). Der Chor spricht in dieser Partie zwar als komischer Chor, gleichzeitig hält er jedoch an seiner Rolle fest, aus Mitgliedern des Ritterstandes zusammengesetzt zu sein:

Wär in früherer Zeit mit Bitten in uns ein Komödiendichter gedrungen,
Auf den Schauplatz hin uns zu stellen vor euch und des Stücks Parabase
    zu sprechen,
Wir hätten wohl kaum ihm die Bitte gewährt: doch dieser verdient es,
    der Dichter,
Der dieselbigen haßt wie wir und es wagt, die Wahrheit vor allen zu reden,
Der entgegen sich stellt dem brausenden Sturm und der Windsbraut
    bietet die Stirne.

Die respondierenden Teile sind dem Chor der Ritter und ihren Pferden gewidmet (v. 551–610). Nun spricht der Chor ganz aus seiner dramatischen Rolle heraus, als Ritter und nicht als komischer Chor.

Ode
König der Ritter, Poseidon, dem
Stampfender Hufe eherner Klang
Und das Gewieher der Rosse gefällt,
Und die blaugeschnäbelten, rasch
Segelnden Kriegsfregatten
Und der Jünglinge Wettfahrt, stolz
Prangend jetzt auf dem Wagen, jetzt

Hart an den Boden geschmettert:
Sei uns nah, der du schwingst goldenen Dreizack,
Der Delphine Herr, Herrscher in Sunion
Und in Geraistos, Kronos' Sohn,
Phormions *(athenischer Admiral)* Gönner, und für jetzt
Unter den sämtlichen Göttern zumeist
Hold dem Volk der Athener!

Epirrhema
Ruhm und Preis sei unsern Vätern: denn sie waren allezeit
Männer, würdig unsres Landes und des heil'gen Peplos *(Kultmantel Athenas)*
    wert,
Die zu Land in heißer Feldschlacht und im kühnen Flottenkrieg,
Überall und immer Sieger, unsre Stadt mit Ruhm geschmückt!
(...)
Nichts verlangen wir zum Lohne als dies einzige, nur dies:
Wenn es endlich kommt zum Frieden und die Drangsal hat ein End,
Daß sich niemand ärgert, wenn er mit gepflegtem Haar uns sieht!

Antode
Pallas, die unsre Stadt beschirmt,
Du des gefeiertsten Lands der Welt,
Des an Kriegs- und Dichterruhm,
Reichtum, Glanz und drohender Macht
Unvergleichlichen, Herrin,
Nahe uns und bring sie mit,
Unsere stets in Krieg und Streit
Helfende Kampfgefährtin:
Nike *(Siegesgöttin)*, hold ist sie auch unseren Chören,
Und den Feinden mit uns bietet die Stirn sie.
Jetzo komm, o erscheine! Denn
Deiner Hilfe bedürfen wir,
Daß, wenn je, du mit aller Macht
Sieg verleihst unserm Kampfe!

Antepirrhema
Unsrer treuen Kampfgenossen sei zuletzt mit Lob gedacht,
Unsrer Rosse, sie verdienen's: manchen Angriff, manchen Strauß
Haben sie mit uns bestanden, manchen Einfall, manche Schlacht!
(...)

Beide Gottheiten, Poseidon und Pallas Athena, haben einen engen Bezug zur Handlung des Stücks und zur Rolle des Chors. Das an sie gerichtete Gebet ist Ausdruck der harmonisierenden Funktion der Dionysien: Poseidon, der Schutzgott der jungen Ritter, wird zusammen mit Athena, der Göttin des Volkes, angerufen. Gleichzeitig ist Poseidon jedoch nicht nur der Gott der Pferde, sondern auch Herrscher des Meeres und damit Schutzgottheit der Seefahrt, die in besonderem Maße die Machtbasis des demokratischen Athen war. Athena ist natürlich auch Patronin der ganzen Polis Athen und aller darin lebenden Bevölkerungsschichten. Nicht eifersüchtige Auseinandersetzung zwischen den einzelnen Gruppierungen in der Stadt soll vorherrschen, sondern Ausgleich und Harmonie sind das Ziel, zu dem alle beitragen müssen.

Gerade die Abfolge von gesungenen und rezitierten Partien, wie sie die Parabase aufweist, ist typisch für die Komödie und erscheint in leicht modifizierter Form auch in anderen Handlungsteilen. Der wichtigste, in dieser Kompositionsform gehaltene Bauteil ist der epirrhematische Agon, der wie die Parabase ein stereotypes Äußeres aufweist. Der Protagonist setzt sich entweder mit dem Chor oder mit einem anderen Schauspieler in einer oft heftigen Diskussion auseinander, um seinen Widersacher von der Richtigkeit seines Vorhabens zu überzeugen. Die zweiteilige Form des epirrhematischen Agons wird jeweils durch ein Chorlied (Ode und Antode) eingeleitet. In der Ode läßt sich der Chor über die Bedeutung der bevorstehenden Debatte aus oder nimmt bereits Partei für einen der Kontrahenten. In der Antode zieht er ein Resümee oder bricht hin und wieder in Bewunderung über die vorgetragenen Argumente aus. Es folgt der vom Chorführer rezitierte Katakeleusmos („Befehl") oder Antikatakeleusmos in zwei Langversen (Tetrametern), die zur Diskussion im Epirrhema bzw. Antpirrhema auffordern. Auf Epirrhema und Antepirrhema kann wie auf die Anapäste der Parabase als Höhepunkt der Auseinandersetzung ein Pnigos folgen, in dem die Argumente ohne Unterbrechung niederprasseln. Abgeschlossen werden kann der gesamte epirrhematische Agon durch die sogenannte Sphragis („Siegel"), die dem Lobpreis dessen dient, der sich im Agon mit seinen Argumenten durchgesetzt hat. Die zweiteilige Form bietet sich natürlich an, wenn Rede und Gegenrede aufeinanderprallen sollen. Aristophanes hält sich jedoch nicht strikt an dieses Schema. In manchen Komödien, wie den *Vögeln* oder der *Lysistrate*, dominiert der Protagonist den gesamten Agon, der so die Möglichkeit erhält, seinen Standpunkt ausführlich darzulegen, ohne auf eine entgegengesetzte Position eingehen zu müssen.

Den Aufbau einer idealtypischen Komödie des 5. Jahrhunderts kann man sich folgendermaßen vorstellen: Im Prolog erwächst dem Protagonisten aus der Kritik, die er an mißlichen Zuständen in der Stadt übt, eine Idee, wie er Abhilfe schaffen könnte. Da der Dichter am Anfang des Stücks in besonderem Maße die Aufmerksamkeit des Publikums fesseln muß, ist der einleitende Teil äußerst reich an Einfällen und zeichnet sich durch einen raschen Wechsel der Ereignisse aus. Die für das Verständnis der Handlung erforderlichen Informationen werden entweder gleich zu Beginn, wie in den *Acharnern*, oder – weit häufiger – erst mit Verzögerungen gegeben. Dadurch wird der Zuschauer zunächst mit einer ihm unverständlichen Situation konfrontiert, über die er erst im nachhinein aufgeklärt wird (z.B. in den *Wespen* v. 54ff.). Es folgt eine umfangreichere Szenenfolge, die Parodos, der Einzug des aus 24 Sängern bestehenden Chores und die unmittelbar mit dem Erscheinen des Chores in Beziehung stehenden Handlungssequenzen. Die Gestaltung dieses Strukturelements hängt wesentlich von der Rolle ab, die der Chor im Stück innehat, und vor allem von seiner Einstellung zum Vorhaben des Protagonisten. Unterstützt er den Plan des komischen Helden, wird er von diesem zu Hilfe gerufen. Ist er dagegen dem Protagonisten gegenüber feindlich eingestellt, erscheint er aus eigenem Antrieb und versucht, das Vorhaben zu vereiteln. In einer dritten Spielart tritt der Chor auf, ohne von den Plänen der Bühnenpersonen etwas zu wissen. Bei diesem Typus muß er zunächst in das Geschehen eingeweiht werden, bevor er mit Zustimmung oder Ablehnung reagieren kann.

Wenn der Chor dem Protagonisten mit feindlicher Absicht entgegentritt, ist mit dem Choreinzug häufig eine Streitszene verbunden, die die epirrhematische Form aufweist. Gerade die Streitszenen zeigen, daß die epirrhematische Komposition in besonderem Maße für das Zusammenwirken der beiden Bereiche des griechischen Theaters, der Orchestra und der Bühne, des Chores und der Schauspieler, geschaffen ist. Dramaturgisches Ziel der Streitszenen ist es, eine Übereinkunft zwischen den Kontrahenten herzustellen. Worte und Argumente ersetzen eine gewaltsame Auseinandersetzung. Dies wiederum ist das Signal für die Diskussionsrunde, den epirrhematischen Agon, in dem der Protagonist seinen Widersacher entweder durch die Kraft seiner Worte in die Enge treibt und bezwingt oder ihn eines Besseren belehrt. Damit ist der Höhepunkt der Komödie erreicht: Der komische Held hat durchgesetzt, was er vorhatte. So folgt denn auch auf diesen Triumph des Protagonisten die den ersten Teil des Stücks abschließende Parabase.

Auf diese Chorpartie kann eine Reihe von Szenen folgen (sog. episodische Szenen), in denen die Folgen des vom Protagonisten neu errichteten Zustandes vorgeführt werden. Zumeist erscheinen verschiedene Personen, die an dem Erfolg des Helden teilhaben wollen. Da dieser die Störenfriede in der Regel schroff zurückweist, spricht man auch von Abfertigungsszenen. Die einzelnen Szenen werden durch Chorlieder voneinander geschieden. Entweder singt der Chor, ans Publikum gewandt, einen Lobpreis des komischen Helden (Makarismos), oder er holt zu einem Spottlied aus, zu dem er sich durch das Bühnengeschehen zwar inspirieren läßt, das jedoch mit der eigentlichen Handlung nur wenig zu tun hat. Der Chor kann seiner Bewunderung des Protagonisten auch in einem Wechselgesang (Amoibaion) Ausdruck verleihen. In manchen Stücken wie dem *Frieden* des Aristophanes (v. 1127ff.) findet sich sogar eine sog. Nebenparabase, bestehend aus Ode, Epirrhema und Pnigos und den entsprechenden Gegenstücken, die einen stärkeren Handlungseinschnitt in der zweiten Hälfte einer Komödie markiert. Die Stücke schließen häufig, nachdem der Protagonist den von ihm errichteten Zustand gegen unliebsame Eindringlinge und Schmarotzer verteidigt hat, mit einem triumphalen Fest (Exodos).

Der Überblick dürfte hinreichend deutlich gemacht haben, daß den Komödiendichtern des 5. Jahrhunderts ein festes Repertoire traditioneller Formen und Strukturen zur Verfügung stand. Die Dichter, vor allem die guten, waren jedoch keineswegs sklavisch an diese Bauelemente gebunden. Vielmehr besteht ihre Kunst gerade darin, mit der durch regelmäßigen Theaterbesuch geschulten Erwartung und Erfahrung des Publikums ihr Spiel zu treiben. Sie können den Zuschauer durch bestimmte Strukturen auf eine durch diese Formen erwartbare Handlungsentwicklung (Streit, Diskussion) hinführen und dann im letzten Moment, indem sie einen eigentlich erforderlichen Teil wie z.B. das Pnigos auslassen, die Erwartung überraschend enttäuschen. Aristophanes entwickelt dieses Spiel mit den Erwartungen des Publikums zu einer wahren Meisterschaft.

Die Neue Komödie, wie sie uns in Menanders Stücken greifbar ist, weist eine völlig andere Struktur auf. Während in der Komödie des 5. Jahrhunderts der Chor in der Dramaturgie eine wesentliche Rolle ausübt und der hohe Anteil von gesungenen Partien in der aristophanischen Komödie durch die große Bedeutung des Chores bedingt ist, verschwindet der Chor aus der Neuen Komödie als Handlungsträger völlig. Er wird nur noch dazu eingesetzt, in einer Art Zwischenaktmusik das Stück in die jetzt üblichen fünf Akte zu untergliedern. Die Texte, die vom Chor gesungen wurden, kennen wir nicht. Die Chorpartien stammen nicht mehr aus der Feder des Komödiendichters und sind deshalb in den Papyrustexten nicht enthalten. Man findet nur der Vermerk XOPOY – „des Chores", was bedeutet, daß an dieser Stelle eine vom Chor gesungene Partie stehen sollte. Man darf wohl annehmen, daß die Choreuten beliebte Melodien und Lieder vortrugen, die mit der Handlung überhaupt nichts zu tun hatten, vielleicht Glanzstücke aus den klassischen Komödien des 5. Jahrhunderts, wie man sie auch bei Trinkgelagen, bei Symposien, vorzutragen pflegte.

Aus den an Formen und Vortragsarten überaus reichen Komödien eines Aristophanes entwickelte sich innerhalb von zwei Generationen ein reines Sprechtheater. Wie die Entwicklung im einzelnen ablief, läßt sich nicht mehr nachvollziehen. Doch sind die beiden letzten erhaltenen Komödien des Aristophanes, die *Ekklesiazusen* und vor allem der *Plutos*, bereits von einer deutlichen

Reduzierung der Chorpartien und der schwindenden Bedeutung des Chores geprägt. Vor allem im *Plutos* des Jahres 388 v. Chr. ist der Chor nur noch äußeres Beiwerk ohne Einfluß für die Dramaturgie, gleichsam ein Tribut des Dichters an die den Chor traditionell erfordernde Gattung Komödie.

1.6 Tanz und Musik

Zu den Glanzstücken einer Dramenaufführung des 5. Jahrhunderts v. Chr. zählten sicherlich die entweder von Solisten oder vom Chor getanzten und gesungenen Partien. Zwar erreiche die Tragödie – und wohl auch die Komödie – wie das Epos auch ohne Tanz und Musik ihr Ziel, ihr Telos (τέλος), wie Aristoteles im 26. Kapitel seiner *Poetik* (1462a 11–14) schreibt; denn bei der Lektüre erst zeige sich die Qualität eines Textes, der, wenn er denn gut sei, ohne das optische und akustische Beiwerk der Aufführung auskommen müsse. Doch Musik, Tanz und Inszenierung sind unbestreitbar Elemente, die der Dichter eines Dramas des 5. Jahrhunderts v. Chr. als unerläßliche Bestandteile einer Aufführung ansah und für die er genau wie für den Text in seiner Funktion als Komponist und Regisseur, als Chorodidaskalos, verantwortlich war.

Welche Bedeutung insbesondere den beiden Bestandteilen Musik und Tanz beigemessen wurde, belegt die heftige Diskussion, die vor allem am Ende des 5. und zu Beginn des 4. Jahrhunderts musikalische und – damit verbunden – choreographische Innovationen ausgelöst haben. Musik und Tanz bilden im griechischen Drama eine untrennbare Einheit; bestimmte Rhythmen erfordern verschiedene Arten der choreographischen Inszenierung. Insofern stellen Choreographie und musikalische Gestaltung ein wichtiges künstlerisches Mittel der Sinnvermittlung dar, durch das Charaktere, Stimmungen und Handlungen wiedergegeben werden können: Dies betonen wiederum Aristoteles in der *Poetik* (1447a 26–28) und später im ausgehenden 2. Jahrhundert n. Chr. Lukian in seiner Schrift über den Pantomimos (*De saltatione* c. 62) übereinstimmend.

Ursprünglich – in der Chorlyrik und im Drama des frühen 5. Jahrhunderts – standen Musik, Tanz und Wort in einem ausgewogenen Verhältnis zueinander. Im zweiten Dithyrambos für Athen (s.o. S. 23) betont Pindar bei der Schilderung des Frühjahrsbeginns und des Frühlingsfestes der Großen Dionysien in den abschließenden zwei Versen diese Balance der drei Elemente (Fr. 75 Maehler):

dann *(im Frühling an den Dionysien)* ertönt der Gesang zur Flötenbegleitung, und die Chöre ziehen, mit Stirnbändern geschmückt, hin zu Semele.

Dieselbe Ausgewogenheit von Musik und Wort läßt sich in der Tragödie dieser Jahre nachweisen. In dem 458 v. Chr. aufgeführten *Agamemnon* des Aischylos erzählt der Chor in seinem Einzugslied (Parodos) die Vorgeschichte des trojanischen Kriegs, den Raub der Helena durch den trojanischen Prinzen Paris und die anschließenden Vorbereitungen für den Rachefeldzug der Griechen (v. 40ff.). Die Erzählung läuft auf die jedem Zuschauer bekannte Opferung von Agamemnons Tochter Iphigenie in Aulis hin, durch die der griechische Heerführer den Zorn der Göttin Artemis besänftigen und die Windstille beenden will, die die Ausfahrt der Flotte vereitelt. Doch vor dem Höhepunkt, der Opferung Iphigenies durch die Hand des Vaters, bricht der Chor ab und singt einen Hymnos, in dem er Zeus, den höchsten Gott, anruft (v. 160ff.). Die abschließende dritte Strophe des Hymnos (v. 176ff.) erklärt die Herrschaft des Zeus als eine harte Erziehung der Menschen zur Einsicht, die auf dem pädagogischen Leitsatz „durch Leiden lernen" beruht. Die Herrschaft des Zeus ist einerseits durch Härte und Gewalt, andererseits jedoch auch durch Gnade gekennzeichnet, insofern der Mensch durch das ihm widerfahrende Leid zur Einsicht in sein eigenes Handeln und die göttliche Weltordnung kommen kann.

In der zu Aischylos' Zeiten noch von dem aus zwölf Sängern bestehenden Chor vorgetragenen Partie – Sophokles erhöhte die Zahl der Choreuten auf 15 – ist der erzählende Teil in einer kunstvollen, an die chorlyrischen Dichtungen eines Pindar erinnernden metrischen Form gehalten. In dem Augenblick jedoch, in dem der Chor von der Erzählung zur Reflexion im Zeus-Hymnos übergeht, werden die kunstvollen Rhythmen von einer einfachen, klaren Struktur abgelöst. Der Rhythmenwechsel bewirkt zweierlei: Zum einen wird die Aufmerksamkeit der Zuhörer durch den überraschenden Wechsel auf den Inhalt des Hymnos gelenkt; zum anderen steht die schnörkellose, klare rhythmische Gestalt der Passage in keiner Weise dem Verständnis im Wege. Durch das Zurücktreten der Musik kann der Inhalt in den Vordergrund treten. Zur Verdeutlichung dieses Rhythmenwechsels sei auf ein vergleichbares Phänomen in der Kirchenmusik hingewiesen: Im *Credo* findet man in der Regel denselben Übergang von der kunstvollen, polyphonen Eröffnung des Chors zur schlichten Einstimmigkeit im Herzstück des Glaubensbekenntnisses, wo es heißt „et incarnatus est de Spiritu Sancto ex Maria Virgine, et homo factus est". Auch hier soll also die wesentliche Aussage nicht durch Musik überdeckt werden.

Das ausgewogene Verhältnis von Wort und Klang sollte sich in den Jahren nach den Perserkriegen durchgreifend ändern. Der Inhalt tritt immer mehr in den Hintergrund zugunsten einer größeren Geltung der musikalischen Effekte. Wir besitzen glücklicherweise einen unter dem Namen des Pratinas überlieferten Text aus diesen Jahren, der uns mitten in diesen musikalischen Umbruch hineinführt (Fr. 708 PMG):

Was ist das für ein Lärm? Was ist das
Für ein Chorgesang und was für ein Tanz?
Welche Anmaßung hat sich dem lärmumtobten
Altar des Dionysos genaht?
Mein, mein ist Dionysos! Mir ziemt es
Zu schreien, mir ziemt es zu lärmen, wenn ich
Zusammen mit den Najaden ins Gebirge stürme
Und wie ein Schwan ein buntgefiedertes Lied anstimme.
Den Gesang hat die Muse zum König gemacht.
Der Aulos soll nur die zweite Rolle spielen.
Denn er ist nur Diener.
Allein beim fröhlichen Umzug und bei Raufereien,
Die betrunkene junge Männer vor den Türen veranstalten,
Soll er Anführer sein.
Schlage ihn *(den Aulos)*, der den Atem einer bunten Kröte hat!
Brenne ihn, der den Speichel vergeudet,
Den Aulos mit seiner geschwätzigen, tiefen Stimme,
Der gegen den Rhythmus verstößt,
Er mit seinem durchbohrten Körper.
Sieh her: Dieser Schwung des rechten Armes und Beines ist für dich,
Thriambos, Dithyrambos, Herr mit dem Efeu im Haar *(Dionysos)*,
Auf denn, höre meinen dorischen Gesang!

Es handelt sich bei diesem Text vermutlich um ein Chorstück. Die Sänger
reagieren auf eine Darbietung, die kurz zuvor stattgefunden haben muß. Sie
bezeichnen diese Aufführung despektierlich als Lärm und als eine Anmaßung
dem Gott Dionysos gegenüber. Im folgenden wird erst deutlich, worüber die
Sänger dermaßen erzürnt sind: Es muß ein Lied vorgetragen worden sein, in
dem nicht der Chor, nicht die Sänger, sondern der Aulos (αὐλός) dominierte.
Der Aulos ist das Begleitinstrument sowohl in chorlyrischen wie dramatischen
Aufführungen, das von der Bauweise wie vom Klang der Aulos einer Oboe
gleicht. Mit Vehemenz bestreitet der Chor in dem Fragment des Pratinas, daß
der Musik die führende Rolle zustehe, und fordert für den Gesang die ihm von
der Muse verliehene Herrschaft im Lied zurück.

Man kann in diesen wenigen Versen den Kampf zwischen moderner und
traditioneller Musik und Dichtung greifen, der in der Zeit nach den Perserkriegen ausbrach und seine Spuren in der theatralischen Praxis – den Parodien der
Komödie – und in der theoretischen Kritik bei Platon hinterlassen hat. Der
Chor tritt für das Althergebrachte ein. Der „dorische Gesang", vor allem je-

doch die Verteidigung der führenden Rolle des Wortes im letzten Vers ist ein Hinweis auf diese konservative Haltung.

Das Ziel der in diesen Versen attackierten musikalischen Avantgarde bestand darin, für die Musik einen autonomen, vom Wort unabhängigen Bereich zu erstreiten und das bisher übliche Verhältnis von Wort und Klang zugunsten der Musik zu verändern. Nun sollte das Wort zum Diener werden, zum reinen Klangelement, das lediglich zur Bereicherung der Komposition eingesetzt wird. In witziger Absicht wird in dem Pratinas-Lied der Klang der Flöte mit dem Prusten einer bunten Kröte verglichen. Es ist viel darüber gerätselt worden, was sich hinter dem Adjektiv „bunt" verbergen könnte. Sicherlich geht es dem Dichter nicht um eine zoologische Klassifizierung; vielmehr attackiert er mit diesem Adjektiv das Programm der modernen Musik. Die alte Ordnung in der Komposition soll durch Buntheit, durch Abwechslung, durch überraschende Effekte ersetzt werden. Diese „Buntheit" (*poikilía*, ποικιλία) der Musik läßt sich vor allem durch Solisten – sowohl durch den Flötenspieler als auch durch Gesangssolisten – erzielen.

So ist es nicht weiter erstaunlich, daß in der zweiten Hälfte des 5. Jahrhunderts in den erhaltenen Dramen Solopartien zunehmen, die für professionelle Virtuosen geschrieben wurden. Dies ging teilweise sogar so weit, daß der Flötenspieler im Drama oder Chorlied eine bestimmte Rolle übernahm, was zu Beginn des 5. Jahrhunderts undenkbar gewesen wäre. In dem Dithyrambos *Skylla* des Timotheos von Milet etwa stellte der Flötenspieler die Skylla dar. Den Aulos spielend, schleppte er den Chorführer, der die Rolle des Odysseus innehatte, hinter sich her, so daß die Umkehrung der Bedeutung von Musik und Gesang in der Handlung selbst eindrücklich dargestellt wurde (Fr. 793 PMG). Das Virtuosentum im Bereich des Gesangs hatte zur Folge, daß die Komponisten-Dichter darum bemüht waren, Arien zu schreiben, in denen die Sänger ihre Qualitäten besonders gut unter Beweis stellen konnten. Dies schlägt sich in zwei musikalischen Neuerungen nieder, die durch die Texte, die wir besitzen, vor allem durch die Parodien in den Komödien des 5. Jahrhunderts, gut bezeugt sind.

Das auffallendste Phänomen dürften die mimetischen Bestrebungen in der Musik und im Gesang sein. Ziel war es nicht mehr, einen bestimmten Inhalt zu vermitteln, sondern die Stimme oder die Musikinstrumente in verfremdender Form als Klangmedium einzusetzen. Der Philosoph Platon kritisiert die musikalische Mimesis in aller Schärfe im dritten Buch des *Staates* (397a1–b2):

Er *(der moderne Virtuose)* wird versuchen, alles Mögliche darzustellen (...), und er wird nichts für unter seiner Würde erachten. Er versucht also ernsthaft und vor vielen Zuhörern alles und jedes nachzuahmen: das Grollen des

Donners, das Pfeifen des Windes, das Prasseln des Hagels, das Knarren von Wagenachsen und Rädern, den Klang von Trompeten, Flöten, Hirtenpfeifen und allen anderen Instrumenten, das Bellen von Hunden, das Blöken von Schafen und das Gezwitscher von Vögeln. Sein Vortrag wird also ganz auf der Nachahmung von Stimmen und Gebärden beruhen und nur wenig von reiner Erzählung an sich haben.

Diese mimetische Vortragsart, fährt Platon fort, erfordere eine Vielfalt von Rhythmen und Tonarten, insbesondere von Rhythmen- und Harmoniewechseln, da sie, um ihren Stoff adäquat wiederzugeben, sich stets ihrer Materie anpassen und sich damit ständig ändern müsse.

In den Komödien des Aristophanes, bezeichnenderweise in den *Vögeln* (414 v. Chr.) und den *Fröschen* (405 v. Chr.), finden sich mehrere Passagen, die einen gewissen Eindruck vermitteln können, wie man sich die mimetische Musik vorzustellen hat.

Beginnen wir mit den *Vögeln:* Zwei Athener namens Peisetairos und Euelpides verlassen aus Überdruß über die Hektik, die in Athen herrscht, ihre Heimatstadt und gelangen ins Reich der Vögel, wo sie ein besseres Leben zu finden hoffen. Sie treffen dort auf den König der Vögel, den Wiedehopf Tereus, der sich bereit erklärt, seine Gattin Prokne, die Nachtigall, durch seinen Gesang aus dem Gebüsch herauszurufen. Diese Szene (v. 209ff.) bietet alle musikalischen Errungenschaften der Avantgarde. Der Wiedehopf, eine Solistenrolle, stimmt das Wecklied für die Nachtigall an. Kaum ist er verstummt, ertönt hinter der Szene Flötenspiel, das Zwitschern der Nachtigall nachahmend (nach v. 222). Erst jetzt, nachdem beide Solisten ihr Können getrennt – als solo a capella und als Instrumentalstück – gezeigt haben, vereinigen sich Gesang und Musik. Von der Flöte – also dem Zwitschern der Nachtigall – begleitet, ruft der Vogelkönig seine Untertanen zusammen (v. 227ff.):

epopoi popopopopopopoi
io io ito ito ito ito
ito (...)

ἐποποῖ ποποποποποποποῖ,
ἰὼ ἰὼ ἰτὼ ἰτὼ ἰτὼ ἰτὼ
ἰτὼ (...)

Die Arie beginnt mit dem Ruf des Wiedehopfs, dessen Balzruf, wie man in ornithologischen Nachschlagewerken finden kann, eine gewisse Ähnlichkeit mit dem Ruf des Wiedehopfs bei Aristophanes aufweist. Erst allmählich, im zweiten Vers, findet Tereus, zunächst noch stotternd, von der Vogel- in die Menschensprache hinüber: „He, he (io io), es komme, es komme, es komme, es komme, / es komme (ito) (...)". Auch in seine hochlyrische Arie, mit der er seine Artgenossen zusammenruft, flicht er immer wieder Vogellaute ein (v. 237 „tio tio tio tio tio tio tio tio", v. 242 „trioto trioto totobrix", v. 260–262 „torotorotorotorotix / kikkabau, kikkabau / torotorotorotorolililix"). Die vokale Imitation von Tierlauten oder anderen Geräuschen muß sich gerade am Ende des 5. Jahrhunderts v. Chr. größter Beliebtheit erfreut haben. In den *Fröschen* entwickelt sich ein Duett zwischen Dionysos und dem Chor der Frösche, die mit ihrem höhnischen, vielstimmigen Gequake – „brekekekex koax koax" – den Gott des Theaters zur Verzweiflung treiben (v. 209ff.). Ein interessantes Beispiel läßt sich auch aus einem Dithyrambos anführen. Man weiß, daß in dem Dithyrambos *Der Kyklop oder Galatea* des Philoxenos (Anfang 4. Jahrhundert v. Chr.) die Rolle des Kyklopen von einem Solisten gesungen wurde, der den Klang der Kithara, mit der er seiner Geliebten ein Ständchen brachte, vokal nachahmte („threttanelo").

Das Streben der Dichter und Komponisten dieser Zeit richtete sich darauf, in ihren Werken die klanglichen Möglichkeiten, die die Sprache bot, vollkommen auszuschöpfen, wobei der Text oft zu einer bloßen Klangkulisse degradiert wurde. Durch keine Erscheinung wird diese Tendenz mehr unterstrichen als durch die Beliebtheit, derer sich das Koloraturensingen in jener Zeit erfreute. Über die Existenz von Koloraturen wissen wir einerseits durch die Kritik des Aristophanes, andererseits durch die Musikpapyri und Inschriften Bescheid, in denen an der Stelle, an der eine Koloratur gesungen werden sollte, der betreffende Vokal mehrfach wiederholt wird. Besonders Euripides muß diesen Effekt häufig in seine Kompositionen eingebaut haben, wie z.B. ein Potpourri aus Euripides-Zitaten belegt, das Aristophanes in den *Fröschen* Aischylos singen läßt (v. 1309ff.):

Halkyonen *(Eisvögel)*, die ihr an ewigrauschenden
Meereswogen zwitschert und girrt,
Die ihr mit tropfender Fittiche Schwung
Feucht den gebadeten Leib bespritzt;
Ihr, die ihr so heimlich im Eck unterm Dach
Mit ei-ei-ei-ei-ei-ei-eifrigen Fingern, ihr Spinnen,
Weberkundig die Fäden dreht,
Zum Klang des melodischen Weberschiffs,
Wo der flötentrunkene Delphin
Um die stahlblaukielige Barke
Tanzt, weissagend der Fahrt Gelingen.

Im Spiegel der Parodie gibt Aristophanes eine bissige Charakterisierung der modernen Dichtung und Komposition à la Euripides. Sie besteht aus assoziativen Gedankensprüngen. Alltägliche Gegenstände oder banale Handlungen werden in hochpathetischer Sprache beschrieben. Der Bezug zur Realität wird in höchstem Maße gerade durch die Koloratur verletzt. Der Text bietet keinen Sinnzusammenhang, sondern nur ein beeindruckendes Klanggebilde, das dem Virtuosen die Gelegenheit gibt, seine Qualitäten zu beweisen.

Genau dieselbe Kritik, der Aristophanes die Koloraturen des Euripides unterzieht, übt Hector Berlioz in seinen Lebenserinnerungen an einer Koloraturpassage aus Mozarts *Don Giovanni*. In der F-Dur-Arie Donna Annas (Nr. 23) findet sich in dem Satz „forse un giorno il cielo ancora sentirà pietà di me" eine monströse Koloratur: Das -à von „sentirà" zieht sich durch 9 1/2 Takte hin. Berlioz schreibt: „Donna Anna scheint ihre Tränen zu trocknen und sich mit einem Male unehrbaren Belustigungen hinzugeben. Mozart hat gegen die Leidenschaft, gegen das Gefühl, gegen den guten Geschmack und gesunden Verstand eines der häßlichsten, unsinnigsten Verbrechen begangen, die man aus der Kunstgeschichte anführen kann." Ob die Kritik von Berlioz zutreffend ist oder nicht, sei dahingestellt. Interessant ist, daß der Tadel, den Berlioz und Aristophanes aussprechen, deckungsgleich sind, und es wird deutlich, daß man in derartigen Koloraturen einen Tribut an den Publikumsgeschmack sehen muß. Mozart schrieb, wie man weiß, seine Arie für die berühmte Sopranistin Teresa Saporiti und für seine Schwägerin Aloisia Lange, Euripides für einen uns nicht bekannten Sänger des ausgehenden 5. Jahrhunderts v. Chr. Mit Blick auf diese Entwicklung bemerkt Platon in den *Gesetzen* (701a) bissig, aus dem Theater sei die Aristokratie des guten Geschmacks der wenigen Gebildeten von der Theatrokratie, der Herrschaft des Pöbels, vertrieben worden. Das Theater erzog nicht mehr, sondern es wollte unterhalten, unterhalten vor allem durch Abwechslung (*poikilía*).

Ein anderer Manierismus des ausgehenden 5. Jahrhunderts war der Gesang im Falsett. Im *Orestes* des Euripides (408 v. Chr.) findet sich eine lange Arie eines aus dem kleinasiatischen Phrygien stammenden Sklaven, der als Haussklave der Helena ein Kastrat war und dementsprechend im Falsett sang (vgl. v. 1528). Parodiert wird dies in den *Thesmophoriazusen* des Aristophanes, in denen der Tragiker Agathon beim Dichten und Komponieren eines für Frauen geschriebenen Liedes vorgeführt wird und der dabei, um sich in die Rolle adäquat hineinzuversetzen, ebenfalls im Falsett singt. Die sexuell anstachelnde Wirkung auf den Zuhörer bleibt denn auch nicht aus (v. 130–133):

Welch lieblich Lied, ihr heil'gen Genetyllen *(Geburtshelferinnen, Göttinen)*,
So weiblich zart, so zungenküsselüstern,

So schnäbelnd süß – ach, schon beim Hören zuckt
Des Kitzels Reiz mir bis zum Steiß hinunter.

Eine ähnliche Entwicklung, die Emanzipation der drei Grundbestandteile einer
dramatischen Aufführung – Wort, Musik und Tanz – voneinander, läßt sich
auch beim Tanz und der Choreographie beobachten. Die Komödien des Aristophanes sind voller Hinweise auf die choreographische Gestaltung der einzelnen Partien. Ich greife exemplarisch die Parodos des *Friedens* (421 v. Chr.) heraus (v. 318–345). Der Chor stürmt als Unterstützung des komischen Helden
Trygaios in die Orchestra und ist voller Vorfreude auf die bevorstehende Friedenszeit:

Trygaios *(beschwichtigend, an den begeisterten Chor gewandt):*
  Stockschwerenot! Seid ihr besessen? Ich beschwör euch, macht uns
    doch
  Mit den dummen Tanzfiguren nicht das schönste Werk zunicht!
Chor *(weitertanzend, sich vergeblich bemühend, auf Trygaios zu hören):*
  Ja, das Tanzen will ich lassen! Aber sieh, vor lauter Lust,
  Ohne daß ich nur mich rühre, hüpfen mir die Bein' herum!
Trygaios *(erzürnt):*
  Laßt auch das für jetzt! Ich bitt euch, laßt das Hopsen, tanzt mir nicht!
Chor *(immer noch tanzend, ohne seiner Tanzlust Herr zu werden):*
  Sieh, schon hör ich auf!
Trygaios:
  Du sagst es, aber tanzt noch immerfort.
Chor:
  Nur diesen einen Schleifer, nur den einen Kehraus noch!
Trygaios *(gereizt):*
  Meinethalb, noch diesen einen, aber dann ist's ausgetanzt!
Chor *(tanzt unentwegt weiter):*
  Nein, gewiß, wir lassen's bleiben, wenn du meinst, es sei nicht gut!
Trygaios *(gereizter):*
  Aber seht, ihr tanzt noch immer!
Chor:
  Einmal laß mich noch, bei Zeus,
  Hoch den rechten Schenkel heben, dann gewiß hat's ein End!
Trygaios *(resigniert):*
  Gut, auch das noch, nur damit ihr mir nicht weiter Ärger macht!
Chor *(wirft tanzend das rechte, dann das linke Bein hoch):*
  Aber sieh, nun will mein Linker auch und läßt mir keine Ruh,

Und ich jauchze, juble, lache, furz und fahr aus meiner Haut,
Meiner alten Haut vor Freude, daß ich keinen Spieß mehr seh!
Trygaios *(ohne Luft zu holen (Pnigos)):*
    Freut euch nicht zu früh, noch seid ihr eurer Sache nicht gewiß;
    Wenn wir sie *(die Friedensgöttin)* geborgen haben, dann erst freut euch,
        jubelt, schreit;
    Dann erst mögt ihr lärmen, schwärmen,
    Könnt, ohn euch zu genieren,
    Fahren, schlafen, rumspazieren,
    Euch bei Festen divertieren,
    Schmausen, spielen, musizieren,
    Karessieren,
    Und juhu, juchheißa schrein!

Die Passage ist insofern von besonderem Interesse, als in ihr die Choreuten und der Protagonist in Fachterminologie auf die Tanzbewegungen hinweisen, sie kommentieren und als Ausdruck der überschäumenden Freude interpretieren. Die Pointe der Szene liegt darin, daß Trygaios die Choreuten zur Ruhe auffordern will, damit sie durch ihren Freudentanz nicht sein Unterfangen gefährden. Der Chor bemüht sich zwar, dem Protagonisten willfährig zu sein. Da er jedoch unter Tanzzwang steht (v. 325, 334), muß er, ob er will oder nicht, immer noch eine weitere Bewegung der Beine folgen lassen. Die Choreographie muß – soweit läßt dies der Text erkennen – durch eine komische Spannung geprägt gewesen sein zwischen Tanzleidenschaft auf der einen und dem Bemühen der Tänzer, dieser Leidenschaft Herr zu werden, auf der anderen Seite. Eine weitere komische Pointe liegt in dem Ungestüm, mit dem die Choreuten ihrer Freude Ausdruck geben, und ihrem Alter, das sie jetzt, da die Friedenszeit naht, abschütteln wollen. Die Choreographie ist in dieser Szene demnach eindeutig dem Sinn des Textes untergeordnet; sie stützt die Aussage des Textes, ist aber auf keinen Fall Selbstzweck.

    Ganz anders verhält es sich dagegen in der Parodos des *Plutos*, des letzten erhaltenen Stücks des Aristophanes (388 v. Chr.). Die Partie zerfällt in drei Abschnitte. Zunächst erfolgt der Choreinzug (v. 253–289). Die Bauern marschieren in dem ihrem Alter gemäßen Rhythmus, katalektischen iambischen Tetrametern, ein. In den Versen 288f. kündigt der Chor – seinem Auftritt im *Frieden* vergleichbar – an, ein Freudenlied anstimmen zu wollen:

Wie freut mich das! O Wonn, o Lust! Ich juble, tanz und springe
Vor Freude gleich, – ich hoffe doch, du hast uns nicht belogen?

Diese Ankündigung wird jedoch nicht sogleich in die Tat umgesetzt, sondern durch eine mimetische, pantomimische Tanzeinlage, einer Parodie des Dithyrambos *Der Kyklop oder Galatea* des Philoxenos (v. 290–321), aufgeschoben. Bevor der Sklave Karion am Ende dieser Partie abgeht, fordert er den Chor auf, mit den Späßen aufzuhören und sich einer anderen Tanzform zuzuwenden. Es folgt in den Handschriften ein XOPOY-Vermerk als Hinweis darauf, daß an dieser Stelle eine Tanzeinlage des Chores vorgesehen war (s.o. S. 43). Man darf wohl annehmen, daß erst danach der in den Versen 288f. angekündigte Freudentanz stattfand.

Gerade der Vergleich der Parodoi des *Friedens* und des *Plutos* verdeutlicht, welche Entwicklung sich in der Tanzkunst wie in der Musik am Ende des 5. und zu Beginn des 4. Jahrhunderts abspielte: Während im *Frieden* der Tanz zur Untermalung der die Handlung bestimmenden freudigen Ausgelassenheit des Chores eingesetzt wurde, ist er im *Plutos* aus der eigentlichen Handlung der Parodos, in die er durchaus gepaßt hätte, ausgegliedert – und dies in doppelter Weise: Zunächst haben wir die parodische, von Gesang begleitete Ballett-Einlage des Chores, die überhaupt nichts mit der Handlung zu tun hat, und daran anschließend den wortlosen Freudentanz, der gleichsam als akttrennendes Intermezzo fungiert. Wir haben damit die Entwicklungsstufe in der Geschichte der griechischen Komödie erreicht, in der die Gattung schon beinahe reines Sprechtheater wie in der Zeit Menanders geworden ist. Die Emanzipation der drei Medien – Wort, Musik und Tanz – voneinander ist fast abgeschlossen, der opernhafte Charakter der Komödie des 5. Jahrhunderts so gut wie verschwunden.

1.7 Themen und Inhalte der griechischen Komödie

Wie in Form und Struktur unterscheiden sich Alte und Neue Komödie auch im Inhalt beträchtlich voneinander. Die Komödie des 5. Jahrhunderts, für uns faßbar in den Komödien des Aristophanes, ist politisch in dem Sinne, als sie Themen, die das Gemeinwesen, die Polis, betreffen, zum Inhalt hat. In der Zeitgeschichte, den politischen Zuständen und der intellektuellen Auseinandersetzung im Athen jener Jahre liegen die Wurzeln der Komödien. Politischer Hintergrund von neun der elf erhaltenen Komödien des Aristophanes ist der sich über 27 Jahre hinziehende Krieg, den Athen mit Sparta und seinen Verbündeten ausfocht (Peloponnesischer Krieg, 431–404 v. Chr.). Die verschiedenen Phasen des Kriegs, die militärischen und politischen Unternehmungen werden im Spiegel der Komödien aufgefangen, das Wirken der Politiker findet in ihnen einen unmittelbaren Widerhall.

Von gleicher Bedeutung für den Inhalt der Komödien wie die politische und militärische Geschichte ist die intellektuelle Revolution jener Jahre, die von der Sophistik ausging. Diese Bewegung machte sich anheischig, junge Männer gegen Honorar zu erfolgreichen Politikern auszubilden, indem sie ihnen die Kunst beizubringen versprach, durch die Gewalt ihrer Rede den Zuhörern jede Sache plausibel zu machen, ob sie nun wahr oder falsch sei. In seiner autobiographischen Schrift *Anabasis* verweist Xenophon im Nachruf auf seinen ums Leben gekommen Freund Proxenos aus Böotien darauf hin, wie wohlhabende Adlige sich für eine erfolgreiche Karriere als Politiker oder Feldherr der bei den Sophisten erworbenen Fähigkeiten bedienten (II 6, 16f.):

> Proxenos aus Böotien war schon als Jüngling darauf aus, ein Mann zu werden, der in der Lage wäre, große Taten zu vollbringen. Aus diesem Verlangen heraus bezahlte er dem Gorgias aus Leontinoi Geld. Nachdem er sein Schüler gewesen war, hielt er sich bereits für fähig, Macht auszuüben und als Freund der Mächtigen mit Wohltaten nicht hinter ihnen zurückzustehen, und so ließ er sich auf das bekannte Unternehmen des Kyros ein. Er war der Meinung, dabei einen großen Namen, große Macht und viel Geld zu gewinnen.

Der langandauernde Krieg führte mehr und mehr zu einer Verwilderung der Sitten. Unter dem Zwang der Umstände wurden immer häufiger die bisher üblichen und respektierten Normen des demokratischen Zusammenlebens mißachtet. Die Sophisten – Männer wie die uns aus den platonischen Dialogen bekannten Protagoras, Gorgias und Prodikos, vor allem auch Antiphon, dessen Werke jedenfalls teilweise erhalten sind – lieferten die Argumente und die rhetorische Technik, um die um sich greifende Mißachtung der Tradition zu legitimieren. Theorien wie das Recht des Stärkeren, das etwa der Sophist Antiphon oder Kallikles im *Gorgias* Platons vertritt, führten im politischen Alltag dazu, daß einzelne wie Alkibiades sich nicht mehr an die demokratischen Spielregeln gebunden fühlten.

Je mehr sich die militärischen Mißerfolge häuften, desto größere Risse bekam der demokratische Grundkonsens. Der oligarchische Putsch von 411 v. Chr. – als Reaktion auf die fehlgeschlagene Sizilische Expedition – und das Terrorregime der 30 Tyrannen nach der endgültigen Niederlage Athens im Jahre 404 v. Chr. sind deutlicher Ausdruck der geistigen und politischen Krise, in die die Polis in den 27 Kriegsjahren geraten war. Mit einzigartigem Scharfblick analysiert der Historiker Thukydides, ein Zeitgenosse dieser Ereignisse, exemplarisch anhand der Bürgerkriegswirren auf der Insel Kerkyra (heute Kor-

fu) die Auswirkungen des Kriegszustandes auf das Zusammenleben der Bürger
(III 82):

> Zu solcher Grausamkeit entwickelte sich der Bürgerkrieg, und man emp-
> fand dies um so mehr, als er der erste war; denn später wurde sozusagen
> ganz Hellas von der Bewegung erfaßt. (...) Und so brach während des Bür-
> gerkriegs viel Schlimmes über die Städte herein; dies geschieht und wird
> immer geschehen, solange die Natur des Menschen dieselbe ist, manchmal
> heftiger, dann ruhiger und in den Erscheinungsformen verschieden, wie es
> jeweils die Wechselfälle der Ereignisse mit sich bringen. Denn im Frieden
> und in guten Verhältnissen legen Städte und Individuen bessere Verhal-
> tensweisen und Einstellungen an den Tag, da sie nicht in erzwungene Not-
> lagen geraten. Der Krieg aber, der die Annehmlichkeiten des alltäglichen
> Lebens beseitigt, ist ein gewalttätiger Lehrer und gleicht die Emotionen der
> Masse der augenblicklichen Lage an.

Folge des Kriegszustandes, fährt Thukydides fort, war ein völliger Verlust der
bisher anerkannten Werte und Normen, die das Zusammenleben der Menschen möglich machten und regelten. Ja, es kam geradezu zu einer Umwertung
der Begriffe, die sich nach den aktuellen Bedürfnissen richtete. Draufgängertum
galt nun plötzlich als Tapferkeit, vorsichtige Zurückhaltung und verantwor-
tungsbewußtes Zögern als Feigheit. Man ging sogar so weit, jemand mit Lob zu
überhäufen, der mit hinterhältigen Anschlägen seine Interessen durchsetzte,
vor allem dann, wenn man noch andere, Unschuldige in die Sache verwickelte.
Jede freundschaftliche oder verwandtschaftliche Bindung ging in die Brüche.
Eide und Versprechen gab man nicht mit der Absicht, sie zu halten, sondern
um sich einen momentanen Vorteil zu verschaffen und um einen anderen zu
übervorteilen. Die Ursache für diesen unaufhaltsamen Verfall von Sitte und
Moral sieht Thukydides einzig und allein in der durch den Krieg entfesselten
Machtbesessenheit der Menschen, die, verbunden mit Habgier, Ehrgeiz und
unkontrollierten Emotionen wie Rachsucht und Kampfwut, die Menschen zu
Handlungen trieb, zu denen sie unter normalen Umständen nicht in der Lage
wären.

Vor diesem politischen Hintergrund ist es nicht erstaunlich, daß im Zentrum der aristophanischen Komödien immer wieder Krieg und Frieden stehen.
Die *Acharner* aus dem Jahre 425 v. Chr., der *Frieden* (421 v. Chr.) und die *Lysistrate* (411 v. Chr.) setzen sich unmittelbar mit dem Krieg und seinen Folgen für
Athen auseinander und spiegeln in der unterschiedlichen Art der Behandlung
des Themas die verschiedenen Phasen des Krieges wider.

Eng mit dem Thema Krieg und Frieden ist die Auseinandersetzung mit den
führenden Politikern und Strategen der Kriegsjahre verbunden. Heftigen Spott
auf Politiker und Generäle findet man in allen erhaltenen Komödien einge-
streut, und nach Horaz (*Satire* I 4, v. 1–5) ist gerade die Verspottung von Zeitgenossen (*onomastí komodeín*, ὀνομαστὶ κωμῳδεῖν, „Verspottung unter namentlicher Nennung der Opfer") ein wesentliches Merkmal der Alten Komödie:

> *Eupolis atque Cratinus Aristophanesque poetae*
> *atque alii, quorum comoedia prisca virorum est,*
> *siquis erat dignus describi, quod malus ac fur,*
> *quod moechus foret aut sicarius aut alioqui*
> *famosus, multa cum libertate notabant.*

Die Dichter Eupolis und Kratinos und Aristophanes
Und andre, die der Zeit der Alten Komödie zuzurechnen sind,
Stellten mit großem Freimut an den Pranger,
Wenn einer es verdient hatte, verspottet zu werden, weil er ein übler Kerl,
      ein Dieb,
Weil er Ehebrecher oder Halunke oder sonstwie berüchtigt war.

Der Spott und die bei der Verhöhnung von gewissen Personen geäußerten
Obszönitäten (Aischrologie, von *aischrá légein*, αἰσχρὰ λέγειν, „Häßliches,
Schändliches sagen") stehen in enger Verbindung zum Dionysoskult und zu
den an den Festtagen üblichen Lizenzen (s.o. S. 15). Aristophanes läßt in den
Fröschen (v. 391–395, 408f.) diese Freiheiten des Dionysosfestes vom Chor der
Mysten, die die Unterwelt, den Hades bevölkern, besingen:

Und Spaß und Ernst, wie's eben kommt,
Laß walten in der Rede Fluß,
Und wenn ich würdig deines Fests
Gescherzt, gelacht, gespottet, dann
Laß mich den Siegskranz schmücken!

(...)

Und du *(Dionysos)* verschaffst die Wonne, frei
Zu scherzen und zu tanzen!

Neben Krieg und Frieden als Thema vieler Komödien prägt das durch den Kriegszustand und die Sophistik hervorgerufene Krisenbewußtsein ebenfalls die meisten Stücke. Da die Grundlage der Alten Komödie die funktionierende attische Demokratie ist, zeitigen verständlicherweise Änderungen im bürgerlichen Zusammenleben oder gar Krisen der Demokratie Reaktionen in der komischen Dichtung. Leitmotivisch durchzieht die Komödien des ausgehenden 5. Jahrhunderts die Frage, wie es zur Krise der Polis kommen konnte und wo man die Ursachen zu suchen hat. Den Hauptschuldigen sieht die Komödie in den Sophisten und in den durch die Sophistik beeinflußten Kreisen. Die einzelnen Komödien des Aristophanes fächern die verschiedenen Bereiche des öffentlichen Lebens auf – Politik, Erziehung, Dichtung, Musik und Wissenschaften –, in denen die Sophisten ihren der Komödie zufolge verderblichen Einfluß ausübten. Besonderes Augenmerk richten die Komödiendichter auf die bei demselben Fest aufgeführten dionysischen Schwestergattungen, auf den Dithyrambos und auf die Tragödie, denen sie die Aufgabe zuweisen, Schule der attischen Demokratie zu sein, da die Bürger nicht nur als Zuschauer im Theater, sondern auch aktiv als Choreuten, als Mitglieder eines Chores, an den Aufführungen teilnehmen konnten. Dementsprechend – so die Komödie – führt ein Niedergang in diesen Gattungen zu einer Auflösung der Bildung (*paideía*, παιδεία) und letztlich der Polis insgesamt.

Die Dichter der Alten Komödien bedienten sich bei der Gestaltung der beiden Hauptthemen – Krieg und Frieden und Krise der Polis – vor allem zweier komischer Techniken. Entweder entwickelt der Protagonist einen utopischen Gegenentwurf zu desolaten Zuständen im Gemeinwesen, oder er führt eine völlige Umkehrung der normalen Verhältnisse herbei: Die Frauen entmachten die Männer, die Jungen die Alten, die Welt wird in phantastischer Weise auf den Kopf gestellt. Um die abstrakten Probleme, wie z.B. die sophistisch-rhetorischen Theorien, anschaulich zu machen, setzt Aristophanes sie in Bühnenhandlung um. So ist der Chor der Wolken in der gleichnamigen Komödie sinnfälliger Ausdruck all dessen, was man mit sophistisch-philosophischer Spekulation verband: Die Wolken sind wie die Theorien der Philosophen dunkel, undurchschaubar und windig; sie wechseln ständig ihre Gestalt, und wie die Philosophen sind sie abgehoben und schweben über der normalen Welt.

Im Gegensatz zu der in der Polis verwurzelten und die Probleme und Wünsche der Gemeinschaft reflektierenden Alten Komödie des 5. Jahrhunderts tritt in der Neuen Komödie des Hellenismus die Familie an die Stelle der Allgemeinheit. Das private verdrängt das öffentliche Leben; *amare, odisse, suspicari,* (Terenz, *Eunuchus* v. 40), Liebe, Haß, Argwohn und Eifersucht sind anstelle von politischer Satire, derbem Spott und politischer Kritik nun die bestimmenden Themen der Komödiendichtung. Damit ist eine Entwicklung in der Geschichte der Komödie abgeschlossen, die nach der aristotelischen *Poetik* (c. 5, 1449b 5–9) bereits im 5. Jahrhundert einsetzt: Die „iambische Gestalt" (*iambiké idéa*, ἰαμβικὴ ἰδέα), also die den Spott auf einzelne Personen bevorzugende Form der Komödie, hat sich zugunsten einer allgemeinen, einer allgemeinmenschlichen Thematik verflüchtigt.

Damit spiegelt die Komödie wie keine andere Literaturgattung die entscheidenden politischen Änderungen in Griechenland des 4. Jahrhunderts v. Chr. wider: Der demokratische Stadtstaat mußte dem monarchischen Flächenstaat Alexanders des Großen und seiner Nachfolger weichen. Den politisch aktiven, an der Politik unmittelbar beteiligten und Verantwortung tragenden Bürger des 5. Jahrhunderts löst der Untertan des 4. Jahrhunderts ab.

Gerade der Vergleich der Grobstruktur einer Komödie des 5. und 4. Jahrhunderts beleuchtet diesen Unterschied besonders deutlich: In der Alten Komödie erwächst aus der Kritik eines Mißstandes im öffentlichen Leben der Plan des Protagonisten, der in einem oft phantastischen oder utopischen Unternehmen die aktuelle Misere überwindet. In der Neuen Komödie dagegen spielt sich alles vorwiegend im innerfamiliären Bereich ab: Die Ordnung in einer gutbürgerlichen Familie wird durch das Verhalten eines Familienmitglieds, zumeist durch die Verliebtheit des Sohnes, gestört. Ziel der Handlung ist die Wiederherstellung des familiären Kosmos entweder durch eine Heirat, falls dies möglich ist, oder durch die Trennung des jungen Mannes von der Geliebten. Da die Komödien dieser Epoche in der besseren Gesellschaft spielen, ist eine Heirat nur dann möglich, wenn sich die Geliebte des jungen Mannes als ein Mädchen aus guter Familie entpuppt, das als Kleinkind aus irgendwelchen Gründen von seinen leiblichen Eltern getrennt worden war. Die Dichter der Neuen Komödie übernehmen, um dieses gute Ende herbeizuführen, ein aus der euripideischen Tragödie bekanntes Handlungsmuster, die Anagnorisis-Struktur, eine Struktur der Bühnenhandlung, die dadurch gekennzeichnet ist, daß mit Hilfe von Erkennungszeichen (Gnorismata), häufig von Kleidungsstücken oder Schmuckgegenständen, die einem ausgesetzten Kind beigegeben wurden, eine Person, die in einer ihrer eigentlichen Herkunft nach unwürdigen Stellung gelebt hat, nach Jahren ihre wahre Identität wiederfindet, indem sie von einem Verwandten oder Vertrauten wiedererkannt wird.

Der Unterschied in der Handlungsführung zwischen Alter und Neuer Komödie findet seinen Widerhall auch in den dramatis personae: Die Helden der aristophanischen Komödien durchbrechen ständig den Rahmen des Normalen, dessen, was dem Menschen eigentlich möglich ist. Ihre Vitalität, ihr Erfindungsreichtum, ihr Durchsetzungsvermögen, ihre Dynamik und ihre Genußsucht erreichen Rabelaisische Ausmaße. In ein gängiges Schema lassen sie sich nicht pressen. Vor allem die phantastischen Chöre der Komödien wie Vögel oder Wespen-Menschen betonen das Irreale der Handlung. Daneben finden sich in einem bunten Reigen stadtbekannte Persönlichkeiten – Politiker, Philosophen, Dichter, Musiker und Wissenschaftler –; Götter, Halbgötter und Fabelwesen gesellen sich dazu. Im Gegensatz dazu ist das Personal der Neuen Komödie stereotyp, stereotyp auch in seinem Verhalten. Eine Vielzahl von Texten, vor allem die Prologe des römischen Komödiendichters Terenz, belegt, daß dies den Autoren selbst durchaus bewußt war.

Die dramatis personae der Neuen Komödie lassen sich drei sozialen Gruppierungen zuweisen: Auf der einen Seite steht die Familie, vertreten durch den Vater, der hart, erzürnt, bisweilen jedoch auch liberal sein kann und ein wachsames Auge auf seinen Sprößling hat, den Sohn selbst, der zumeist als Verliebter gezeigt wird, und die Hausfrau; dazu kommt häufig ein hauseigener Erzieher des jungen Mannes. Ihre Kontrahenten sind Außenseiter der Gesellschaft, die den Kosmos der Familie stören: Hetären, geldgierige, skrupellose und verschlagene Zuhälter und großsprecherische Söldneroffiziere. Zwischen diesen beiden Polen, der Familie und den Störenfrieden, pendelt eine dritte Gruppe hin und her, die Sklaven, die häufig intrigant sind und ihren jungen Herren in den Liebesaffären Botendienste leisten, und die Schmarotzer (Parasiten), die sich an eine reiche Familie anzuschließen pflegen und ebenfalls dem jungen verliebten Herrn durch ihre Kontakte zur demimonde behilflich sein können.

Während also ein Komödiendichter des 5. Jahrhunderts bestrebt sein mußte, sein Publikum durch ständig neue Einfälle, eine überraschende Handlungsführung und phantastische Chormasken zu fesseln, kann man die Arbeitsweise eines Dichters der Neuen Komödie eher mit der der Tragiker vergleichen: Wie dem Tragiker der Mythos, war ihm ein durch die stereotypen Handlungsabläufe und das Personal festgelegter Rahmen vorgegeben. Sein Können mußte ein Komödiendichter dieser Epoche daher auf einem anderen Feld zeigen: Im Spiel mit den Konventionen – vor allem den Rollenclichés – konnte er eine Person, mit der das Publikum aufgrund seiner Theatererfahrung bestimmte Eigenschaften verband, plötzlich in einem anderen Lichte erscheinen und somit aus dem komischen Typus einen Charakter entstehen lassen.

Da die Handlungskonstellationen der Neuen Komödie allgemein menschlich sind und der zeitgenössische, politische Hintergrund in ihnen keine oder zumindest keine nennenswerte Rolle spielt, konnten die Stücke der griechischen Dichter dieser Epoche ohne größere Schwierigkeiten von den römischen Komödienautoren des ausgehenden 3. und 2. Jahrhunderts v. Chr. – für uns faßbar in den erhaltenen Werken des Plautus und Terenz –, ins Lateinische übertragen und vor einem römischen Publikum aufgeführt werden. Ja, man kann ohne Übertreibung sagen, daß die einfachen Handlungselemente *amare, odisse, suspicari* und die damit verbundenen Intrigen, vielleicht sogar mit einer Anagnorisis-Struktur, die europäische Komödientradition wesentlich bestimmten und bis heute im Boulevardtheater und in Hollywood-Komödien weiterleben.

2. Aristophanes und die Alte Komödie

2.1 Leben und Werk

Zwar haben Papyrusfunde in den letzten Dezennien unsere Kenntnis der Komödienautoren des 5. Jahrhunderts v. Chr. ergänzt und vertieft, vor allem haben sie dazu beigetragen, daß wir uns eine genauere Vorstellung vom Werk des Eupolis und Kratinos, der Zeitgenossen und Rivalen des Aristophanes, machen können. Die einzigen erhaltenen Stücke der Epoche der Alten Komödie des 5. Jahrhunderts v. Chr. sind jedoch weiterhin die elf Komödien des Aristophanes.

Geboren um das Jahr 450 v. Chr. am Fuße der Akropolis im attischen Demos Kydathen, der heutigen Plaka, als Sohn eines gewissen Philippos und gestorben etwa in der Mitte der 80er Jahre des 4. Jahrhunderts v. Chr., erlebte Aristophanes in seiner Jugend den kulturellen und politischen Höhepunkt Athens unter Perikles. Als etablierter Komödiendichter sah er den langsamen Zerfall der attischen Demokratie, des Nährbodens seiner Gattung, unter den Nachfolgern des Perikles in den Jahren des Peloponnesischen Krieges bis zum endgültigen Zusammenbruch der Polis im Jahre 404 v. Chr. Seine letzten Lebensjahre schließlich fallen in die Zeit der Restaurationsbemühungen der Demokraten und des allmählichen Wiederaufschwungs Athens in den 90er Jahren des 4. Jahrhunderts v. Chr. Aristophanes ist damit der einzige der großen Dramatiker der klassischen Zeit des 5. Jahrhunderts, der das Epochenjahr 404 v. Chr. überlebte – Euripides und Sophokles starben 405 v. Chr. –, und seine letzten drei Komödien, *Frösche, Ekklesiazusen* und *Plutos,* sind eindrucksvolle Zeugen des Bewußtseins, daß eine bedeutende Phase athenischer Dichtung ihren Endpunkt erreicht hat, aber auch des einschneidenden Wandels, den die Gattung Komödie nach 404 v. Chr. vor dem Hintergrund der neuen politischen und sozialen Verhältnisse nach dem Ende der Vormachtstellung Athens durchmachte.

Antike und spätantike Quellen weisen Aristophanes 46 Titel zu. Von diesem Werk sind elf Stücke auf dem Weg der handschriftlichen Überlieferung ganz erhalten, von den verlorenen besitzen wir immerhin 924 mehr oder weniger umfangreiche Fragmente. Was die Datierung der erhaltenen Komödien angeht, befinden wir uns – ganz im Gegensatz zu den Tragödien des Sophokles – auf sicherem Boden. In den meisten Fällen sind wir sogar darüber informiert, an welchem Fest die Komödie aufgeführt wurde und welchen Platz Aristophanes im Agon der Komödiendichter errang.

Die erhaltenen Stücke lassen sich in die Zeit zwischen 425 und 388 v. Chr. datieren: *Acharner* (425, 1. Platz an den Lenäen), *Ritter* (424, 1. Platz an den Lenäen), *Wolken* (423, 3. Platz an den Großen Dionysien), *Wespen* (422, 2. Platz an den Lenäen), *Frieden* (421, 2. Platz an den Großen Dionysien), *Vögel* (414, 2. Platz an den Großen Dionysien), *Thesmophoriazusen* (411, vermutlich Lenäen, Rang nicht bezeugt), *Lysistrate* (411, vermutlich Große Dionysien, Rang nicht bezeugt), *Frösche* (405, 1. Platz an den Lenäen), *Ekklesiazusen* (Datierung umstritten: zwischen 393 und 391, Rang und Fest nicht bezeugt), *Plutos II* (388, Fest und Rang nicht überliefert).

Bei den fragmentarisch überlieferten Komödien ergibt sich folgendes Bild: *Daitales* (*Die Schmausbrüder*, 427, 2. Platz vermutlich an den Lenäen), *Babylonier* (426, vermutlich 1. Platz an den Großen Dionysien), *Proagon* (*Die Generalprobe*, 422, 1. Platz vor den eigenen *Wespen* an den Lenäen), *Amphiaraos* (414 an den Lenäen), *Plutos I* (408, Fest und Rang nicht bezeugt). Für die Datierung der übrigen fragmentarischen Stücke, die im einzelnen umstritten ist, muß man politisch-historische Anspielungen, die Parodie bestimmter Tragödien sowie formale und strukturelle oder metrische Argumente bemühen.

Aristophanes konnte, wie die glücklicherweise bezeugten Plazierungen im Agon belegen, schon als sehr junger Autor einen unglaublichen Erfolg auf der komischen Bühne feiern. Auf einen zweiten Platz mit seinem Erstlingswerk, den *Daitales* im Jahre 427, sind drei Siege in Folge (426–424 v. Chr.) bezeugt, wobei allerdings der Sieg des Jahres 426 mit den *Babyloniern* eine mit guten Argumenten abgesicherte Hypothese bleiben muß.

Die Erfolge des Aristophanes lassen sich in ihrer Tragweite erst dann richtig einschätzen, wenn man berücksichtigt, daß insbesondere die Großen Dionysien als das wichtigste Fest der Polis von nur wenigen angesehenen, älteren Dichtern dominiert wurden und daß seit dem Sieg des Hermippos 435 v. Chr. überhaupt kein junger Dichter mehr in die Phalanx der Etablierten hatte einbrechen können. Die Lenäen dagegen, als das eher lokale athenische Fest ohne die repräsentative Außenwirkung der Großen Dionysien, stand den jungen Autoren in höherem Maße offen. Seit 428 v. Chr. siegten Neulinge an diesem Fest. Daß Aristophanes mit den *Acharnern* und den *Rittern* zweimal den Altmeister der Gattung, Kratinos, an den Lenäen auf Rang zwei verweisen konnte, unterstreicht seinen Durchbruch als Komödiendichter. So ist es nicht erstaunlich, daß er nach dieser Erfolgsserie auf den Mißerfolg seiner von ihm selbst sehr hochgeschätzten *Wolken* im Jahre 423 v. Chr., als er nur den dritten Rang hinter Kratinos und Ameipsias belegen konnte, mit äußerster Bestürzung, ja Entrüstung über das Unverständnis des Publikums reagierte. Man kann seine Enttäuschung noch mehr nachempfinden, wenn man, wie es in der Forschung diskutiert wird, annimmt, daß in der Zeit des Peloponnesischen Kriegs die Zahl der am Komödienagon konkurrierenden Dichter von fünf auf drei reduziert wurde (s.o. S. 21). In diesem Fall wäre Aristophanes tatsächlich letzter gewesen! Die Niederlage mit diesem Glanzstück nagte so an ihm, daß er die *Wolken* später noch einmal bearbeitete. In den *Wespen* des folgenden Jahres jedenfalls verleiht er seiner Wut in einer bitteren Publikumsbeschimpfung Ausdruck (v. 1044–1059):

> Doch ließt ihr im vorigen Jahr ihn im Stich, wo das Samenkorn neuer
>   Erfindung
> Er streut', und ersticktet im Keim es schon durch Mangel an allem
>   Verständnis.
> Und dennoch er schwört bei Dionysos euch, und schwört immer wieder
>   von neuem:
> Eine bessere komische Dichtung als die hat sicher noch keiner vernommen.
> Und wahrlich, ihr solltet euch schämen, daß ihr nicht gleich im Moment sie
>   begriffet!
> Der Dichter ist jedoch im mindesten nicht in der Achtung der Weisen
>   gesunken,
> Wenn er, weit überflügelnd die Gegner, zuletzt doch gescheitert sein
>   Hoffen am Ziel sah!
>   Das laßt euch gesagt für die Zukunft sein,
>   Ihr Verehrtesten! Wenn sich ein Dichter bemüht,
>   Überraschendes, Neues zu schaffen für euch,
>   So behandelt ihn freundlich und haltet ihn wert,
>   Und bewahrt sie wohl, die poetische Frucht,
>   Und legt sie in eure Truhen hinein
>   Mit den Äpfeln zusammen. Befolgt ihr den Rat,
>   dann riecht man – o Würze! – jahraus und jahrein
>   An den Kleidern euch schon den Verstand an.

Über seinen Werdegang als komischer Dichter äußert sich Aristophanes mehrfach in den Anapästen der Parabasen, dem geeigneten Ort für solche Stellungnahmen in eigener Sache (s.o. S. 38). In den *Rittern* (v. 507ff.) verteidigt er sich durch den Mund des Chorführers gegen den Vorwurf, daß er nicht schon längst in eigener Regie als Chorodidaskalos ein Stück auf die Bühne gebracht, sondern bisher durch Kallistratos habe inszenieren lassen (v. 512–514). Da er jedoch ganz genau gewußt habe, fährt der Chorführer fort, daß die Inszenierung einer Komödie zu den schwierigsten Geschäften gehöre und zudem ein Blick auf das Schicksal anderer Komödiendichter wie Magnes, Krates und Kratinos die wetterwendische Laune des athenischen Publikums in der Gunstbezeugung zeige, habe er erst jetzt mit seinen *Rittern* den Mut gefaßt, sowohl als Dichter wie als Regisseur vor das Publikum zu treten. In den abschließenden

Versen vergleicht er seine Karriere als Dichter mit der Laufbahn eines See-
mannes, der vom Ruderer zum Steuermann aufsteigt (v. 541–550):

> Er *(der Dichter)* war immer der Meinung,
> Man müsse zuerst an dem Ruder stehen, bevor man ans Steuer sich setze,
> Dann müsse man noch auf dem Vordeck erst dienen und achten des
>   Windes,
> Bis zu lenken das Schiff auf eigene Hand man vermöge. Das schreibt ihm
>   zugute!
> Nicht unüberlegt, nicht im Leichtsinn sticht er in See, nicht mit albernen
>   Späßen;
> Darum klatscht, daß die Woge des Beifalls rauscht und begrüßt ihn mit
>   schallenden Rudern,
> Mit jauchzendem Sturm der lenäischen Lust
> Empfangt, wie er wünscht, den Poeten, und laßt
> Heimkehren ihn heut
> Mit freudig strahlendem Antlitz!

Nach dieser Passage umfaßt Aristophanes' Werdegang als komischer Dichter
drei Phasen: Die untergeordnete Arbeit des Ruderers entspricht der ersten
Etappe seines Schaffens in frühester Jugend, als er mit anderen, wohl schon
etablierten Autoren zusammenarbeitete und ihnen zuarbeitete, indem er zum
Beispiel einzelne Szenen für ihre Stücke verfaßte, also sozusagen bei ihnen in
die Lehre ging. In der Parabase der *Wespen* (v. 1018f.) spricht er ganz offen über
den Anfang seiner Karriere:

> Nicht offen am Anfang, nur insgeheim als Gehilfe von andern Poeten,
> (...)
> und versteckt in den Bäuchen von andern euch Spaß produzierte (...).

Die zweite Etappe wird durch die *Daitales* des Jahres 427 v. Chr. eingeleitet, die
sein erstes eigenes Stück waren. Wie die *Babylonier* des Jahres 426 v. Chr. und
die *Acharner* des folgenden Jahres, inszenierte er die Komödie jedoch nicht
selbst, sondern übertrug Kallistratos die Regie, bis er sich schließlich 424 v.
Chr. nach den Lehrjahren in der Lage fühlte, „das Schiff selbst zu steuern", um
bei der Metaphorik der Parabase der *Ritter* zu bleiben, also für sein Stück die
volle Verantwortung zu übernehmen.

In den *Wespen* kleidet Aristophanes diese Eigenverantwortlichkeit des Dichters für Stück und Inszenierung in ein dem Rennsport entliehenes Bild (v.
1021–1024):

In der Folge, da trat er auch offen hervor und wagte sich selbst in die
   Rennbahn
Und lenkte der eigenen Musen Gespann, nicht zerrend am Maule von
   fremden.
Und, ob auch erhoben, gefeiert, verehrt, wie bei euch noch niemals ein
   Dichter,
Überhob er doch nie, das versichert er euch, sich in aufgeblasenem Dünkel.

Doch auch nach dem ersten Auftritt als Chorodidaskalos mit den *Rittern*, der
glanzvoll mit dem ersten Rang im Agon der komischen Dichter endete, zog es
Aristophanes häufig vor, seine Stücke durch andere aufführen zu lassen. Der
Mißerfolg der *Wolken* unter seiner eigenen Regie dürfte die Hauptursache für
seinen Rückzug aus der Tätigkeit des Chorodidaskalos gewesen sein. So inszenierte 422 v. Chr. Philonides den Proagon und die *Wespen*, 414 v. Chr. übernahm er die Regie für den *Amphiaraos*, Kallistratos in demselben Jahr die Inszenierung der *Vögel* und 411 v. Chr. die der *Lysistrate*. Für die *Frösche* des Jahres
405 v. Chr., die ein derart großer Erfolg waren, daß ihnen gegen das Prinzip der
Einmaligkeit das Wiederaufführungsrecht eingeräumt wurde, hatte nochmals
Philonides das Amt des Chorodidaskalos inne.

In den folgenden Abschnitten werden die einzelnen Komödien des Aristophanes nicht in ihrer chronologischen Reihenfolge, sondern nach thematischen
Schwerpunkten vorgestellt. Diese Vorgehensweise ist viel besser geeignet, den
Wandel bestimmter wiederkehrender Motive und Themen unter veränderten
politisch-militärischen Verhältnissen nachzuvollziehen.

2.2 Krieg und Frieden

Der Peloponnesische Krieg (431–404 v. Chr.), die militärische Auseinandersetzung zwischen Athen und seinen Verbündeten, den Staaten des attischen See-
bundes auf der einen und den Peloponnesiern, den Spartanern und deren Bundesgenossen auf der anderen Seite, bildet in allen Komödien des Aristophanes
bis hin zu den *Fröschen* des Jahres 405 v. Chr. den Hintergrund der Stücke. Zum
Leitthema wird die durch den Krieg verursachte politische, soziale und ökono-
mische Lage in drei Komödien: in den *Acharnern* (425 v. Chr.), dem *Frieden* (421
v. Chr.) und der *Lysistrate* (411 v. Chr.).

2.2.1 *Acharner*

Zur Zeit der Aufführung der *Acharner* am Frühjahrsbeginn des Jahres 425 v.
Chr. waren die ersten sechs Jahre des Krieges verstrichen, ohne daß eine der
beiden verfeindeten Seiten entscheidende Vorteile zu ihren Gunsten hätte ver-
buchen können. Der Kriegsplan des Perikles hatte das attische Land den Einfällen der Spartaner unter König Archidamos preisgegeben. Zusammenge-
pfercht lebte die Landbevölkerung innerhalb der Stadtmauern Athens, solange
die Peloponnesier im Lande waren. Die Zwangsumsiedelung in die Stadt, verbunden mit dem Verlust der angestammten Lebensart und des Vermögens, fiel
den attischen Bauern besonders schwer. Der Historiker Thukydides schildert
eindrucksvoll die Situation der in Athen lebenden und unter dem Krieg leidenden Landbewohner (II 16f.):

> Den Athenern fiel die Umsiedelung mit dem ganzen Hausrat nicht leicht,
> zumal sie ihre Einrichtungen nach den Perserkriegen eben erst wieder
> hochgebracht hatten. Es fiel ihnen schwer und belastete sie, daß sie ihre
> Häuser und die Heiligtümer verlassen sollten (…) und daß sie ihr ganzes
> Leben umstellen sollten. Es kam ihnen so vor, als müßten sie nichts anderes
> machen, als jeder seine Heimat zu verlassen. [17] Als sie dann in der Stadt
> ankamen, besaßen recht wenige dort Wohnungen und einen Zufluchtsort
> bei irgendwelchen Freunden oder Verwandten; die meisten ließen sich in
> den unbewohnten Teilen der Stadt und in allen Heiligtümern der Götter
> und Heroen nieder, außer der Akropolis, dem Eleusinion und was sonst
> noch fest verschlossen war.

Die Lage verschlimmerte sich in den Jahren 430/429 v. Chr., als in Athen die
Pest ausbrach, der auch Perikles erlag. Die Folge der Seuche war eine Verwilderung der Sitten, die mit einer völligen Mißachtung jeglicher Normen und Regeln des menschlichen Zusammenlebens einherging.
    Wiederum gibt Thukydides (II 52f.) eindrucksvoll Zeugnis von den
Zuständen, die Athen heimsuchten: Sterbende auf allen Straßen, in den Brunnen Halbtote, die nach Wasser lechzten. Die Heiligtümer, in denen die Landbewohner sich aus Not niedergelassen hatten, lagen voller Leichen. Keiner
kümmerte sich um religiöse Normen, keiner beachtete mehr, was Recht und
Unrecht, was gottgefällig und was gottlos war. Keiner hielt sich mehr an die
Bestattungsbräuche, jeder begrub seine Verwandten, wo er konnte. Ja, man
legte sogar die Leiche eigener Verwandten mit auf den Scheiterhaufen anderer
Bürger. Und manche meinten, im um sich greifenden Chaos ungestraft ihre Begierden ausleben zu können. „Es gab keine Schranken, weder göttliche noch

menschliche Gesetze besaßen noch Geltung", schließt Thukydides seine Analyse. Am härtesten hatte es die Bewohner des attischen Dorfes *(Demos)* Acharnai, nordöstlich von Athen gelegen, getroffen, deren Gebiet Archidamos zu seiner Operationsbasis in Attika gemacht hatte. Erst das Jahr 426 v. Chr. brachte für die geplagte Landbevölkerung eine kleine Entlastung, da in diesem Jahr die Peloponnesier wegen Unheil verheißender Vorzeichen nicht in Attika einfielen und die ländliche Bevölkerung wenigstens zeitweise in ihre Heimat zurückkehren konnte.

In dieser politischen Situation schrieb Aristophanes seine *Acharner.* Der attische Bauer mit dem sprechenden Namen Dikaiopolis, „der Mann, der mit seiner Stadt gerecht umgeht", hat vom Leben in der Stadt und von dem Treiben der Politiker die Nase voll. Da sich niemand sonst um den Frieden kümmert, will er bei der an jenem Tag stattfindenden Volksversammlung dafür eintreten (v. 1–42). Als ein gewisser Amphitheos – auch dies ein sprechender Name: „der von beiden Seiten (d.h. beiden Eltern her) ein Gott ist" – sich mit seinem Vorschlag, Friedensverhandlungen mit den Spartaner aufzunehmen, nicht durchsetzt (v. 45ff.), faßt Dikaiopolis kurz entschlossen die Gelegenheit beim Schopf und läßt sich einen Privatfrieden durch den mit phantastischen, geradezu göttlichen Eigenschaften ausgestatteten Amphitheos aushandeln. In Windeseile kehrt der Friedensunterhändler aus Sparta zurück und bietet Dikaiopolis drei Sorten ‚Frieden' an, einen fünf-, zehn- und dreißigjährigen.

Aristophanes spielt hier mit der doppelten Bedeutung des griechischen Wortes *spondaí* (σπονδαί), das sowohl „Wein" oder „Weinspende", die beim Friedensschluß dargebracht wurde, als auch „Frieden" bedeuten kann (v. 187–202):

Amphitheos:
>Sieh her, drei Sorten *(Wein/Frieden)* zum Probieren: hier
>Ist einer von fünf Jahren; kost einmal.

Dikaiopolis *(probiert, spuckt ihn dann aus)*:
>Pfui!

Amphitheos:
>Nun?

Dikaiopolis:
>Von dem da will ich nichts, der schmeckt
>Nach Pech und neuen Schiffen.

Amphitheos:
>Nun, so koste
>Hier diesen von zehn Jahren.

Dikaiopolis:
> Dieser schmeckt
> Wie Wein bei schleppenden Verhandlungen
> Mit den Verbündeten, kurz: essigsauer!

Amphitheos:
> Nun denn, da ist ein dreißigjähr'ger, gut
> Zu Wasser und zu Lande.

Dikaiopolis:
> Heil, Dionysos!
> Der schmeckt wie Nektar und Ambrosia;
> Da heißt's nicht mehr: „Drei Tage Proviant!"
> Der kommandiert: „Geh frei, wohin du willst!"
> Den nehm ich, ja, der ist nach meinem Gaumen.

Kaum hat Dikaiopolis den dreißigjährigen Wein (also Frieden) gewählt, stürmt der Chor herein: alte, knorrige Köhler aus Acharnai, die voller Verbitterung die Spur des Friedensweines aufgenommen haben (Parodos, v. 204ff.). Dikaiopolis feiert unterdessen zusammen mit seiner Familie als erstes erfreuliches Resultat seines privaten Friedens die Ländlichen Dionysien (s.o. S. 14f.) mit einer Prozession zu Ehren des Phales, des vergöttlichten Phallos, und ehrt den Gott mit einem derben, ländlichen Hymnos (v. 262–279). Die Familienfeier wird jäh durch die alten Köhler aus Acharnai unterbrochen, die endlich den verhaßten Pazifisten aufgestöbert haben und drohen, ihn zu steinigen. Nur mit Mühe, indem Dikaiopolis, einen Kohlensack, der Acharner liebstes Kind, als Geisel nimmt (v. 284ff.), kann er sie davon abhalten, ihr Vorhaben in die Tat umzu-setzen, und dazu zwingen – den Kopf auf einem Hackklotz –, seine Argumente für den Frieden anzuhören (v. 366ff.). Die burleske Szene parodiert den 438 v. Chr. aufgeführten *Telephos* des Euripides – ein Stück, das immer wieder den Spott des Aristophanes auf sich zog –, in dem der Hauptheld, um sich vor den griechischen Heerführern Gehör zu verschaffen, Agamemnons Sohn Orest als Geisel nimmt. Außerdem wird durch die Erschütterung, mit der die alten Köh-ler auf die Geiselnahme reagieren, ihre Erd- und Heimatverbundenheit und ihre Hingabe an ihr traditionelles Gewerbe, das in Acharnai seit Urzeiten aus-geübt wird, deutlich vor Augen geführt. Um überzeugender und eindrucks-voller zu wirken, staffiert sich Dikaiopolis bei dem Tragiker Euripides mit dem Lumpengewand aus, das der tragische Held als Tarnung bei seiner Geiselnahme im Stück des Euripides getragen hat (v. 393ff.). Seine Darlegung des wahren Kriegsgrundes (v. 496ff.) ist gleichzeitig eine Parodie der Frauenraubgeschich-ten zu Beginn des Geschichtswerks des Herodot (I 1–4): Die Händel in Grie-chenland hätten nur begonnen, weil angetrunkene junge Burschen aus Athen eine megarische Dirne entführt und die Megarer daraufhin, Gleiches mit Gleichem vergeltend, zwei Dirnen Aspasias, der Geliebten des Perikles, geraubt hätten. Die Argumente des Dikaiopolis können nur einen Teil der Acharner überzeugen. Doch obwohl die anderen den Strategen Lamachos, der in die Komödie wegen seines zum Beruf passenden Namens eingeführt wird („der Kampfgewaltige"), zu ihrer Verstärkung herbeirufen, läßt sich Dikaiopolis nicht davon abbringen, seine private Freihandelszone auszurufen.

Der zweite Teil der Komödie führt die Folgen des neu errichteten Zustandes in einer lockeren Szenenfolge vor (episodische Szenen). Verschiedene Personen erscheinen, um mit Dikaiopolis Handel zu treiben oder um ihn in seinem Glückszustand zu stören. Unliebsamer Störenfriede wie der gefürchteten Denunzianten (Sykophanten) entledigt er sich in typischen Abfertigungsszenen (s.o. S. 42) ohne größere Schwierigkeiten. Der Chor betrachtet beeindruckt das Wohlleben, dem sich Dikaiopolis in grenzenlosem Egoismus hingeben kann (v. 971–975):

Habt ihr gesehen, Stadt und alle Bürger, wie klug der Mann, wie gescheit
Er doch ist! Wie er sich mit seinem Frieden Waren zu verschaffen weiß,
Nützlich für den Hausbedarf, und viel gute leckre Bissen für sein Mahl.

Ja, nicht ohne Neid bricht er – in Anlehnung an rituelle Lobpreisungsformeln (Makarismoi) – in Bewunderung des komischen Helden aus (v. 1008–1010):

Wie du dich gut beraten hast,
Was du für gute Braten hast,
O du Beneidenswerter!

Drastisch wird der Triumph des komischen Helden in einer parallel gebauten Szenenfolge in der Schlußpartie der Komödie (v. 1071ff.) vorgeführt: Während Lamachos gegen die Böotier ins Feld ziehen muß, macht sich Dikaiopolis auf Einladung des Dionysospriesters zu einem Festessen anläßlich des Kannenfestes (Choen-Fest, s.o. S. 15f.) auf den Weg. Die Verfassung bei ihrer Rückkehr entspricht den unterschiedlichen Zielen (v. 1190–1203):

Lamachos (*verwundet, taumelnd auf zwei Soldaten gestützt, kommt vom Felde, tragisch klagend*):
    Weh o weh, weh o weh!
    Der Schmerzen Höllenqual! Mir Ärmsten weh!
    Erliegen muß ich, von Feindesspeer getroffen!
    Der Qualen gräßlichste wird es sein,

Wenn Dikaiopolis so mich sieht
Und weidet sich an meinem Unglück!
Dikaiopolis *(betrunken, kommt, auf zwei Dirnen gestützt, torkelnd vom Fest):*
Heh o heh, heh o heh!
Die hübschen runden Brüste, prall und strotzend!
Goldkinder, küßt mich, schnäbelt mich recht wonnig
Mit Lippendruck und süßem Zungenspiel:
Den ersten Preis errang ich im Trinken!

2.2.2 Frieden

Das Jahr 422 v. Chr. brachte eine entscheidende Wendung der militärischen
Lage: Vor der östlich der Chalkidike gelegenen Stadt Amphipolis fielen im
September des Jahres die beiden Männer, die am meisten für die Fortführung
des Krieges verantwortlich waren: der Spartaner Brasidas, ein militärisches und
politisches Genie, der im Norden Griechenlands, in Thrakien und auf der
Halbinsel Chalkidike, den Athenern arg zu schaffen machte, und der athenische
Demagoge Kleon, der seit seinem Erfolg vor Pylos, wo er im Jahre 424 v. Chr.
292 adlige Spartaner (Spartiaten) gefangensetzte, Friedensbemühungen hinter-
trieben hatte. So bot sich den gemäßigten Kräften auf beiden Seiten unter der
Leitung des Atheners Nikias und des spartanischen Königs Pleistoanax endlich
die Gelegenheit zu Friedensverhandlungen, die im Verlauf des Winters rasch zu
einem erfolgreichen Abschluß kamen. Der endgültige Friedensvertrag auf 50
Jahre „wurde geschlossen zu Ende des Winters mit Frühlingsbeginn, gleich
nach den Städtischen Dionysien – genau zehn Jahre und wenige Tage waren
vergangen seit dem ersten Einfall (der Peloponnesier) in Attika und dem Beginn dieses Krieges", so die Datierung des feierlichen Vertragsabschlusses
durch den Historiker Thukydides (V 20).

Für den Komödiendichter Aristophanes war somit, als er 421 v. Chr. den
Frieden auf die Bühne brachte, eine völlig andere Ausgangssituation gegeben als
im Jahre 425 v. Chr., als ein Friedensvertrag nicht in Sicht war. Da jedermann
wußte, daß es zu einem Ausgleich der verfeindeten Parteien kommen würde
und zudem zur Zeit der Aufführung des Stückes der offizielle Termin des Vertragsabschlusses natürlich bekannt war, wird die Komödie des Aristophanes zu
einem Festspiel, das die kommende Friedenszeit einleitet. Vor allem die zweite
Hälfte des Stücks trägt dieser Aussageabsicht Rechnung.

Doch zunächst ein kurzer Blick auf die Handlung: Der attische Bauer mit
dem sprechenden Namen Trygaios („Winzer", abgeleitet von *trýx*, τρύξ, die
„Weinhefe") hat – ähnlich wie Dikaiopolis zu Beginn der *Acharner* – die Nase

vom Kriegstreiben in Griechenland voll. Er will zu Zeus, dem höchsten der Götter, fliegen, um ein Ende des Kriegs zu erreichen und die Friedensgöttin Eirene auf die Erde zurückzuholen. Wie Aristophanes in den *Acharnern* die Doppeldeutigkeit des Wortes *spondaí*, σπονδαί, „Frieden" und „Wein", für seine dramatischen Zwecke ausnutzte, gelingt dies ihm auch im *Frieden* mit dem Begriff *eiréne*, εἰρήνη, der sowohl als Personifikation die Friedensgöttin als auch das Abstractum „Frieden" bedeuten kann. Beide Szenen verdeutlichen, daß es Aristophanes darum geht, abstrakte Vorstellungen auf der Bühne in Handlung umzusetzen, Ideen in komischen Bildern sichtbar werden zu lassen.

Seine Reise unternimmt Trygaios nicht wie der aus der euripideischen Tragödie bekannte Held Bellerophontes auf einem Flügelroß. Der Pegasos des komischen Helden ist ein riesiger Mistkäfer, der an der Theatermaschine, der Mechane (s.o. S. 27), befestigt ist (v. 1–178). Im Himmel angekommen, trifft er nur Hermes an, den Sohn des Zeus und der Maia, den Gott der Diebe und Boten der Götter, dem die undankbare Aufgabe des Hausmeisters und Statthalters auf dem Olymp zugefallen ist. Die anderen Götter sind aus Überdruß über das Kriegsgeschrei in Griechenland ausgezogen und haben dem Krieg *(Pólemos)* und dessen Handlanger Tumult *(Kýdoimos)* das Feld überlassen. Die beiden haben die Friedensgöttin in einer Höhle eingesperrt und sind gerade damit beschäftigt, die griechischen Städte in einem Mörser zu zerstampfen. Lediglich ein Stößel fehlt momentan, da die beiden „Mörserkeulen" des Krieges, Kleon und Brasidas, in Thrakien verlorengegangen sind. Während Polemos ins Haus geht, um einen neuen Stößel zu fertigen (v. 287f.), nutzt Trygaios die Zeit und ruft um Hilfe (v. 292–300):

Hellen'sche Männer, jetzo gilt's, des Haders
Und Kampfs uns zu entschlagen und die Teure
Heraufzuziehn, die holde Friedensgöttin,
Bevor uns eine neue Keule hindert!
Drum auf, ihr Bauern, Handelsleut', ihr Meister
Der Kunst, des Handwerks, Hintersassen, Fremde,
Ihr von den Inseln, kommt ihr Völker all!
Schnell die Hacken nehmt, die Taue, Hebebäume nehmt zur Hand,
Jetzo gilt's, für unser Wohlsein einen tücht'gen Ruck zu tun!

Mit Hilfe dieser panhellenischen Friedensschar, zusammengesetzt aus Berufen und Ständen, deren Interesse ein baldiger Friedensschluß ist, geht Trygaios daran, die Friedensgöttin aus der Grotte zu befreien. Das Unternehmen ist allerdings mit Schwierigkeiten verbunden, ziehen doch die Vertreter der einzelnen griechischen Städte nicht „an demselben Strang", sondern jeder in

eine andere Richtung. In einer bunten Szenenfolge erhalten wir eine humor-
volle Kommentierung der griechischen Politik, eine gelungene szenische Umsetzung der Metapher „an demselben Strange ziehen": Die Böotier zerren in
die falsche Richtung (v. 465f.), Lamachos, der schon aus den *Acharnern* bekannte „kriegsgewaltige" General, steht im Wege (v. 473), die Argiver unternehmen überhaupt nichts (v. 475, 493), die Megarer sind zu ausgehungert, als
daß sie tatkräftig mit anpacken könnten (v. 481–483), und auch die Athener
lassen den rechten Einsatz missen (v. 503–505). Nur die Spartaner, denen vor
allem an einem Friedensschluß lag, um die Gefangenen freizubekommen, sind
mit Überzeugung bei der Sache (v. 478). Erst als die Bauern, denen vor allem
am Frieden liegt, beherzt zugreifen, gelingt es, die Göttin aus der Höhle zu befreien (v. 511ff.): Eirene erscheint, indem sie auf dem Ekkyklema (s.o. S. 27)
aus dem Bühnenhaus gerollt wird, begleitet von zwei schönen Frauen, der
Ernte *(Opóra)* und der Festesfreude *(Theoría)*. Trygaios bekommt Opora von
Hermes als Braut zugewiesen, der Rat der Stadt Athen *(Boulé)* dagegen soll sich
mit Theoria verbinden.

Der zweite, auf die Parabase folgende Teil der Komödie führt wie in den
Acharnern die Auswirkungen des neu geschaffenen Zustandes vor. Zunächst
wird in einer feierlichen, von dem typischen Störenfried unterbrochenen Szene
ein Opfer zu Ehren der Friedensgöttin dargebracht. Nach dem nächsten Handlungseinschnitt, der Nebenparabase (v. 1127ff.), werden in kontrastierenden
Paaren die Folgen des Friedens auf die Gewerbetreibenden vorgeführt: Der
Sichelschmied ist voller Freude, der Waffenfabrikant dagegen völlig ruiniert (v.
1197ff.). Auch in der Erziehung und im Gesang haben martialische Töne fortan nichts mehr zu suchen. So wird der Sohn des Strategen Lamachos, der eine
homerische Kampfschilderung rezitiert, schroff abgewiesen. Den Sohn des
notorischen Feiglings Kleonymos dagegen, der die berühmte Elegie des Archilochos von Paros vorträgt, wie er sein Schild weggeworfen und damit sein
Leben gerettet habe, behandelt Trygaios gnädig. Das Stück gipfelt im Hoch-
zeitszug des Bräutigams Trygaios und der Braut Opora, des Winzers und der
Ernte, auf das Land, begleitet vom Chor der Bauern, die ein erotisch-derbes
Hochzeitslied, den Hymenaios, anstimmen (v. 1305ff.). Die sexuelle Symbolik
bringt in Verbindung mit dem Hochzeitsgesang noch einmal die Kernaussage
der Komödie zum Ausdruck: Der Krieg ist beendet, die Freuden des Lebens
kehren zurück, der Bauer kann in seinem angestammten Lebensraum die
Fruchtbarkeit des Landes zum Wohle der Bevölkerung nutzen:

Trygaios:
Komm, Weibchen, aufs Land hinaus,
Komm, Schöne, da sollst du schön

Zur Seite mir liegen!
Hymen, Hymenaios!
Chor:
Glückseliger, o wie schwelgst
Du im wohlverdienten Glück!
Hymen, Hymenaios!
Hymen, Hymenaios!
Trygaios:
Was machen wir mit ihr?
Chor:
Was machen wir mit ihr?
Trygaios:
Wir pflücken die Beere!
Chor:
Wir pflücken die Beere!
(...)
Nun werdet ihr glücklich sein,
Kein Krieg wird euch drücken mehr,
Nur Feigen noch pflückt ihr!
Hymen, Hymenaios!
Hymen, Hymenaios!
Sein Phallos ist groß und dick,
Und süß ihre Feige!
(...)

2.2.3 Die Konzeption des Friedens in den *Acharnern* und im *Frieden*

Schon allein der Vergleich der Handlungsführung der *Acharner* und des *Friedens* wirft ein Licht auf die unterschiedliche Friedenskonzeption, die sich aus den politischen Veränderungen zwischen 425 und 421 v. Chr. erklären läßt. Zur Zeit der Aufführung der *Acharner* im Jahre 425 v. Chr. war ein Friede mit den Spartanern nicht in Sicht. Nur im Spiel der Komödie kann er durch den phantastischen Friedenswein herbeigeführt werden. Er gilt nur für einen, den Protagonisten; die Gemeinschaft kann an ihm nicht teilhaben, ja, Dikaiopolis hält sie schroff von den Vorteilen seines Privatfriedens fern. Nur einer Braut läßt er durch den Brautführer ein paar Tropfen des Friedensweines überbringen, „da sie als Frau keine Schuld an dem Krieg hat" (v. 1062). Die burleske Eröffnungsszene stellt die am Krieg Schuldigen an den Pranger: Karrierepolitiker und Spesenritter, die sich auf Kosten der rechtschaffenen Bürger ein schönes

Leben machen, auf ihren Gesandtschaftsreisen im Luxus schwelgen, während die in Athen eingeschlossene Bevölkerung Not leidet. Dikaiopolis, der Protagonist, verkörpert diesen einfachen, rechtschaffenen Bürger, der aufgrund der Kriegswirren seinen angestammten Wohnsitz auf dem Land verlassen mußte. In dem Disput mit dem Amtsinhaber Lamachos betont er, daß er stets ein guter Bürger gewesen sei, und setzt sich und andere rechtschaffene Bürger von der Gruppe der Kriegsgewinnler ab. Auf die indignierte Frage des Generals, wer er denn sei, daß er es sich anmaßen könne, derart mit ihm zu sprechen, holt Dikaiopolis zu einem Rundumschlag gegen Amtsinhaber und Drückeberger aus (v. 595ff.):

Dikaiopolis:
 Ein guter Bürger bin ich, kein Ämtchenjäger,
 Zur Zeit des Kriegs ein braver Lanzenträger,
 Und nicht wie du ein soldbegier'ger Schläger.
Lamachos *(indigniert, mit großer Geste ins Publikum weisend)*:
 Das Volk hat mich gewählt –
Dikaiopolis:
                    Der Kuckuck, ja!
 Just, weil mich das geärgert, macht ich Frieden;
 Grauköpfe sah ich stehn in Reih und Glied,
 Gelbschnäbel, deinesgleichen, liefen weg
 Nach Thrakien, für drei Drachmen Lohn des Tags
 (...)
Lamachos:
 Das Volk hat sie gewählt!
Dikaiopolis:
                    Warum
 Bekommt nur ihr die fetten Posten, sonst
 Kein Mensch?

Dikaiopolis vertritt den Durchschnittsathener, der allen Bürgern, die unter Kriegsdienst und Landvertreibung zu leiden haben, aus der Seele spricht. Auf der Bühne, in der Illusion des komischen Spiels, kann er all das in die Tat umsetzen, was im Kriegsalltag einem Athener nicht möglich ist: Da es in der Volksversammlung nicht danach aussieht, als würden die stimmberechtigten Bürger für eine friedliche Beilegung des Krieges votieren, läßt er kurzerhand durch den mit übermenschlichen Kräften ausgestatteten Amphitheos für sich und seine Angehörigen einen Privatfrieden schließen und begibt sich an den Ort seiner Sehnsucht, in sein Heimatdorf, wo er ganz egoistisch für sich allein die Freuden seines Privatfriedens genießen kann. In diesem Freiraum meistert er alle Unbilden, die das Leben in der Kriegszeit Tag für Tag mit sich bringt, mit Leichtigkeit. Den militärischen Vorgesetzten, vertreten durch Lamachos, kann er ungestraft den Gehorsam verweigern; ja, er kann sich in unflätiger Weise über sie lustig machen und die Insignien ihrer Macht und Autorität verhöhnen (v. 581ff.). Die martialische Gestalt des Lamachos, vor allem sein furchtbar anzusehender Helm, würden ihm so viel Angst einflößen, daß ihm die Stimme versage. Die Frechheit der Stelle wird noch deutlicher, wenn man sie mit dem großen literarischen Vorbild im Kopf liest: Hektors Abschied von seiner Frau Andromache und seinem Sohn Astyanax in der *Ilias* Homers (VI 466–474):

> Also der Held, und hin nach dem Knäblein streckt' er die Arme.
> Aber zurück an den Busen der schöngegürteten Amme
> Schmiegte sich schreiend das Kind, erschreckt vor dem liebenden Vater,
> Scheuend des Erzes Glanz und die flatternde Mähne des Busches,
> Welchen es fürchterlich sah von des Helmes Spitze herabwehn.
> Lächelnd schaute der Vater das Kind und die zärtliche Mutter.
> Schleunig nahm er vom Haupte den Helm, der strahlende Hektor,
> Legte dann auf die Erde den schimmernden; aber er selber
> Küßte sein liebes Kind und wiegt' es sanft in den Armen.
>
> (Übersetzung J. H. Voß)

Da Dikaiopolis genau wie der kleine Astyanax im homerischen Epos beim Anblick des glänzenden Helmes und drohend wippenden Hembuschs geradezu Schwindel befällt, bittet er den Heros, ihn abzunehmen. Und Lamachos geht ahnungslos in die Falle (v. 584ff.):

> Lamachos *(legt den Helm ab)*:
>   So!
> Dikaiopolis:
>   Leg ihn umgekehrt da hin.
> Lamachos:
>   Auch das!
> Dikaiopolis:
>   Nun, gib mir aus dem Helmbusch eine Feder.
> Lamachos:
>   Da hast du eine.
> Dikaiopolis:
>   Halt mir nun den Kopf,
>   Ich speie, jeder Helmbusch macht mir übel.

Genauso leicht wie mit der militärischen Autorität wird Dikaiopolis mit einer wahren Plage des öffentlichen Lebens fertig, den Sykophanten, den in Kriegszeiten besonders aktiven Schnüfflern und Denunzianten. Einen prügelt er kurzerhand von der Bühne (v. 818ff.), den anderen verpackt er wie Töpferware und exportiert ihn als typisch athenische Spezialität (v. 910ff.), um sich danach ungestört allen kulinarischen und sexuellen Genüssen hinzugeben.

Dies alles, angefangen vom Friedensboten Amphitheos über den Friedenswein bis hin zu dem privaten Friedensraum inmitten einer Welt voller Schlachtenlärm und Kriegsgetümmel, trägt ganz und gar irreale, ja märchenhafte Züge. Angesiedelt ist der Ort des Friedens auf dem Land, das seit dem Eröffnungsmonolog des Dikaiopolis als das wahre Schlaraffenland erscheint und ganz im Gegensatz zur Stadt Athen gesehen wird, in der Lärm und Unruhe herrschen (v. 32ff.):

> Ich
> Schau ins Feld hinaus und bet um Frieden, fluche
> Der Stadt und denke: wär ich nur daheim,
> Auf meinem Dorf: dort hör ich niemals: kauft,
> Kauft Kohlen, Essig, Öl! Da wächst in Fülle
> Das alles. Und zu kaufen braucht man nichts.

Wir haben es hier mit der für die Komödie typischen und eng mit dem Dionysoskult zusammenhängenden Vorstellung eines paradiesischen Zustandes zu tun, in dem den Menschen alles im Überfluß zur Verfügung steht. Euripides läßt den Chor der Bakchantinnen in seiner letzten Tragödie, den *Bakchen*, ekstatisch das Walten des Dionysos preisen (v. 142f.):

> Es trieft von Milch das Land, es trieft von Wein,
> es trieft vom Nektar der Bienen!

In der griechischen Literatur lassen sich ähnliche Wunschvorstellungen seit Homer und Hesiod, seit dem Beginn der griechischen Literatur nachweisen. Die Phäaken leben in größtem Reichtum irgendwo am Ende der Welt. Der Garten ihres Königs Alkinoos bringt zu jeder Jahreszeit beständig Früchte verschiedener Art hervor (*Odyssee* VII 114–121):

> Außer dem Hofe liegt ein Garten, nahe der Pforte,
> Eine Huf ins Gevierte, mit ringsumzogener Mauer.
> Allda streben die Bäume mit laubichtem Wipfel gen Himmel,
> Voll balsamischer Birnen, Granaten und grüner Oliven,

Oder voll süßer Feigen und rötlich gesprenkelter Äpfel.
Diese tragen beständig und mangeln des lieblichen Obstes
Weder im Sommer noch Winter; vom linden Winde gefächelt,
Blühen die Knospen dort, hier zeitigen schwellende Früchte.
Birnen reifen auf Birnen, auf Äpfel röten sich Äpfel,
Trauben auf Trauben erdunkeln, und Feigen schrumpfen auf Feigen.

(Übersetzung J. H. Voß)

Hesiod (um 700 v. Chr.) siedelt in seinem Bauernkalender, den *Werken und Tagen*, diesen locus amoenus in der Goldenen Zeit an: Unter Kronos, Zeus' Vater, lebte die Menschheit ohne Sorge, Alter und Leid in steter Festesfreude; die Erde brachte das Lebensnotwendige von selbst hervor, die Menschen waren wie im Schlaraffenland mit allen Gütern reichlich gesegnet (v. 117f.). Vor allem die Komödiendichter des 5. Jahrhunderts schwelgten in Schilderungen des Schlaraffenlandes, wie die zahlreichen bei Athenaios überlieferten Fragmente belegen. Man findet das Tischlein-deck-dich, Flüsse voller Wein und Fleischbrühe, gebratene Vögel, die einem in den Mund fliegen, und Roboter, die, ohne zu ermüden, die Arbeit der Sklaven verrichten. Dieses glückliche Leben ist in der Regel in weit entfernten Ländern oder phantastischen Räumen angesiedelt – in Persien (Pherekrates, *Perser*), in der Unterwelt (Pherekrates, *Die Bergwerker*) oder im Reich der Tiere (Krates, *Die Tiere*). Das Besondere der *Acharner* besteht darin, daß Aristophanes diese Vorstellungen, die Kataloge des Luxus und Wohllebens, die wir aus den Werken der anderen, zeitgenössischen Komödiendichter kennen, dramatisiert. All das, was sonst, soweit wir dies den Fragmenten entnehmen können, nur geschildert wird, führt Aristophanes den Zuschauern als Handlung unmittelbar vor Augen. Um so deutlicher wird dadurch der Sieg des Individuums über die Gesellschaft, der Ausstieg des friedenswilligen einzelnen aus der verstockten, kriegswütigen Stadt!

Aristophanes setzt in seiner Komödie die Wunschvorstellungen der unter dem Krieg leidenden Bevölkerung, insbesondere der vertriebenen Landbewohner, in ein phantastisches Geschehen um. Im Theater läßt er die Sehnsucht der Bauern, die Dikaiopolis im Prolog in Worte faßt, für die kurze Dauer der Vorstellung Wirklichkeit werden. Das Lachen über Autoritäten, die Gefahren und Unbill des Kriegsalltags befreit den Zuschauer für den Augenblick der Aufführung von den Qualen und Nöten des Lebens. Zusammen mit dem komischen Helden kann er über alle Arten von Furcht und Schrecken triumphieren, in der Illusion des Spiels sich von der Last des Alltags erholen – ganz im Sinne der Totenrede des Perikles im Geschichtswerk des Thukydides (II 38), der die Feste als Erholungsmöglichkeiten für die Bürger beschreibt, die das Bittere des Lebens verscheuchen.

Im Gegensatz zu den *Acharnern*, in denen der Rückzug des guten Bürgers aus der uneinsichtigen Welt voller Krieg und Not als Wunschbild vorgeführt wird, holt im *Frieden* der Protagonist den Frieden heim – nicht nur für die Athener, sondern für alle am Krieg Beteiligten, besonders für die Bauern, die am meisten unter der Last des Kriegs und zudem unter der Vertreibung aus ihrem angestammten Lebensraum zu leiden haben. War in den *Acharnern* die Rückkehr in die ländliche Heimat ein bloßer Wunschtraum, den ein einzelner mit Hilfe eines mit übermenschlichen Eigenschaften ausgestatteten Vermittlers und des magischen Friedensweines für sich und seine Familie verwirklichen konnte, ist dies im *Frieden* – kurz vor Unterzeichnung des offiziellen Friedensvertrags – Realität geworden. Der Dichter führt auf der Bühne vor, was unmittelbar danach tatsächlich eintreten wird. Aus dem Wunschtraum der *Acharner* wird das Festspiel des *Friedens*. Die Freude und Erleichterung über den bevorstehenden Friedensschluß und die damit verbundene Heimkehr auf das Land erklingt besonders schön im ersten Teil der Nebenparabase des *Friedens* (v. 1127–1158), in der der Chor der Bauern das Landleben besingt. Im Gegensatz zur Eröffnung der *Acharner*, in der das Leben auf dem Land in der sehnsuchtsvollen Schilderung geradezu märchenhafte Züge erhält und zum wahren Schlaraffenland wird, trägt die Darstellung im *Frieden* keine irrealen Züge mehr. Das Land – im Gegensatz zur Stadt Athen – ist der Ort eines friedvollen, behaglichen Daseins und ruhigen Genusses der Dinge, die das Leben schön machen. Nicht von Egoismus ist das Leben auf dem Land geprägt, sondern vom freundlichen, hilfsbereiten Umgang der Menschen miteinander. Selbst die Sklaven, Syra und Manes, sollen an dem bescheidenen, aber behaglichen Wohlleben teilhaben:

Ode
O wie schön, o wie schön,
Den Helmbusch bin ich nun los,
Die Zwiebeln auch und auch den Käs! *(den Feldproviant des Soldaten)*
Denn ich bin kein Freund des Kriegs
Aber, wie selig ist's,
Wein zu nippen, Schluck um Schluck,
Froh gelagert um den Herd
Mit dem Freund, trocknes Holz,
Noch vom letzten Sommer dürr,
Zuzulegen und dabei
Sich Kastanien bei den Kohlen
Und die Eichel aufzuwärmen,
Und zu schäkern mit der Magd,
Wenn die Frau im Bade sitzt!

Epirrhema
Nichts ist behaglicher als dieses: wenn die Saatzeit ist vorbei
Und der Himmel Regen spendet und ein Nachbar kommt und spricht:
„Hör, was meinst du, Freund, was fangen wir nun an, Komarchides?" –
„Da der Himmel uns so gnädig, denkst du nicht, wir trinken eins?
Also Weibchen, setz aufs Feuer Bohnen heut, drei Mäßchen voll,
Nimm auch Kuchenmehl, vom feinsten, spare ja die Feigen nicht!
Schick die Syra, daß sie draußen auf dem Feld den Manes holt:
Denn die Reben abzublatten heute, nein, das geht nicht an;
Sie behacken – nein, auch das nicht, denn der Grund ist gar zu feucht." –
„Holt bei mir zwei Krammetsvögel, nehmt auch die Kapaunen mit!
Biestmilch hatt ich auch im Hause, Hasenfleisch vier Stücke noch,
Wenn mir über Nacht die Katze nicht davon gestohlen hat:
Ja, es war im Haus nicht richtig, und es kratzt' und polterte!
Junge, bring uns nur drei Stücke, laß dem alten Vater eins;
Einen Myrrhenzweig mit Beeren fordre beim Aischinades;
Ruf auch im Vorübergehen den Charinades: er soll
Heute fröhlich mit uns trinken,
Weil der Himmel unsern Fluren
Segen und Gedeihen schenkt!"

2.2.4 *Lysistrate*

In der Zeit, als Aristophanes an seinem nächsten Friedensstück, der *Lysistrate* des Jahres 411 v. Chr., arbeitete, durchlebte Athen die bisher größte innen- wie außenpolitische Krise des Peloponnesischen Krieges. Die in der athenischen Volksversammlung mit großer Mehrheit und Begeisterung beschlossene Sizilische Expedition hatte zu einem militärischen Desaster ohnegleichen geführt. Die athenischen Soldaten waren tot oder schmachteten in den Steinbrüchen von Syrakus, die Strategen waren gefallen, die Flotte, Athens Stolz und die Basis seiner Macht, zerstört. Außerdem hatten seit 413 v. Chr. die Lakedaimonier auf Rat des ihnen übergelaufenen Alkibiades in der attischen Grenzfestung Dekeleia eingenistet hatten, von wo aus sie nunmehr das ganze Jahr – nicht nur im Sommer wie in der ersten Phase des Krieges – in Attika einfallen konnten. Genauso schwerwiegend sind die innenpolitischen Ereignisse. Da man die Niederlage auf Sizilien der Entscheidungsfindung der radikalen Demokratie anlastete, führte man das zehnköpfige Kollegium der Probulen, der „Vorberater", ein, das wie eine Kontrollkommission alle Anträge an die Volksversammlung im voraus beraten sollte. Bis zu diesem Zeitpunkt stand es jedem athenischen Bürger frei, in der Ekklesie einen Antrag zu stellen. Das Gremium, dem auch der Tragiker Sophokles angehörte, hatte aufgrund seiner Aufgaben einen gewissen oligarchischen Anstrich und bildete die Basis, auf der der oligarchische Putsch des Jahres 411 v. Chr. sich entwickeln konnte. Es formierten sich – wie in oligarchisch dominierten Gesellschaften üblich – politische Interessenverbände (Hetairien), die in Athen durch Terrormaßnahmen ein Klima von Unsicherheit und Angst verbreiteten. Die freie Meinungsäußerung war zwar nicht eingeschränkt, doch keiner traute sich, offen seine Meinung zu sagen, da man nicht wissen konnte, ob der Gesprächspartner Mitglied einer Hetairie war. Der Bericht des Thukydides macht dies eindrucksvoll deutlich (VIII 66). Wie in den Bürgerkriegswirren auf der Insel Kerkyra, die der Historiker als Musterstück für den Sittenverfall und den Werteverlust in Zeiten des Krieges herausgreift (III 82), führt die innenpolitische Krise in Athen zu einer völligen Auflösung der demokratischen Spielregeln des gesellschaftlichen Zusammenlebens. Vor allem die für die athenische Demokratie typische Offenheit im Umgang miteinander und die Redefreiheit, die Perikles in der Totenrede (Epitaphios) des Thukydides (II 37) als vorbildliche Grundlagen der demokratischen Verfassung preist, gingen verloren und wichen einem gegenseitigen Mißtrauen.

Die Wirkung, mit denen die oligarchischen Clubs die Demokratie aushöhlten, blieb nicht aus: Die Volksversammlung, der Souverän der athenischen Demokratie, entmachtete sich schließlich selbst, die demokratischen Ämter wurden abgeschafft, ebenso die finanziellen Privilegien des Demos, vor allem die Sitzungsgelder, mit denen sich die Unterschichten ihren Lebensunterhalt finanzierten. Statt dessen wurde ein rein auf persönlichen Bindungen basierendes System eingeführt, ein Rat von 400 Mann und eine Volksversammlung von 5.000 Stimmberechtigten. Doch der Widerstand gegen den oligarchischen Rat ließ nicht lange auf sich warten. Nach einem kurzen Zwischenspiel einer gemäßigten demokratisch-oligarchischen Verfassung wurde die radikale Demokratie wieder eingeführt. Die Oligarchen wurden hingerichtet, einigen gelang es, sich nach Sparta abzusetzen.

In dieser Krisenzeit bringt Aristophanes – wohl an den Lenäen des Jahres 411 v. Chr. – seine *Lysistrate* auf die Bühne – eine Komödie, in der ernsthafte politische Erwägungen und tolldreiste Komik eine unübertreffliche Verbindung eingegangen sind, die dem Stück noch heute zu zahlreichen Inszenierungen verhilft. Die Handlung der Komödie basiert auf der kritischen Idee, daß an der katastrophalen Lage der Stadt Athen einzig und allein die Männer Schuld tragen: In ihrem Unverstand haben sie Athen in 20 Kriegsjahren ruiniert. Um diesem Übel abzuhelfen, wollen die Frauen Griechenlands, die die Athenerin mit dem sprechenden Namen Lysistrate, „Heerauflöserin", zusammengerufen hat, ihren Männern den ehelichen Beischlaf verweigern, um sie dadurch zur Raison zu bringen. Dieses komische Thema bietet dem Dichter bis in die Schlußszenen hinein die Gelegenheit zu zahlreichen derben Witzen und Späßen und zu gewagten Darstellungen der sexuellen Nöte der bestreikten Männer. Die Handlung der Komödie ist durch eine kunstvoll angelegte Zweisträngigkeit geprägt. Auf der Schauspielerebene sind es die jungen Frauen, die sich um Lysistrate scharen, und die waffen- und zeugungsfähigen Männer, auf der Ebene des Chores die alten Frauen und alten Männer. Aristophanes hat in der *Lysistrate* das ungewöhnliche Mittel der Chorteilung dazu eingesetzt, um die Handlung auf zwei Ebenen ablaufen zu lassen und durch die Aufsplitterung des sonst als eine geschlossene Gruppe auftretenden Chors den Riß, der sich quer durch die athenische Gesellschaft zieht, eindrücklich vor Augen zu führen.

Zur Absicherung ihres eigentlichen Plans, die Männer durch die erzwungene sexuelle Enthaltsamkeit zum politischen Einlenken zu bewegen, hat Lysistrate kurzerhand die Akropolis Athens besetzt, um dadurch die Männer von den dort gehorteten, für die Kriegsführung nötigen finanziellen Mitteln abzuschneiden. Lamentierend über die Gebresten des Alters und in Erinnerungen an die glorreiche Vergangenheit schwelgend, lauthals über die Dreistigkeit der Frauen zeternd, erscheint der Chor der alten Männer (v. 254ff., Parodos I), um die Frauen in der Burg auszuräuchern. Doch alte Frauen, die andere Hälfte des Chores, eilen herbei, um ihren Geschlechtsgenossinnen auf der Akropolis zur Seite zu stehen (v. 319ff., Parodos II). Sie verfolgen zwei Ziele, für deren Verwirklichung sie die Hilfe der Stadtgöttin Athena erbitten (v. 341–345): die Bürger vom Krieg gegen die Spartaner zu erlösen und dem Wahnsinn des selbstzerstörerischen Zwistes im Innern der Polis ein Ende zu setzen. Das Gebet der alten Frauen macht klar, daß eine Beendigung des Kriegs gegen den äußeren Feind nur möglich ist, wenn zuvor eine Aussöhnung im Inneren der Stadt unter den verschiedenen Interessengruppen erfolgt. Aristophanes setzt die von Anfang an angelegte Zweisträngigkeit der Handlung dazu ein, um im steten Wechsel zwischen Schauspieler- und Chorebene den engen Zusammenhang von außen- und innenpolitischem Frieden zu verdeutlichen. Lysistrate fällt dabei die offizielle Aufgabe zu. Sie verteidigt ihren Plan gegen einen Vertreter der Polis, einen Probulen (v. 387ff.); sie hält die Frauen zusammen, die angesichts ihrer Männer schwach zu werden drohen (v. 708ff.); und sie stachelt die junge Myrrhine an, ihren Mann Kinesias zu verführen, ihn aber in seiner sexuellen Not letztlich nicht zu erhören (v. 829ff.).

Wie in Athen zeigt die unfreiwillige sexuelle Abstinenz auch auf der Gegenseite ihre Folgen (v. 980ff.). Ein spartanischer Herold, vergeblich seinen erigierten Phallos mit dem Mantel bedeckend, trifft auf einen athenischen Ratsherrn, der sich in einem ähnlichen Zustand befindet. Unter dem Diktat ihres Triebes,

nicht der Vernunft gehorchend, vereinbaren sie, unverzüglich Friedensverhandlungen aufzunehmen, um durch den Abbau der außenpolitischen Spannungen
auch ihren persönlichen Verspannungen Abhilfe zu verschaffen. Die Verhandlungen werden um so schneller aufgenommen, als Lysistrate den athenischen
und spartanischen Unterhändlern die Versöhnung, Diallage, in Gestalt eines
nackten jungen Mädchens vor Augen stellt (v. 1111ff.).

Doch bevor es zum offiziellen Waffenstillstand kommen kann, müssen im
Innern der Stadt die Zwistigkeiten beigelegt werden, muß es also – im Spiel der
Komödie – zur Aussöhnung und damit zur Vereinigung der beiden Halbchöre
kommen. Diese Schlichtung auf der Chorebene wird von Aristophanes in den
einzelnen Chorliedern behutsam vorbereitet. In der ganz in die Handlung integrierten Parabase (v. 614ff.) ergehen sich die Männer zwar wieder in großsprecherischen Erinnerungen an ihre früheren Glanztaten, die sie zum Wohle
Athens vollbracht haben. Die Diskrepanz zwischen dem gebrechlichen Auftreten der Männer und ihren Äußerungen läßt sie jedoch nicht als komische Figuren dastehen. Eher erwecken sie beim Zuschauer ein von Sympathie getragenes Schmunzeln. Wie die Männer betonen auch die alten Frauen, daß sie
durch ihre kultischen Aufgaben und ihre Rolle als Mütter Wichtiges für die
Stadt vollbracht haben. Die Hand zur Versöhnung reichen die alten Frauen (v.
1014ff.). Trotz der polternden, bärbeißigen Worte des männlichen Chorführers
geht die Chorführerin des weiblichen Halbchors auf ihn zu, legt ihm liebevoll
ein Gewand um und entfernt ihm eine Mücke aus dem Auge. Gerührt gibt ihr
auch der Alte die Hand zur Versöhnung. Auf die politische Ebene übertragen
bedeutet dies: Die innenpolitische Versöhnung kommt ohne äußeren Zwang
und Druck zustande, und nur auf diesem Weg kann es zu einer tatsächlichen
dauerhaften Aussöhnung kommen. Lysistrates Gleichnisrede in den Versen
574–586 bereitet dies bereits vor:

Wie die Wolle vom Kot und vom Schmutz in der Wäsche man säubert,
So müßt ihr dem Staate von Schurken das Fell schön säubern und tüchtig
　　es klopfen,
Daß rausfällt der Dreck; und ablesen müßt ihr die Klumpen, die überall
　　sitzen:
Was zusammen sich klumpt und zum Filz sich verstrickt – Klubmänner, für
　　Ämterbesetzung
Miteinander verschworen – kartätscht sie durch und zerzupfet die äußeren
　　Spitzen,
Dann krempelt die Bürger zusammen hinein in den Korb patriotischer
　　Eintracht,
Und mischt großherzig Metöken dazu, Verbündete, Freunde des Landes;

Auch die Schuldner des Staats, man verschmähe sie nicht, und vermenge
auch sie mit dem Ganzen!

Und die Städte, bei Gott, die als Töchter der Stadt in der Ferne sich Sitze
gegründet,

Übersehet sie nicht: denn sie liegen herum, wie zerstreute, vereinzelte
Flocken;

Lest alle zusammen von nah und von fern, vereinigt sie hier und verflechtet

Die Flocken und wickelt ein Ganzes daraus und verspinnt es zu einem
gewalt'gen

Garnknäuel! Aus diesem dann webet vereint für das Volk einen wollenen
Mantel!

2.2.5 Von den *Acharnern* zur *Lysistrate*: Krieg und Frieden in der aristophanischen Komödie

Die Art und Weise, wie Aristophanes das Thema Krieg und Frieden in den drei
verschiedenen Phasen des Peloponnesischen Kriegs entstammenden Komödien behandelt, ist ein deutlicher Widerhall der jeweils vorherrschenden militärischen und innenpolitischen Situation. Der *Frieden* des Jahres 421 v. Chr. als
vorweggenommene Friedensfeier hat in dieser Trias eine Sonderstellung inne.
Interessant ist der Vergleich der beiden anderen Komödien, der *Acharner* des
Jahres 425 v. Chr. und der 411 v. Chr. aufgeführten *Lysistrate*. In beiden Jahren
war ein Friedensschluß mit Sparta nicht in Sicht. So trägt der auf der Bühne
verwirklichte Frieden irreale, phantastische Züge. In den *Acharnern* stabilisiert –
vor dem Hintergrund eines noch nicht allzu brüchig gewordenen demokratischen Grundkonsenses – der Triumph des Individuums über die Gesellschaft
gerade das System, die demokratische Gesellschaft. Die Komödie bietet mit all
ihrem Spott über Amtsinhaber und militärische Vorgesetzte ein Ventil für den
Abbau von Sorgen, Ängsten und Aggressionen. Der Ton der *Lysistrate* ist ohne
Zweifel ernster, wird doch der Männergesellschaft attestiert, daß sie nicht in der
Lage ist, auf vernünftiger Basis, sondern nur unter dem Diktat ihrer Triebe den
dringend erforderlichen Friedensschluß zustandezubringen. In aller Deutlichkeit, gleichsam mit dem Scharfblick des Gesellschaftskritikers und -analytikers,
den Aristophanes mit dem Historiker Thukydides teilt, betont der Komödiendichter – und setzt diese politische Analyse in eine beeindruckende Bühnenhandlung um –, daß innen- und außenpolitischer Friede nicht voneinander zu
trennen sind. Vielmehr sind der Ausgleich und die Versöhnung im Innern, die
nicht unter dem Druck von irgendwelchen Interessen oder Begierden zustande
kommen, die unabdingbare Grundvoraussetzung für eine außenpolitische Eini-

gung. Dieser ausgleichende, harmonisierende Grundtenor der aristophanischen Komödie wird auch dadurch deutlich, daß die Protagonistinnen Lysistrate und Myrrhine einen direkten Bezug in der Realität des Aufführungs-
jahres 411 v. Chr. haben: die Priesterin der Stadtgöttin Athena Polias hieß in
jener Zeit Lysimache, „Kampflöserin", die Priesterin der Athena Nike Myrrhine. Indem Aristophanes diese beiden Frauen, deren herausgehobene Position im religiösen Leben der Stadt darauf schließen läßt, daß sie alten Adels-
familien entstammen und deshalb ein eher konservatives Element verkörpern –
gerade den Vertreter der oligarchischen, antidemokratischen Behörde, den anonymen Probulen, in all seiner Ignoranz und Unfähigkeit vorführen – unterstreicht er, daß eine vernünftige Politik zum Wohle Athens nicht an Barrieren
im Kopf und an Standesunterschieden scheitern darf; vielmehr müssen alle
Kräfte im Gewebe der Gesellschaft zusammenhalten, um das Bild von Lysistrates Rede aufzunehmen. Mit dieser Aussage, die Aristophanes in den *Fröschen*
des Jahres 405 v. Chr. – ein Jahr vor dem Zusammenbruch Athens – noch
einmal eindringlich wiederholt, unterstreicht er mit Nachdruck das, was er in
den *Acharnern* des Jahres 425 v. Chr. seinem Helden Dikaiopolis in den Mund
gelegt hat (v. 500f.):

Wahrheit und Recht verficht auch die Komödie.
Und was ich sag, ist Wahrheit, klingt's auch hart.

2.3 Spott, Kritik und Politik

Zu den auffallendsten komischen Techniken der Alten Komödie, die diese
Phase deutlich von der Komödienproduktion des 4. Jahrhunderts v. Chr. unterscheidet, gehört der persönliche Spott (*onomastí komodeín*, ὀνομαστὶ κωμῳδεῖν), die Verspottung von bekannten Persönlichkeiten des öffentlichen
Lebens, aus Politik und Kunst, aus Wissenschaft und Literatur. In dem bunten
Reigen der Verspotteten finden sich – sowohl in den Komödien des Aristophanes als auch in den Fragmenten seiner Zeitgenossen – die Tragiker Euripides und Agathon, der Mathematiker Meton und der Philosoph Sokrates, der
Dithyrambendichter Kinesias und Politiker wie Perikles, Kleon und Hyperbolos. Als überraschender Seitenhieb kann der Spott, um kurzfristig Gelächter
auszulösen, auf wenige Verse, manchmal nur auf einen einzigen Vers beschränkt bleiben.

So werden z.B. in der Eröffnungspartie der *Acharner* der Reihe nach eher
beiläufig einige wegen bestimmter Eigenschaften wohl stadtbekannte Athener
wie Kleonymos (v. 88), Kleisthenes (v. 188) und Straton (v. 122) verspottet,

ohne daß dieser Spott irgendeinen Einfluß auf den Handlungsablauf und die
Konzeption des Stücks oder der Partie hätte. Ein fester Bestandteil des komi-
schen Repertoires ist das Spottlied, in dem der Chor – häufig in eingängigen
Rhythmen – eine oder mehrere Personen aufs Korn nimmt. So dienen dem
Chor in den *Acharnern* die Erfolge des komischen Helden – vor allem die Art
und Weise, wie er schroff alle Bittsteller und jeden Eindringling abfertigt – als
Anlaß, sich vorzustellen, welche anderen Personen des öffentlichen Lebens Dikaiopolis ohne Schwierigkeiten aus seinem Lebensbereich entfernen könne.
Ohne Unterschied wird Dikaiopolis Leute wie den zweitklassigen Politiker Hyperbolos, den Komödiendichter Kratinos, den sprichwörtlichen Feigling Kleonymos und die notorischen Hungerleider Pauson und Lysistratos, den homo-
sexuellen Prepis und den wegen seines Körpergeruchs berüchtigten Artemon
davonjagen (v. 836–859):

Ei seht doch, wie's dem Manne glückt,
Habt ihr gehört, wie alles
Nach Wunsch ihm geht? Wie der Vertrag
Ihm Früchte trägt, die schönsten?
Auf seinem Markte sitzt er da,
Und kommt ein Ktesias oder sonst
Ein Sykophant, er haut ihn derb
Ums Ohr: der duckt sich heulend.

Hier macht dir keiner Konkurrenz
Und kauft dir weg die Waren,
Abwischen wird kein Prepis hier
An dir den weiten Hintern,
Da stupft dich kein Kleonymos,
Im Festtagsrock stolzierst du rum,
Und kein Hyperbolos begießt
Den Kopf dir mit Prozessen.

Auf deinem Markte schlendernd fällt
Kein glattgeschorner Stutzer
Und Ehebrecher dir zur Last,
Kein läufiger Kratinos,
Kein Gauner und kein Artemon,
Der allzeit fert'ge Schöngeist mit
Dem angestammten Bocksgeruch,
Der unterm Arm ihm duftet.

Dich necken wird auf deinem Markt
Kein Lotterbube Pauson,
So wenig wie Lysistratos,
Der Schandfleck der Cholarger,
Der Schuft vom Kopf bis auf die Zehn,
Der Erzlump, der jahraus, jahrein
In jedem Monat dreißig Tag
Und drüber friert und hungert.

Ein weiteres Beispiel stammt aus der fragmentarisch erhaltenen Komödie *Die Bezirke (Demen)* von Aristophanes' Zeitgenossen Eupolis, in dem der Chor erzählt, wie verschiedene Personen malträtiert werden, die zu den Bessergestellten, zu den Kriegsgewinnlern gehören und nicht zu der unter den Folgen der spartanischen Einfälle leidenden Landbevölkerung. Die politisch-militärische Situation, die den Hintergrund der Komödie bildet und vor der die Ressentiments verständlich werden, ist der der *Acharner* des Aristophanes vergleichbar (s.o. S. 66f.). Das in kurzen iambischen Versen komponierte Lied zeigt, daß Spott und Hohn in der Komödie sich nicht unbedingt um die Grenzen der Dezenz kümmern mußten, vor allem jedoch, daß sie vermutlich nicht immer den Esprit und Schwung der Aristophanischen Lieder aufwiesen (Eupolis, Fr. 99 PCG; Übersetzung nicht metrisch):

Ja, auch Peisandros soll gestern noch während des Frühstücks eine übergebraten bekommen haben, da er sich weigerte, einem Fremden, der noch nichts gegessen hatte, zu bewirten. Pauson trat an Theogenes heran, der gerade nach Herzenslust eines seiner Lastschiffe verspeiste, zog ihm eins über und malträtierte ihn ein für alle Mal. Theogenes lag mit ausgerenkten Gliedern da und furzte die ganze Nacht.

Geprügelt sollen nun der Reihe nach werden: erstens Kallias und all die, die in den langen Mauern leben, denn die haben mehr zu frühstücken als wir, sowie Nikeratos aus Acharnai, der seine Gäste im Übermaß zum Nachtisch bewirtet [Text wird unleserlich].

Bisweilen widmet Aristophanes dem Spott eine ganze Szene, er baut also die Verspottung einer Person in die dramatische Handlung ein. So in den *Acharnern*, in denen dem Strategen Lamachos als Vertreter der Kriegspartei übel mitgespielt wird (v. 572ff., 1190ff.), oder in der *Lysistrate*, in der der von seinem sexuellen Drang gepeinigte Lyriker Kinesias als komische Figur erscheint (v. 845ff.). Beide Beispiele, Lamachos und Kinesias, verdeutlichen jedoch auch, wieso Aristophanes eine stadtbekannte Person seinem Spott aussetzte. Sowohl der General als auch der Dithyrambendichter werden wegen ihres sprechenden Namens Zielscheibe der Komödie: Lamachos, der „Kampfgewaltige", ist schon allein aufgrund dieses Namens der ideale Vertreter der zehn Strategen, und Kinesias zeigt in seinem Namen schon sein sexuelles Verlangen, bedeutet doch *kinein* (κινεῖν), „bewegen", in diesem Zusammenhang nichts anderes als „sexuell verkehren", so daß man seinen Namen in dieser Passage, dem Kontext entsprechend, wohl am besten mit „Herr Bumsfidel" wiedergeben müßte.

2.3.1 *Ritter*

Daß der Komödienspott nicht immer nur diese harmlose, unserem Kabarett vergleichbare Wirkung hatte, sondern viel ernster gemeint und folgenreicher sein konnte, beweist der Fall der Sokrates-Verspottung in den *Wolken*. Platon macht in der *Verteidigungsrede des Sokrates (Apologie)* Aristophanes geradezu mitverantwortlich für die Verurteilung seines Lehrers zum Tode, da die *Wolken* in Athen dazu beigetragen hätten, das falsche Sokrates-Bild im öffentlichen Bewußtsein zu verankern (19b–c). Wie in den *Wolken* der stadtbekannte Philosoph im Mittelpunkt einer Komödie steht, so machte Aristophanes ein Jahr zuvor in den *Rittern* Kleon, den erfolgreichsten Politiker dieser Zeit, zum Sujet einer Komödie. Aristophanes stellt sich damit in eine Tradition, die nach unserer Kenntnis vor allem von Kratinos, seinem großen Vorgänger in der komischen Muse, gepflegt wurde: nicht an zweitklassigen Politikern, sondern nur wirklich herausragenden und mächtigen Personen den scharfen Witz spielen zu lassen. Wie die Fragmente belegen, hat sich Kratinos in vielen seiner Komödien, vor allem den *Cheirones* des Jahres 440 v. Chr. und dem *Dionysalexandros* (430 v. Chr.), mit Perikles auseinandergesetzt und dessen autoritäres, monarchisches Gebaren angeprangert. Der Titel *Archilochoi* belegt, daß Kratinos sich ganz bewußt in die Tradition des frühgriechischen Dichters Archilochos von Paros stellt, der für seinen scharfen Spott bekannt war. Greifbar ist für uns dieser Spieltyp der Komödie des 5. Jahrhunderts v. Chr. in vollständiger Form nur noch in den *Rittern* des Aristophanes.

Kleon, die Zielscheibe des Spotts der Komödie, ein reicher Gerber, der wie Aristophanes aus dem Demos Kydathen stammte, hatte sich, nachdem Perikles 429 v. Chr. an der Pest gestorben war, zum führenden Politiker Athens aufgeschwungen. Seine exzellenten rhetorischen Fähigkeiten machten ihn zum durchsetzungsfähigen Demagogen, seine Wahlgeschenke – die Erhöhung der Sitzungsgelder auf drei Obolen – zum Liebling des einfachen Volkes, das seinen Lebensunterhalt damit sichergestellt sah. Dem rücksichtslosen Karrierepolitiker und entschiedenen Befürworter einer harten Unterdrückungspolititk gegen die Bundesgenossen und einer unnachgiebigen Haltung den Spartanern gegenüber gab im Jahr 425 v. Chr. der Zufall die Gelegenheit, die verhaßten und militärische Zurückhaltung predigenden Strategen Demosthenes und Nikias zu demütigen. Eher zufällig hatten sich athenische Verbände, die eigentlich auf dem Weg nach Sizilien und Kerkyra (Korfu) waren, bei der im Westen der Peloponnes gelegenen Stadt Pylos festgesetzt. Die Spartaner reagierten erschreckt, liegt doch Pylos nicht gerade weit von Sparta entfernt. Sie brachen sofort ihren Einfall in Attika ab und entsandten eine Elitetruppe in die Gegend, die, um den Athenern die Zufuhr abzuschneiden, das kleine, Pylos vorgelagerte Inselchen Sphakteria besetzten. In Athen erzeugte der schleppende Fortgang des zunächst aussichtsreich scheinenden Unternehmens Unmut. Nach einer hitzigen Debatte in der Volksversammlung, über die der Historiker Thukydides berichtet (IV 27ff.), trat Nikias von seinem Feldherrenamt zurück. Durch diese taktische Maßnahme nötigte er Kleon gegen seinen Willen dazu, die militärischen Aktionen in Pylos zu leiten. Nikias und andere Gegner Kleons hatten gehofft, auf diese Art den verhaßten Demagogen loszuwerden, der großsprecherisch in der Volksversammlung verkündet hatte, er werden in zwanzig Tagen das Unternehmen erfolgreich abschließen, die Spartaner entweder auf Sphakteria erschlagen oder sie gefangennehmen. Das schier Unglaubliche geschah: In kürzester Zeit schloß Kleon – dank der hervorragenden Vorarbeit des Demosthenes – die Belagerung erfolgreich ab und setzte 292 Spartiaten, allesamt Mitglieder der besten Familien Spartas, gefangen. Als Geiseln sollten sie fortan das wirkungsvollste Druckmittel der Athener den Spartanern gegenüber werden. Zum Friedensschluß kam es jedoch, obwohl die Peloponnesier nach diesem Schlag sofort einlenkten und auf Friedenskurs gingen, erst nach Kleons Tod im Jahre 421 v. Chr. (s.o. S. 70).

Aristophanes hatte sich bereits in seinem frühen Stück, den nicht erhaltenen *Babyloniern* des Jahres 426 v. Chr., mit dem aufsteigenden Demagogen auseinandergesetzt. Er prangerte die Art und Weise an, wie Kleon mit den Bundesgenossen Athens umsprang, indem er sie in der Komödie als babylonische Mühlensklaven zeigt, und hatte sich dafür eine Anklage wegen Verleumdung des Volkes eingehandelt. Denn als einzige Grenze war dem Komödienspott das Verbot gesetzt war, den Souverän, den attischen Demos, zu verspotten, wie wir im antidemokratischen Pamphlet des Alten Oligarchen lesen (II 18):

Sie *(das Volk)* lassen es nicht zu, daß der Demos in einer Komödie verspottet oder über ihn Übles vorgebracht wird, um damit nicht selbst übel dazustehen. Im privaten Bereich jedoch fordern sie gerade dazu auf, Spott vorzubringen, wenn jemand einen verspotten will, da sie ganz genau wissen, daß in der Regel der auf der Bühne Verspottete nicht zum Volk und nicht zur breiten Masse gehört, sondern entweder eine reiche, vornehme oder einflußreiche Person ist. Von den Armen und Angehörigen des Volkes aber werden nur wenige in der Komödie verspottet, und auch die nur dann, wenn sie sich durch eine überaus große Geschäftigkeit, durch Ehrgeiz und den Versuch auszeichnen, mehr als die anderen haben zu wollen. In diesen Fällen nehmen sie es nicht übel, wenn derartige Personen verspottet werden.

Doch Aristophanes ließ trotz der Anfeindung, der er sich von Seiten Kleons ausgesetzt sah, nicht locker. Schon 426/425 v. Chr., als er die *Acharner* schrieb, scheint er die Idee gehabt zu haben, Kleon in den Mittelpunkt einer Komödie zu stellen. In den Versen 300–302 läßt er den Chor die Komödie des folgenden Jahres bereits ankündigen:

Du bist mir mehr verhaßt
Als der Kleon, aus dem ich
Derbe Schuhe nächstens für die
Ritterschaft schneiden will.

Die Komödie des Jahres 424 v. Chr. hat ihren Titel nach dem Chor. Die Ritter, eigentlich einer Vermögensklasse der attischen Gesellschaft, waren gleichzeitig jedoch auch im eigentlichen Sinne des Wortes die vornehme, traditionsreiche Kavallerie Athens, die einem sich vorwiegend auf die unteren Volksschichten stützenden Demagogen wie Kleon mit Verachtung gegenüberstand. Im Gegensatz zu den politischen Emporkömmlingen der Zeit nach Perikles, hatten sie und ihre Väter und Vorväter sich schon immer für die Heimat eingesetzt, wie Aristophanes sie voller Stolz in der Parabase von sich sagen läßt (v. 565–568):

Ruhm und Preis sei unseren Vätern: denn sie waren allezeit
Männer, würdig unsres Landes und des heil'gen Peplos wert,
Die zu Land in heißer Feldschlacht und im kühnen Flottenkrieg,
Überall und immer Sieger, unsre Stadt mit Ruhm geschmückt!

Doch für all ihre Verdienste wollen sie keine materiellen oder sonstigen Auszeichnungen, sie wollen lediglich in Ruhe gelassen und nicht wegen ihres vornehmen Aussehens attackiert werden (v. 576–580):

Wir aber sind bereit, auch ohne Sold
Wacker für die Stadt zu streiten und die Götter unsres Volks.
Nichts verlangen wir zum Lohne als dies einzige, nur dies:
Wenn es endlich kommt zum Frieden und die Drangsal hat ein End,
Daß sich niemand ärgert, wenn er mit gepflegtem Haar uns sieht.

Die Handlung dieser ersten erhaltenen, an Spott und Boshaftigkeit nicht gerade armen politischen Komödie der Weltliteratur ist äußerst einfach: Der alte Herr Demos, das personifizierte Volk von Athen, hat seit kurzem zusätzlich zu seinen alten Hausklaven, hinter denen sich unschwer die beiden Feldherrn Nikias und Demosthenes erkennen lassen, einen neuen Obersklaven erworben, der sich in kürzester Zeit ganz und gar in die Gunst des Herrn eingeschlichen hat und der sich ebenso leicht als Kleon identifizieren läßt. In einem brillanten Spiel spiegelt Aristophanes den Staatshaushalt der Polis Athen im Privathaushalt des Herrn Demos wider, wobei der Vordergrund, die private Haushaltung, und der Hintergrund, der Staatshaushalt, ständig miteinander abwechseln und ineinander übergehen, so daß bald die eine, bald die andere Ebene stärker durchscheint. Die Technik, die Aristophanes in den *Rittern* das ganze Stück hindurch anwendet, ist nichts anderes als die für ihn typische Kunst, Abstraktes in Bilder und Bühnenhandlung umzusetzen.

An das Publikum gewandt, schildert einer der alten Sklaven die Misere, die mit dem neuen Sklaven in den Haushalt des Herrn Demos Einkehr gehalten hat (v. 40–54):

Wir haben einen Herrn,
Heißblütig, toll, auf Bohnen sehr erpicht,
Ein brummig alter Kauz, ein bißchen taub:
Herr Demos von der Pnyx. – Am letzten Neumond
Kauft' er sich einen paphlagon'schen Sklaven,
'nen Gerberburschen; ein durchtriebner Gauner!
Der merkt' sich gleich des Alten schwache Seiten –
Der Hund von einem paphlagon'schen Gerber! –,
Duckt sich vor ihm, mit Lecken, Schwänzeln, Schmeicheln
Und Lederstückchen fängt er ihn und spricht:
„Geh baden, Demos, wohl verdient als Richter
Hast du drei Obolen! Schwelge! Schlürfe!
Soll ich servieren?" – Und dann rapst er weg,
Was wir gekocht, um sich beim Herrn in Gunst
Zu setzen.

Während der neue Obersklave im Haus schnarcht, bemächtigen sich die beiden verzweifelten Haussklaven eines Orakels, das das Ende des verhaßten Emporkömmlings voraussagt: Der Lederhändler und Gerber wird von einem noch größeren Scheusal, einem Wursthändler, gestürzt werden (v. 143–145). Kaum ist das Orakel verlesen, naht auch schon der ersehnte Retter, der Wursthändler, der von seinem Glück noch gar nichts weiß und erst einmal in die Intrige der beiden Sklaven eingeweiht werden muß (v. 146ff.). Die Handlung, die auf Prolog und Parodos folgt, ist nach dem Prinzip aufgebaut, den Teufel mit Beelzebub, den schlechten Gerber durch den noch schlechteren Wursthändler auszutreiben. Unterstützt vom Chor der Ritter, muß sich der Wursthändler in einer Reihe von Wettkämpfen – allesamt Proben seiner Dienstfertigkeit dem Herrn Demos gegenüber – gegen den Obersklaven bewähren. Und dies hat Erfolg. In einem Wettlauf der Wohltaten und Schmeicheleien zeigt er sich in jeder Hinsicht dem Gerber, also Kleon, überlegen, so daß Demos ihn zu seinem neuen Obersklaven, zum neuen Demagogen, auserkürt. An diesem Punkt der Handlung hat Aristophanes eine Überraschung bereit. In einem Wechselgesang (Amoibaion) mit dem Ritterchor gibt Demos seine bisherige Tölpelhaftigkeit und vertrauensselige Hörigkeit den Demagogen gegenüber als bloße Taktik aus: Während die Politiker sich darum reißen, ihm willfährig zu sein, könne er sich in aller Ruhe ihrer bedienen (v. 1111–1150):

Chor:
    Demos, wie du doch mächtig bist!
    Denn gefürchtet von jedermann,
    Herrschest als unumschränkter du
    Regent und Gebieter.
    Aber leicht dich betören läßt
    Du von Schmeichlern, die ränkevoll
    Dich am Narrenseil führen; denn
    Schwatzt dir einer was vor, da sperrst
    Maul und Nase du auf – dein Geist
        Ergeht sich woanders.
Demos:
    Geist – der ist unter eurem Schopf
    Nicht zu Hause, sonst hießet ihr
    Mich nicht töricht. Ich stelle selbst
        Mit Fleiß mich so kindisch!
    Denn das ist mir der größte Spaß:
    Alle Tage einen neuen Zutsch!
    Und so halt ich mir einen Herrn

Zum Vergnügen, der mich bestiehlt;
Ist er voll dann, so häng ich ihn,
    Um leer ihn zu klopfen!
Chor:
    Nun, das wäre ja wohlgetan,
    Wenn solch heimlicher, schlauer Sinn
    Deinem Tun, wie du selber sagst,
        Stets läge zugrunde:
    Wenn die Burschen du auf der Pnyx *(Ort der Volksversammlung)*
    Wohlbedächtlich, wie Opfervieh,
    Hieltest, füttertest, um sodann,
    Wenn ein Braten dir fehlt, heraus
    Gleich den fettsten zu fangen und
        Zum Schmaus ihn zu opfern!
Demos:
    Sehr ihr jetzt, wie ich schlau herum
    Schleich um sie, die so listig sich
    Dünken und auf der Nase keck
        Mir wagen zu tanzen?
    Immer hab ich ein Aug auf sie,
    Wie sie stehlen; und keiner denkt,
    Daß ich's sehe: dann müssen sie,
    Was sie heimlich mir weggenascht,
    Wieder speien, die Sonde des
        Gerichts in dem Rachen!

Nach dieser intellektuellen Wandlung steht der physischen nichts mehr im
Wege. Vom Wursthändler wieder junggekocht, erscheint Demos in der Gestalt,
wie er damals zur Zeit der großen Erfolge des attischen Volkes, zur Zeit der
Siege über die Perser bei Marathon (490 v. Chr.) und Salamis (480 v. Chr.)
aussah (v. 1316–1334):

Wursthändler *(kommt aus dem Haus und kündigt in religiöser Sprache die Epiphanie
des junggekochten Demos an)*:
    In Andacht schweigt und verschließet den Mund: kein Zeugenverhör,
        kein Geplauder!
    Laßt feiern heut die Gerichte der Stadt, das Ergötzen unserer Bürger,
    Und mit schallendem Jubel das neue Heil begrüßet das ganze Theater!
Chor:
    O du Stern von Athen, der gesegneten Stadt, o Retter du unserer Inseln,

Was verkündest du uns für ein Glück, auf daß wir die Straßen mit
Düften erfüllen?
Wursthändler:
Den Demos hab ich euch jung gekocht, bildschön ist der Häßliche
jetzo!
Chor:
Und wo weilet er jetzt, du Zauberer, du genialer Gedanken Erfinder?
Wursthändler:
Er wohnt in Athen, der heiligen Stadt, der herrlichen, „veilchen-
bekränzten"!
Chor:
O so laßt ihn uns sehn! Und wie trägt er sich denn? Wie erscheint er?
Wie ist er gestaltet?
Wursthändler:
Ganz so wie er einst mit Miltiades aß, wie er zechte mit Aristeides.
Gleich sollt ihr ihn schaun; denn des Vorhofs Tor, schon hört ich es
knarrend sich öffnen!
Auf, jauchzet ihr zu, der erneuerten altehrwürdigen Stadt der Athener,
Der liederbesungenen Wunderstadt, wo er thront, der ruhmreiche
Demos!
Chor:
„O Athen, du veilchenbekränzte Stadt, du beneidete, glänzende, reiche",
Zeig uns den erhabenen Fürsten und Herrn, der hier, der in Hellas
gebietet!
Demos tritt auf, verjüngt, in altertümlicher, festlicher Tracht
Wursthändler:
Da seht ihn, mit goldnen Zikaden geschmückt, im altherkömmlichen
Festkleid – Nicht mit Muscheln behängt –, mit Myrrhen gesalbt und
vom Balsam des Friedens umduftet!
Chor:
Heil, Heil dir, o König von Hellas, auch wir nehmen Anteil an deinem
Glücke,
Daß du wieder erscheinst der gepriesenen Stadt, der Trophäen von
Marathon würdig!

Breit ausgeführt, in hieratischer Diktion besonders erhaben klingend und
gleichsam die Epiphanie eines Gottes evozierend, haben wir an dieser Stelle
den nostalgischen Rückblick auf die gute alte Zeit, als die Demokratie noch
jung, aber schon wehrhaft war und die Überrmacht der Perser zu Lande und zu
Wasser zurückschlug, als unbestechliche Politiker wie Aristeides die Geschicke

der Polis lenkten und Eintracht zwischen den Ständen herrschte – speist doch der Demos mit dem altadligen Miltiades.

Das Besondere der *Ritter* liegt darin, daß Aristophanes ein Element der Alten Komödie, den persönlichen Spott, zum zentralen, die Handlung tragenden Thema seines Stücks macht. Von Anfang bis Ende durchzieht bitterer Spott auf den Demagogen Kleon die Komödie, ganz dem Motto der Nebenparabase entsprechend (v. 1274f.):

> Schlechte Bürger zu verspotten ist gewiß nicht tadelnswert,
> Hohn auf sie ist Lob der Guten, wenn man richtig es bedenkt.

Am Ende der Komödie ist Kleon ruiniert. Er muß, sich aus der Gosse ernährend und mit Schurken und Dirnen sich zankend, das Gewerbe des Wursthändlers ausüben (v. 1395ff.). Auffallend ist, daß Kleon nur einziges Mal im ganzen Stück beim Namen genannt wird – sonst ist er durchgängig der Obersklave des Herrn Demos –, und dies in einem bitterbösen Spottlied des Chores (v. 973–996):

> „Tag der Freude, des Jubels" für
> Alle, die hier versammelt sind,
> Alle, die erst noch kommen, wen
> Kleon fällt, der Verhaßte!
> Freilich hört ich auch Leute schon
> Unerträgliche Alte, auf
> Dem Basar der Prozesse ganz
> Gegenteiliges äußern:
> „Wär nicht er, der gewalt'ge Mann,
> Hier im Volke, wir hätten wohl
> Zwei höchst wichtige Dinge nicht:
> Mörserkeule und Löffel!"
> Groß auch ist er, erstaunlich groß
> Als schweinsöhriger Musikant.
> Sagten doch schon die Knaben von
> Ihm, seine Schulkameraden:
> Immer griff auf der Leier er
> eine Weise nur: „Komm zu mir ..."
> Keine andere ging ihm ein;
> Endlich jagt ihn der Lehrer
> Fort im Zorn: „Keine Melodie
> Wird je er lernen der Bursche als

Seine ständige Melodie
‚Komm zu mir – mich zu bestechen!' "

Die kurzen, beschwingten, in eingängigen, volkstümlichen Rhythmen kompo-
nierten Strophen machen das Jubellied des Chores zu einem polemischen Gas-
senhauer auf den Demagogen. In äußerster Verdichtung werden die Vorwürfe
gegen Kleon wiederholt. Gleichzeitig werden Motive angeschlagen, die Aristophanes in den Komödien der folgenden Jahre zu zentralen Themen machen
wird: Mit „Mörserkeule" und „Löffel" spielt er auf das auffallendste Merkmal
des Demagogen an, alles durcheinanderzurühren und durcheinanderzubringen.
Die Herkunftsbezeichnung des Obersklaven in der Komödie paßt dazu:
Kommt er doch aus dem kleinasiatischen Paphlagonien, wobei Aristophanes
diese Herkunft aufgrund einer pseudo-etymologischen Spielerei wählt: Paphlagonien klingt nach *paphlázein* (παφλάζειν), „blubbern", „schäumen", eben dem
Resultat des Umrührens. In der Eröffnungspartie des *Friedens* wird das Motiv
des Mörsers wieder verwenden wird: Kleon ist der Mörser in der Hand des
Kriegsgotts, mit dem dieser die Griechenstädte zerstampft. Die Machtbasis für
einen Demagogen wie Kleon sind dabei die uneinsichtigen Alten, die sich vor
allem von den Gerichtsgeldern, die Kleon erhöhte, ernähren und deren Gerichtsbesessenheit mit zum Ruin der Stadt beiträgt. In den *Wespen* des Jahres
422 v. Chr. wird Aristophanes dieses Motiv, die Gerichtswut, die Gerichtsbesessenheit (*philodikía*, φιλοδικία) der Athener, zum Leitmotiv eines ganzen
Stückes machen. Die mangelnde Bildung, die der Chor Kleon vorhält – die
wörtliche Übersetzung wäre „Saubildung" (v. 986) –, weist auf den Prolog der
Komödie zurück und drückt ein generelles Vorurteil gegen Politiker aus: Karriere in der Politik läßt sich nur mit einem gehörigen Mangel an Allgemeinbil-
dung machen. Der enge Zusammenhang zwischen Bildung (*paideía*, παιδεία)
und Politik, vor allem im Bereich der musischen Ausbildung, beschäftigt Aristophanes immer wieder: In den *Wolken* des folgenden Jahres wird er sich ein-
gehend damit auseinandersetzen, ebenso in den *Fröschen* des Jahres 405 v. Chr.
Der Vorwurf der Bestechlichkeit im Schlußvers schließlich gehört – heute genauso wie im 5. Jahrhundert v. Chr. – zum Standardrepertoire der gegen Politiker erhobenen Vorwürfe.

Aristophanes analysiert in den *Rittern* auf kritische Weise das Verhältnisses
des Souveräns der athenischen Demokratie, des Demos, zu den führenden
Politikern, den Demagogen. Die Kritik ist hart: Die Politiker sind nur auf ihren
eigenen Vorteil bedacht und darauf aus, sich in die Gunst des Demos einzu-
schleichen, um es sich weiterhin gutgehen zu lassen. Das Volk seinerseits läßt
sich ohne weiteres von den Schmeichelreden und Gaukeleien der Politiker
blenden. Ja, noch schlimmer: Für den Demos ist die Volksversammlung ein

Theater, in dem er genüßlich dem Ringen seiner Führer zuschaut und zuhört, ständig Illusion und Realität verwechselt, sich in Scheinwelten flüchtet und dabei anstehende, dringliche notwendige Maßnahmen zum Wohl der Stadt aus den Augen verliert. Ironischerweise legt Thukydides gerade Kleon die brillante Analyse dieses aberwitzigen Verhaltens der Athener in den Mund (III 38).

Die Darstellung, die Aristophanes vom Verhalten des Demos gibt, entspricht ganz und gar der des Thukydides. Herr Demos sieht, ruhig dasitzend, genüßlich dem Ringen seiner Sklaven zu, die sich um seine Gunst bemühen. Das Amt des Obersklaven wird der erhalten, der Demos die meisten Wohltaten erweist. Zwar ist es nicht so, als ob er nicht merkte, daß die Politiker ihn an der Nase herumführen wollen; er ist sich dessen durchaus bewußt, greift jedoch nicht ein, da er sie zum Zwecke seines ungestörten Wohllebens ausnutzen will (v. 1111 ff.).

Hätte Aristophanes an diesem Punkt, mit dieser Aussage von Herrn Demos sein Stück beendet, wären die *Ritter* zu einer schonungslosen Abrechnung mit dem athenischen Volk und seinen Politikern geworden. Er konnte jedoch sein Stück allein schon deshalb nicht so enden lassen, weil eben jener attische Demos im Theater saß und letztlich über den Erfolg des Komödienautors zu entscheiden hatte und da, wie der Alte Oligarch schreibt (II 18), der Demos es nicht tolerierte, wenn er selbst in einer Komödie verspottet wurde. So läßt es Aristophanes in der Exodos seiner Komödie zu einer für jeden Zuschauer wohl überraschenden Wendung kommen. Durch das phantastische, dem Medea-Mythos entlehnte Mittel des Jungkochens versetzt er den Demos zurück in die Zeit seiner Jugend, in die Zeit der noch jungen Demokratie, als Männer wie Miltiades und der unbestechliche Aristeides die Geschicke der Polis lenkten. Unempfindlich für die Schmeichelreden der Politiker (v. 1341 ff.) wird er künftig wie in seiner Jugend die Entscheidungen selbst, ohne auf die Einflüsterungen der Demagogen zu hören, allein zum Wohle der Stadt treffen. So endet die Komödie nach all der vorangegangenen Kritik wider Erwarten doch noch positiv, und der Demos lohnte es dem Dichter, indem es ihm für die *Ritter* den ersten Preis zusprach.

Wenn man jedoch den positiven Ausgang der Komödie mit dem politischen Alltag vergleicht – und durch das ständige Wechselspiel zwischen den beiden Ebenen Haushalt und Staatshaushalt wird man dazu geradezu gezwungen –, kann man den Schluß der *Ritter* entweder als einen aufrüttelnden Aufruf an das Volk verstehen, zu einem verantwortungsbewußten politischen Handeln zurückzukehren, oder als eine düstere, resignierende Einschätzung des labilen, von Stimmungen abhängigen Souveräns der attischen Demokratie ansehen. Der Demos, die im Theater versammelten athenischen Bürger, ließen sich von Aristophanes – ganz der Charakterisierung entsprechend, die ihm im Verlauf des Stücks der Dichter angedeihen läßt – durch den Glanz der triumphalen Exodos blenden – derart blenden, wie es Aristophanes seinem Publikum schon in den *Achamern* zum Vorwurf machte (v. 634–640):

> So steuert' er *(der Dichter)* doch dem Unfug, daß euch mit Reden die Fremden berückten,
> Daß ihr ködern euch ließt mit schmeichelndem Wort, aufhorchend mit offenen Mäulern.
> Vormals, wenn euch die Gesandten der Städt' eine Nase zu drehen gedachten,
> Da hießt ihr: „Das veilchenbekränzte Volk", und wenn einer euch also betitelt,
> Da fuhrt ihr, über die Kränze entzückt, empor auf unruhigem Hintern.
> Und wenn einer sodann in bezauberndem Ton von dem „glänzenden, fetten Athen" sprach,
> Der hatte von euch, was er wollte, dieweil er mit „Fett" euch wie Gründlinge ölte.

Genau mit diesen Pindar-Zitaten (Fr. 76 Maehler), „veilchenbekränzt" und „glänzend", die Aristophanes in der Parabase der *Achamer* als plumpe Schmeichelworte anprangert, ködert er in den *Rittern* des folgenden Jahres sein Publikum, so daß es entzückt seinem Kritiker den ersten Preis im Agon zuerkannte, um danach Kleon, der auf der Bühne, in der Illusion der Komödie, seinen politischen Tod erlebte und die Rolle des Sündenbocks übernehmen mußte (v. 1405), erneut zum Strategen zu wählen.

Dieses Verhalten läßt einige Rückschlüsse darauf zu, wie der attische Zuschauer des 5. Jahrhunderts v. Chr. den Spott gegen Persönlichkeiten des öffentlichen Lebens aufnahm. Er sah ihn – ganz im Sinne einer kurzfristigen Festzeit mit allen möglichen Freiheiten und Lizenzen – allein auf das komische Spiel beschränkt. Selbst wenn ein Dichter diesen durch das Dionysosfest vorgegebenen Rahmen des Spotts und der Kritik überschreiten wollte und vielleicht sogar die Absicht hatte, politisch zu wirken, faßte der Zuschauer, durch langjährige Theatererfahrung mit dem Komödienspott vertraut, die politische Abrechnung mit dem Demagogen in der traditionellen Art auf, als bloßes *onomastí komodeín* (ὀνομαστὶ κωμῳδεῖν), als folgenlose namentliche Verspottung stadtbekannter Persönlichkeiten. Daß allerdings Verspottungsbilder, also mit einer bestimmten Person in Verbindung gebrachte Vorwürfe, lange im Gedächtnis der Zuschauer haften bleiben konnten, beweist, wie bereits angesprochen, der Fall des Sokrates – jedenfalls nach Aussage der platonischen *Apologie*.

Daß Aristophanes wohl tatsächlich mit seinen *Rittern* neue Dimensionen des Spotts eröffnen wollte, betont er mit Nachdruck in der Parabase der *Wolken* (v. 546–559):

> Zwei- und dreimal bring ich euch nie einen Witz und täusch euch nicht,
> Bin nagelneue Sujets vorzuführen stets bedacht,
> Alle voller Keckheit und Witz, keines je dem andern gleich.
> Stieß ich nicht den mächtigen Mann Kleon mächtig vor den Bauch?
> Doch ich trat, sobald er im Staub lag, nicht mehr auf ihm herum.
> Andre, seit Hyperbolos sich einmal eine Blöße gab,
> Trampeln auf dem ärmlichen Kerl stets und seiner Mutter rum.
> Eupolis vor allen – er schleppt seinen *Marikas* herein:
> Schmählich! ein gewendeter Rock! meine *Ritter* dumm verhunzt!
> Setzt' hinzu, dem Kordax zulieb, ein versoffnes altes Weib,
> Die er stahl dem Phrynichos, wo das Untier sie verschlingt.
> Gleich darauf kommt Hermippos und macht auch was auf Hyperbolos,
> Auch die anderen werfen sofort all sich auf Hyperbolos,
> Und mein Gleichnis äffen sie nach: wie man Aale im Trüben fischt.

Voller Stolz und Selbstbewußtsein nimmt Aristophanes für sich in Anspruch, als erster den Weg der harten Attacke gegen einen führenden, einflußreichen Politiker im Theater gegangen zu sein – und zwar nur so lange, wie Kleon tatsächlich noch an der Spitze stand. Seine Rivalen Eupolis und Hermippos kopierten seine Idee, wagten sich jedoch nicht an die wirklich Mächtigen, sondern griffen lediglich zweitrangige Politiker wie Hyperbolos und „verhunzten" seine Ideen, indem sie ihnen durch das Einfügen dummer Witze und obszöner Tänze Schärfe und Prägnanz nahmen. Um so größer ist seine Enttäuschung, als die Athener trotz der *Ritter* Kleon wieder zum Feldherrn wählten (*Wolken*, v. 587–594):

> Dennoch nahmt ihr *(Athener)* ihn *(Kleon)* zum Feldherrn; denn man sagt:
>   verkehrter Rat
> Sei in eurer Stadt zu Hause; dumme Streiche, die ihr macht,
> Werden aber durch der Götter Huld zum Besten stets gekehrt.
> Dieser Fall auch kann zum Vorteil sich euch wenden, hört mich an:
> Wenn ihr Kleon, den bestochnen Schuft, den überwiesnen Dieb,
> An dem Kragen packt und in den Block ihm niederdrückt den Kopf,
> Dann, trotz eurer vielen Böcke, wird zurück ins alte Gleis
> Alles kehren sich zum Besten euch und eurer Stadt gedeihn!

2.3.2 *Wespen*

In der kritischen Zielrichtung sind die zwei Jahre später aufgeführten *Wespen* mit den *Rittern* durchaus vergleichbar. Aristophanes greift in dieser Komödie des Jahres 422 v. Chr. auf ein Handlungselement seiner erfolgreichen *Ritter* zurück: die Abhängigkeit des athenischen Volkes von den Wohltaten der Demagogen. In diesem Fall geht es um die drei Obolen Sitzungsgeld, die den Richtern der Volksgerichte *(Heliaía)* bezahlt wurden. Jeder Bürger über 30 konnte in Athen zu der alljährlich neu gewählten Gruppe der 6.000 Richter gehören. An den einzelnen Verfahren waren bis zu 500 Richter beteiligt; oft waren es mehr, in Ausnahmefällen konnte sogar die ganze Richterschaft von 6.000 zusammengezogen werden. In ihrer Zusammensetzung sollten die Gerichte, wie dies im gesamten athenischen politischen System üblich war, einen Querschnitt durch den Demos darstellen und das ganze Volk repräsentieren. Beleidigungen des Gerichts wurden deshalb als Herabsetzung des Demos oder sogar als subversive Attacke gegen die Demokratie geahndet. Nicht nur innerathenische Belange kamen vor diesen Gerichtshöfen zur Verhandlung; vielmehr mußten sich auch die athenischen Bundesgenossen vor den attischen Gerichtshöfen verantworten, so daß der Chor in den *Rittern* (v. 1114) den Demos zu Recht als Tyrannen anredet. Diese Einschätzung der Gerichte als Machtinstrument Athens teilt auch der Demokratiekritiker, der Alte Oligarch, in seiner Streitschrift *Über den Staat der Athener* (I 17f.) – eine Bewertung, die mit Aristophanes' *Babylonier*, in denen die Bundesstädte als Mühlensklaven dargestellt waren, übereinstimmen dürfte:

> Außerdem verdient der Demos der Athener auch daran, daß die Bundesgenossen ihre Prozesse in Athen abhalten müssen. (...) Wenn die Bundesgenossen zu ihren Prozessen nicht nach Athen kommen würden, würden sie nur die Athener ehren, die zu Schiff zu ihnen kämen, die Feldherrn, die Schiffsoffiziere und die Gesandten. Nun aber ist jeder einzelne der Bundesgenossen gezwungen, dem Demos der Athener zu schmeicheln, da er genau weiß, daß er nach Athen kommen und dort vor keinem anderen prozessieren muß als vor dem Demos, der in Athen das Gesetz ist. Und er wird gezwungen, in den Gerichtshöfen zu flehen und die Hereinkommenden demütig an der Hand zu fassen. Aus diesem Grund sind die Bundesgenossen eher Sklaven der Athener.

Bei ihrer Größe und Zusammensetzung waren die Gerichtshöfe leicht manipulierbar. Trat ein geschickter Redner für eine Sache oder Person ein, trafen die Richter ihre Entscheidungen nicht auf der Grundlage der Fakten und Sachlage, sondern ließen sich vom Glanz der Rede beeinflussen. Die Sophisten – wie Gorgias und Protagoras, die wir aus Platons Dialogen kennen – erkannten die Möglichkeiten, die dieses System ihnen eröffnete. Sie entwickelten eine Rhetorik, die es ermöglichte, jede beliebige Sache jedem wie auch immer zusammengesetzten Publikum plausibel zu machen, und boten Unterricht in dieser Art von Redekunst für ungeheuere Summen an. Protagoras betont, Begabung und Übung seien die Grundvoraussetzungen für jeden, der anstrebe, ein erfolgreicher Redner zu werden – was im 5. Jahrhundert gleichbedeutend mit Politiker war. Von frühester Jugend müsse man sich in der Redekunst üben, wenn man in der Lage sein wolle, die schwächere Sache zur stärkeren zu machen. Gorgias entwirft in spielerischer Form in seinem vermutlich in der letzten Phase des Peloponnesischen Krieges entstandenen *Enkomion auf Helena* eine Theorie der Affekte auslösenden und steuernden Wirkungen der Rede (*lógos*, λόγος). Der Logos, ein großer Herrscher, sei, obwohl unsichtbar, in der Lage, göttliche Werke zu vollbringen: Er könne in Zuhörern „Schauder voller Furcht, tränenreiches Mitleid und eine geradezu nach Schmerz und Leid verlangende Sehnsucht" erwecken.

Ein Gerichtswesen wie das athenische brachte es unweigerlich mit sich, daß Angeklagte sich im Normalfall nicht mehr selbst verteidigten, sondern ihre Reden von Spezialisten anfertigen ließen – von sogenannten Logographen (Redeschreibern) wie Lysias. Vor allem Kleon setzte die Volksgerichte als Waffe gegen politische Rivalen ein, indem er sie nach Ablauf ihrer Amtszeit einem Verfahren aussetzte, in dem sie über ihre Amtsführung, insbesondere über ihren Umgang mit staatlichen Geldern Rechenschaft ablegen mußten. In der Form des Repetundenprozesses wurde diese Art von Gerichtsverfahren später in der römischen Republik zu einem probaten Mittel der innenpolitischen Auseinandersetzung. Als besonders wirkungsvoll erwies sich die Erhöhung des Richtersoldes auf drei Obolen, die Kleon durchsetzte. Gerade die ärmeren Schichten konnten damit ihren Lebensunterhalt fristen, wie es Aristophanes dem paphlagonischen Sklaven in den *Rittern* (v. 799f.) in den Mund legt. Sie waren oder wurden von der staatlichen Versorgung in der Form von Sitzungsgeldern abhängig und sahen in Kleon ihren Wohltäter und einen engagierten Vertreter ihrer Interessen.

In den *Wespen* stellt Aristophanes das athenische Gerichtswesen, vor allem die „Gerichtsbesessenheit" (*philodikía*, φιλοδικία) der Athener und die damit zusammenhängenden Folgen für die innere Verfassung der Gesellschaft in den Mittelpunkt. Als weiteres, die Komödienhandlung komisch anreicherndes Motiv kommen der Generationenkonflikt und die Erziehungsproblematik hinzu – Themen, die Aristophanes schon in den *Wolken* – allerdings mit geringem Erfolg – im Vorjahr auf die Bühne gebracht hatte. Die komische Technik, die er in den *Wespen* anwendet, hat Gemeinsamkeiten mit der Konzeption der *Ritter*. Politische Belange werden in einen privaten Haushalt verlagert. Die große Politik wird im Mikrokosmos der Familie – vor allem in ihren Auswirkungen auf das Alltagsleben – widergespiegelt.

Die beiden Protagonisten der Komödie, der alte Philokleon und sein Sohn Bdelykleon, zeigen schon in ihrem Namen den politischen Hintergrund der Komödie auf: „Kleonfreund" und „Kleonhasser". Philokleon ist Vertreter der athenischen Richterschaft, ein alter Mann, der schon bei Marathon gegen die Perser gefochten hat und dessen Lebenselixier der tägliche Gang ins Gericht ist. Als Richter mit Leib und Seele, geradezu krankhaft von seinem Beruf besessen, ist er überzeugter, fanatischer Anhänger Kleons. Bdelykleon dagegen versucht seinen Vater von dem seiner Meinung nach unwürdigen Treiben fernzuhalten. Da gute Worte nichts fruchten, dreht er die normale Rollenverteilung in der Familie um: Den krankhaften Drang des Vaters, zu Gericht zu sitzen, kennend, sperrt er den Alten kurzerhand zu Hause ein. Er verriegelt jedoch nicht nur die Tür, sondern umgibt das ganze Haus mit einem Netz. Noch so raffinierte Ausbruchsversuche des Vaters scheitern an der Wachsamkeit der Sklaven Xanthias und Sosias. Erhöhte Aufmerksamkeit ist allerdings angesagt, da in Kürze mit dem Erscheinen der alten Richterkollegen des Philokleon zu rechnen sei (v. 214–221):

Bdelykleon *(den Sklaven zur Wachsamkeit anhaltend)*:
> Jetzt kommen gleich seine Herrn Kollegen
> Gleich her, die Richter, und die rufen ihn
> Heraus!

Sosias:
> Was denkst du? s' ist ja noch vor Tag!

Bdelykleon:
> Heut sind sie etwas spät: denn sonst,
> Da sind sie mit Laternen in der Hand
> Um Mitternacht schon da und trällern Lieder,
> Uraltbeliebtphoinikophrynicheisch,
> Mit denen sie ihn locken.

Sosias:
>   Ei, wenn's not tut,
> Da jagen wir mit Steinen sie davon.

Bdelykleon:
> Die Rasse kennst du nicht, du Narr! Wenn man
> Sie reizt, die Alten, sind sie wie die Wespen,
> Sie haben einen Stachel, mördrisch scharf,

> Am Steißbein, und sie stechen, lärmen, schwärmen,
> Springen wild umher und treffen dich wie Funken!
> Sosias:
> Sei ruhig, hab ich Steine, jag ich dir
> Den dicksten Schwarm von Richtern fort.

Aristophanes gibt mit dieser Ankündigung des folgenden Auftritts des Chores eine Charakterisierung der Freunde seines Vaters und einen Hinweis auf ihr phantastisches Kostüm. Sie sind Männer aus der guten alten Zeit, als der Tragiker Phrynichos, ein älterer Zeitgenosse des Aischylos, seine schönen, altmodischen Chorlieder und patriotischen Tragödien wie die *Einnahme Milets* oder *Phönissen* schrieb, eine Aischylos' *Persern* vergleichbare Dramatisierung der Seeschlacht von Salamis. Sie sind reizbar, einem Wespenschwarme gleich, und trotz ihres Alters quirlig und unstet wie Funken. Wieder setzt Aristophanes eine Redensart, „in einen Wespenhaufen stechen", bildlich um, in diesem Fall in der Kostümierung seines Chores und in der Rolle, die er ihm auf den Leib schreibt. Den breit ausgeführten Choreinzug der *Wespen* hat Aristophanes zu einem bunten, unterhaltsamen Genre-Bild aus Altathen ausgemalt. Die alten Freunde finden sich gewohnheitsmäßig ein, ohne von den Machenschaften Bdelykleons Kunde zu haben. Bis sie merken, was vorgefallen ist, hat Aristophanes ausreichend Raum geschaffen, die Richter in all ihren liebenswerten und weniger liebenswerten Verschrobenheiten und Marotten vorzustellen (v. 230ff.). In Erinnerungen an die alte Militärzeit schwelgend, kommen sie, etwas unsicher auf den Beinen, durch die aufgeweichten Wege watend, in Begleitung von vier Knaben, die Laternen tragen, herangeschwankt. Da sie wider Erwarten Philokleon, sonst ein Muster an Pünktlichkeit, nicht antreffen, räsonieren sie umständlich – aus dem Rezitativ in ein in altmodischen Rhythmen gehaltenes Lied übergehend – über mögliche Gründe für die Saumseligkeit des Kollegen (v. 273–289): Hat er seine Schuhe verlegt, sich womöglich im Dunkeln die Zehen gestoßen, oder hat er sich gar – und das in seinem Alter – eine Leistenschwellung zugezogen? Noch schlimmer wäre es allerdings, wenn er aus lauter Gram über den gestrigen Freispruch einen Fieberanfall erlitten hätte! Da endlich erscheint der vermißte Freund und teilt den beunruhigten Kollegen in einem Lamento – in einer Parodie von Klageliedern der Tragödie – den Grund seines unfreiwilligen Fernbleibens mit (v. 317–333). Der Ausbruchsversuch, den er sofort unternimmt, schlägt fehl, da sein Sohn und die Sklaven erwachen und ihn an der Flucht hindern können. Doch nur mit Mühe gelingt es Bdelykleon, den aufgebrachten Wespenschwarm zu überzeugen, nicht Gewalt anzuwenden, sondern seinen Argumenten über die Unwürdigkeit des Richterlebens Gehör zu schenken (v. 334ff.). Das Unerwartete tritt ein: Bdelykleon setzt sich mit seinen Darlegungen durch (epirhematischer Agon, v. 526ff.). Sein Vater verharrt jedoch zunächst in einem Unheil verheißenden Schweigen. Dann bricht er unvermittelt in eine Klage aus, in der er sich an den Ort seiner bisherigen Tätigkeit zurückwünscht (v. 750–759). Da kommt Bdelykleon der geniale Gedanke, dem Alten als psychotherapeutische Behandlung zu Hause einen privaten Gerichtshof einzurichten; Hausgerät dient zur Ausstaffierung des Hausgerichtshofs (v. 760ff.). Angeklagt wird der Hund Labes (abgeleitet von *labeín*, λαβεῖν „nehmen") – Ludwig Seeger übersetzt treffend mit „Rapser" – von dem Hund aus Kydathen. Er habe sich einen Laib sizilischen Käses geschnappt. Unschwer lassen sich in dem Angeklagtem und dem Kläger der prominente, aus Platons gleichnamigem Dialog bekannte Feldherr Laches und der Demagoge Kleon erkennen.

Hintergrund der grotesken Szene ist ein Rechenschaftsprozeß, den Laches, der 427/426 v. Chr. Feldherr in Sizilien war, im Jahre 425 v. Chr. durchstehen mußte. Durch eine List bringt Bdelykleon seinen Vater dazu, Labes freizusprechen. In seiner Verzweiflung über diese Tat, die ganz und gar seinem sonstigen Verhalten im Gericht zuwiderläuft, willigt Philokleon endlich ein, seine bisherige Lebensweise aufzugeben und künftig seinen Lebensstil, angeleitet und erzogen von seinem Sohn, zum Besseren zu ändern. Erst nach dieser Szene folgt die Parabase (v. 1009ff.), um den Abschluß des ersten Handlungsabschnittes zu markieren.

Die auf die Parabase folgenden Szenen führen das Resultat von Philokleons Sinneswandel vor. Als Erzieher seines Vaters bereitet Bdelykleon Philokleon auf das Leben in der besseren Gesellschaft vor. Zunächst wird der Widerstrebende vom Sohn komplett neu eingekleidet (v. 1122ff.); dann führt Bdelykleon den Vater in die Umgangsformen der feinen Gesellschaft ein, besonders bei Tische und beim geselligen Beisammensein, beim Symposion (v. 1174ff.). Die nicht vollständig erhaltene Nebenparabase (v. 1265–1291) schließt diesen Umerziehungsprozeß ab. Der letzte Teil der Komödie führt vor, wie die Erziehung des Alten zum bon vivant angeschlagen, zu gut angeschlagen hat. Völlig außer sich erscheint der Sklave Xanthias und berichtet dem wartenden Chor von Philokleons erstem Auftritt in der vornehmen Gesellschaft (v. 1299–1323):

Der Alte war der Übel allerschlimmstes,
Von allen Gästen der besoffenste!
(...)
Kaum hat er sich mit Leckerein gestopft,
Da springt er, tanzt und furzt und lacht dazu,
Als wie ein Esel, den der Hafer sticht;
Schreit: Junge, Jung! – und prügelt mich wie jung.

(...)
So fuhr er einen nach dem andern an
Mit plumpem Spott, und bäurische Geschichtchen
Erzählt' er, abgeschmackt und zotenhaft.
Besoffen schwankt er eben erst jetzt nach Haus,
Und prügelt jeden, der ihm in den Weg kommt.

Laut randalierend, eine Flötenspielerin im Arm, erscheint auch schon der angetrunkene Philokleon selbst, verfolgt von einer Brotverkäuferin und zwei athenischen Bürgern, die er unterwegs angepöbelt hat. Der Chor beneidet Philokleon zwar wegen seines neuen Lebensstils, andrerseits ist er jedoch äußerst verunsichert. Er verleiht der Hoffnung Ausdruck, daß der alte Freund sein Ohr vernünftigen Ratschlägen nicht verschließen möge (v. 1450–1461), und preist die rührende Fürsorge, die Bdelykleon seinem Vater angedeihen läßt, über alle Maßen (v. 1462–1473). Kaum ist der Chor verstummt, erscheint erneut der Sklave Xanthias, um von weiteren Verrücktheiten des alten Herrn zu berichten (v. 1474ff.): Ohne Unterlaß führe Philokleon schon die ganze Nacht hindurch im Hause altmodische Tänze aus seiner Jugendzeit auf und verkünde lauthals, die modernen Tänzer im Verhältnis zu seiner Vitalität ganz alt aussehen zu lassen.

Die Komödie schließt nach dieser Vorankündigung mit einer furiosen Tanzburleske (s.o. S. 51ff.). Philokleon führt, begleitet von professionellen Tänzern, unter aberwitzigen Verrenkungen und Verdrehungen – gleichsam in dionysischer Ekstase (*manía*, μανία) – den Chor aus der Orchestra hinaus. Wie es für ihn in seinem Richterberuf kein Maß gab, so treibt er auch die neue, ihm anerzogene Lebensart bis zum Exzeß!

Die Komödie stellt in der karnevalesken Umkehrung des Generationenverhältnisses die Realität auf den Kopf. Der Sohn zeigt dem Vater das Verkehrte seiner Lebensführung auf, der Junge erzieht den Alten. Doch der Schluß der Komödie verdeutlicht, daß der Alte letzten Endes unerziehbar ist. So hat er ja auch nicht aus Einsicht und freiem Willen seine alte Lebensführung abgelegt, sondern wurde durch die List seines Sohnes dazu gebracht. Was er jedoch auch treiben mag, ob er nun zu Gericht sitzt oder sich in der besseren Gesellschaft Athens bewegt, er treibt es mit geradezu manischer Hingabe und legt trotz seines hohen Alters eine unverwüstliche Vitalität an den Tag, der niemand gewachsen ist. Er ist typisch attisches Urgestein, ein Vertreter jener Generation, die die Demokratie groß machten und sie gegen die persische Übermacht wehrhaft und erfolgreich verteidigten. In den Oden der Parabase (v. 1060–1070, 1091–1101) stellt sich der Chor – und damit zugleich seinen Altersgenossen Philokleon – selbst in einem wehmütigen Rückblick auf die gute alte Zeit vor:

Ode

Einst in bessern Tagen waren rüst'ge Tänzer wir im Chor,
Rüst'ge Kämpfer in der Schlacht,
Rüstig ja im höchsten Grad, mannhaft schon von wegen dem!
Sie zeigen auf ihren Phallos
Jetzt ist alles hin! Und weiß wie Flaum des Schwanes
Blüht um meine Stirn das Haar!
Aber dennoch, diese Trümmer
Lassen Jugendkraft erkennen,
Und mein graues Alter, wahrlich,
Dünkt mich besser als so manchen
Bübchens Lockenkopf und eitler
Putz und offenherz'ger Arsch!

Antode

Ja, da war ich unerschrocken, trotzend jeglicher Gefahr;
In den Grund gebohrt versank
Unser Feind, da ihm entgegen mich die Kriegsgaleere trug!
Damals dachten wir nicht dran,
Unsre Worte schön zu stellen oder andern
Einen Sykophantenstreich
Schlau zu spielen: nein, es galt den
Preis im Rudern! Drum gebührn uns,
Die so manche Stadt den Persern
Abgenommen, die Tribute,
Die sie zahlen und um welche
Uns das junge Volk bestiehlt!

Der Chor und Philokleon werden als Vertreter des einfachen Volkes, wie wir das auch in der Behandlung des Männerchors in der *Lysistrate* sahen (s.o. S. 81), geradezu liebevoll dargestellt. Doch wie in der Charakterisierung des alten Herrn Demos in den *Rittern*, klingt auch in den *Wespen* ein kritischer Unterton mit, lassen sich doch die unbestreitbar verdienten Alten im politischen Kampf zum Werkzeug skrupelloser Demagogen machen. Vernünftigen Argumenten öffnet sich nur ein Teil dieser Generation – in den *Wespen* der Chor –; die anderen, wie Philokleon, lassen sich nicht durch Argumente, sondern nur durch eine Finte von ihren vorgefaßten Meinungen abbringen. Einen weiteren Berührungspunkt mit den *Rittern* kann man darin sehen, daß Philokleon sich die neue Lebensführung nicht selbst aussucht, sondern sie sich aufpropfen läßt, um sie dann, ohne über die Konsequenzen nachzudenken, genauso bedingungslos und exzessiv zu betreiben wie seine frühere Lebensweise. Hier wie dort – in den *Wespen* wie den *Rittern* – ist hinter all der Selbstbestätigung, die Aristophanes dem Demos angedeihen läßt, derselbe kritische Grundtenor herauszuhören: Das souveräne Volk der Athener sollte eigentlich keiner Demagogen bedürfen, die es gängeln. Vielmehr sollte es – daran gemahnt die ständige Erinnerung an die verklärte, gute alte Zeit der Perserkriege – seine Geschicke selbst in die Hand nehmen.

2.4 Aristophanes und die Intellektuellen

2.4.1 *Wolken*

Zum typischen Personal des europäischen Lustspiels, der komischen Oper und Operette bis hin zum Boulevardtheater und zur Hollywood-Komödie der Gegenwart gehört die Figur des Gelehrten, der sich mit einer dem normalen Bürger oft abstrus erscheinenden Wissenschaft befaßt. Die Komödien des Aristophanes, insbesondere die *Wolken*, aber auch zwei Szenen der *Vögel,* ermöglichen einen Blick auf die Geburtsstunde der langlebigen Persönlichkeit des komischen Intellektuellen.

Wie in seinem Erstlingswerk, den nur in Bruchstücken erhaltenen *Daitales* (*Schmausbrüdern*) des Jahres 427 v. Chr., in denen zwei gegensätzlich erzogene Brüder und ihre aus dieser unterschiedlichen Erziehung erwachsende Lebensart im Mittelpunkt stehen – eine Thematik, wie wir sie später in den *Bacchides* des Plautus und den *Adelphen* des Terenz wieder antreffen werden –, ist die Erziehung auch in den *Wolken* des Jahres 423 v. Chr. komisches Thema. In der Komödie des folgenden Jahres, den *Wespen*, nimmt sich Aristophanes noch einmal – allerdings unter umgekehrten Vorzeichen: der Junge erzieht den Alten – der Erziehungsproblematik an (s.o. S. 104).

Aus der Ehe eines nicht gerade mit Intelligenz gesegneten Atheners vom Lande, der den sprechenden Namen Strepsiades („Verdreher", und zwar „Rechtsverdreher", wie sich herausstellen wird, v. 434, 1455) trägt, mit einer vornehmen Städterin aus bestem Haus, die auf einen langen Stammbaum verweisen kann (v. 46f.), ist als einziger Sohn Pheidippides hervorgegangen. Schon in seinem Namen („Sparrößling" in Ludwig Seegers Übersetzung) trägt er die ungleiche Herkunft der Eltern mit sich herum. Die Mutter wollte dem Namen ihres Sohnes durch ein angehängtes „-hippos" („Pferd" für den Ritterstand) adligen Klang verleihen, der Vater dagegen, auf seine Familientradition pochend, ihm einen an Sparsamkeit gemahnenden, bodenständigen Namen mitgeben („Pheid-", „Spar-"). Doch der zweite, aristokratische Bestandteil des

Namens sollte den jungen Mann prägen: Auf Kosten des Vaters frönt Pheidippides einem recht kostspieligen Zeitvertreib, dem Reitsport (v. 14–17). Die Schulden, die er aufhäuft, um das Hobby zu finanzieren, bereiten dem Alten schlaflose Nächte, da er seiner Gläubiger kaum mehr Herr werden kann. Da kommt ihm eines Nachts, als er sich unruhig und schlaflos hin- und herwälzt, der glanzvolle Einfall, seinen Sohn zu den „Grübelspekulanten", zu Sokrates und seinen Schülern, in die „Denkerei" (*phrontistérion*, φροντιστήριον) zu schicken (v. 94–99). Dort solle er von dem Obersophisten Sokrates lernen, wie man Recht und Unrecht nur durch die Kraft der Rede, durch bloße Argumentationskunststücke, seinen Zuhörern plausibel machen könne (v. 99). Pheidippides hat jedoch mit den „bleichgesichtigen Halunken" (v. 102f.) nichts im Sinn und lehnt die Bitte des Vaters brüsk ab. Dem Alten bleibt angesichts der Weigerung des Sohnes nichts anderes übrig, als sich in seiner Verzweiflung selbst zu Sokrates zu begeben, um die Kunst, die Schulden wegzureden, möglichst schnell zu lernen (v. 126ff.).

Bevor Strepsiades allerdings beim Meister persönlich Audienz erhält, gibt ihm ein Schüler des Sokrates eine kurze Einführung in Gegenstände und Methoden, die in der „Denkerei" vermittelt werden: Wie viele Flohfüße weit kann ein Floh hüpfen? Und surren die Schnaken durch ihren Mund oder ihren Hintern? Für beide Naturphänomene hat Sokrates eine geniale Erklärungsmöglichkeit erfunden:

Der Schüler:
    Hör und staune:
Er *(Sokrates)* fängt den Floh, läßt Wachs zergehn und taucht
Ihn mit den Füßen drein, das Ding erkaltet:
Pantoffeln trägt der Floh, ganz angegossen;
Die nimmt er ab und mißt damit die Weite.

Strepsiades:
Großmächt'ger Zeus, das nenn ich Geist und Scharfsinn!
                                        (v. 148–153)

Der Schüler:
Er sprach: „Der Darmkanal der Schnaken ist
Sehr eng: da drängt die eingepreßte Luft
Nun mit Gewalt sich durch, dem Bürzel zu;
Und weil die Öffnung plötzlich sich erweitert,
Fährt mit Musik der Wind zum Loch heraus."

Strepsiades:
So wär ein Schnakenloch 'ne Art Trompete! –
Heil dem aposteriorisch tiefen Forscher!
Wer so durchdringt den Hintern einer Schnake,
Kriecht leicht auch durch die Gänge der Justiz.

(v. 160–168)

Eines Tages jedoch, fährt der Schüler fort, passierte dem über geniale Gedanken grübelnden Sokrates ein allzu menschliches Mißgeschick (v. 171–174):

Nacht war's! Des Mondes Bahn und Wechsel eben
Erforschend, sah er auf mit offnem Mund;
Da scheißt vom Dach herab auf ihn das Tierchen.
Strepsiades *(lachend)*:
Ein lustig Tierchen! – scheißt auf Sokrates!

Schon aus den wenigen Stellen wird deutlich, daß wir in der Komödie des Aristophanes einen Sokrates haben, der sich in fast jeder Hinsicht von dem aus Platons Dialogen und Xenophons Schriften unterscheidet: Er unterrichtet gegen Bezahlung in einer Art Privatschule, jener „Denkerei", und befaßt sich mit astronomischen, naturwissenschaftlichen und grammatikalischen Phänomenen; vor allem unterweist er seine Schüler in der Redekunst. Sokrates verkörpert in der Komödie demnach den typischen Sophisten, der vor allem Rhetorik in seinem Lehrprogramm hat, dieses jedoch durch andere Spezialdisziplinen anreichert. Die astronomischen und naturwissenschaftlichen Interessen, die Aristophanes Sokrates zuschreibt, verweisen auf die vorsokratische Philosophie. Dies wird auch dadurch unterstrichen, daß bereits in Vers 180 Sokrates gleichsam als zweiter Thales bezeichnet wird und daß die Anekdote, die der Schüler Strepsiades erzählt, exakt jene bekannte, auf Äsop zurückgehende Thales-Geschichte ist, wie wir sie bei Platon (*Theaitetos* 174 a4ff.) wiederfinden: Beim Betrachten der Himmelskörper übersah der Naturphilosoph aus Milet das Naheliegende und fiel zur großen Freude einer einfachen Magd in einen Brunnen.

Aus all dem läßt sich die Schlußfolgerung ziehen, daß es Aristophanes keineswegs darum ging, ein realistisches Sokrates-Bild zu zeichnen und tatsächlich auf Lehren des Sokrates einzugehen; vielmehr setzt er die stadtbekannte Person des Sokrates dazu ein, den Philosophen an und für sich zu repräsentieren. Der Sokrates des Aristophanes steht demnach – in der Geschichte der Komödie – genau eine Stufe vor dem stereotypen komischen Intellektuellen, wie wir ihn seit der Neuen Komödie vorfinden: Was er repräsentiert, ist durchaus schon typisch für den Intellektuellen; daß diese typischen Eigenschaften jedoch an einer noch lebenden Person festgemacht werden, ist bezeichnend für die in der Polis verankerte Alte Komödie.

Platon weist allerdings in seiner *Apologie des Sokrates* (19b–c) mit Nachdruck darauf hin, daß das athenische Publikum nicht imstande war, die reale Person von der komischen Ausdeutung und Typisierung zu trennen. Denn das Sokrates-Bild der *Wolken* habe maßgeblich zur Verurteilung seines verehrten Lehrers beigetragen:

> Gehen wir also zum Anfang zurück und greifen die Frage auf, was das für eine Beschuldigung sei, aus der die gegen mich gerichtete Verleumdung entstanden ist, auf die vertrauend Meletos *(der Ankläger des Sokrates)* seine Klageschrift gegen mich verfaßte. Gut, was warfen mir meine Verleumder vor? (...) „Sokrates tut Unrecht und betreibt überflüssige Dinge, indem er das, was unter der Erde und am Himmel ist, untersucht, die schlechtere Sache zur besseren macht und andere in genau diesen Dingen unterrichtet." So etwa lautet die Anklage. Denn so habt ihr das auch selbst in der Komödie des Aristophanes gesehen: Dort läuft ein gewisser Sokrates herum und behauptet, er könne in der Luft gehen, und redet noch vielen anderen Unsinn, von dem ich nichts – weder im großen noch im kleinen – verstehe.

Die Komik, die in dem Brunnensturz des Naturphilosophen und dem Mißgeschick des Sokrates steckt, kommt dadurch zustande, daß in diesen Anekdoten zwei an und für sich unvereinbare Lebenswelten aufeinanderprallen: die reine Theorie, die Thales und Sokrates verkörpern, stößt mit dem Mutterwitz, dem common sense etwa jener thrakischen Magd oder des Strepsiades zusammen. Die Wurzeln des Lachens über den verunglückten Intellektuellen sind in der Abneigung zu sehen, die der normale Mensch gegen all diejenigen hegt, die sich mit Dingen beschäftigen, die ihm unverständlich sind und die ihm somit auch sinnlos und ohne Nutzen erscheinen.

Dazu kommt, daß Intellektuelle – im 5. Jahrhundert v. Chr. wie heutzutage – dazu neigen, sich in elitären Kreisen von den anderen Menschen zu isolieren und nur Auserwählten Zugang zu gewähren. Gerade diese Abgeschlossenheit verleiht einer solchen Gruppe nicht nur einen elitären, sondern sogar mysteriösen Charakter. Der Schüler des Sokrates ziert sich denn auch zunächst, Strepsiades die naturwissenschaftlichen Versuche des Sokrates zu erzählen, da dies Mysterien seien, die man nur den Eingeweihten mitteilen dürfe (v. 140, 143). So muß sich Strepsiades zuerst in die Mysterien der Wissenschaft einweihen lassen: In der Rolle des Wissenschaftspriesters ruft Sokrates die Wolken, die Schutzgottheiten aller intellektuellen Nichtstuer, herbei. Sie verleihen ihren Schützlingen alle Gedanken, Ideen und Begriffe, Dialektik und Logik und den Zauber des Wortes, dazu die Kunst der Übertölpelung, Floskeln und alles rhetorische Blendwerk (v. 315–318).

In keinem anderen Stück ist es Aristophanes in so überzeugender und dramaturgisch effektvoller Weise gelungen, Ideen, Abstraktes auf die Bühne zu bringen. Dies wird bereits bei dem ersten Auftritt des Sokrates deutlich. Am Kran, der Bühnenmaschine, wohl in einer Art Observatorium sitzend, schwebt Sokrates herein, ätherischen Gedanken nachhangend (v. 223ff.). Das „Schweben" bleibt auch die das ganze Stück prägenden Metapher, die in immer neue Bilder und dramaturgische Ideen umgesetzt wird. Vor allem ist die Vorstellung des Schwebens durch den Chor der Wolken das ganze Stück hindurch präsent. Der Wolkenchor spiegelt all die Eigenschaften wider, die man den Intellektuellen gemeinhin zuschreibt: Wie die Themen der Philosophen sind auch sie windig, ungreifbar, über der Erde schwebend, abgehoben. Zugleich ändern sie ständig ihre Form, sie können einen Augenblick lang Helligkeit, also Verständlichkeit, im nächsten Dunkelheit und Undurchschaubarkeit vortäuschen. Mit einem Wort: Sie verkörpern in geradezu einmaliger Weise die „dünne Luft der Spekulation" (Newiger). Zum Dunstkreis der Wolken, zur elitären und zugleich mysteriösen Gruppe der Intellektuellen gehören alle, die in irgendeiner Weise durch ihre Profession den Leuten Wolkiges, blauen Dunst vormachen (v. 331–334):

> Sokrates *(zu dem staunenden Strepsiades)*:
>   Soso? Und du weißt also nicht, daß sie die Sophisten, die vielen,
>   ernähren,
>   Quacksalber, Propheten echt thurischen Stamms, brillantringfingrige
>   Stutzer,
>   Dithyrambische Schnörkelverdrechsler zuhauf, sternschnuppen-
>   beguckende Gaukler:
>   Sie füttern sie alle, daß müßige Volk, das ihnen zu Ehren lobsinget.

Doch Strepsiades erweist sich als zu begriffsstutzig, um die hohe Argumentationskunst des Sokrates zu verstehen. So muß sich am Ende doch sein Sohn dazu bereiterklären, bei Sokrates in die Lehre zu gehen. Vor dem neuen Adepten läßt der Meister die personifizierte gerechte und ungerechte Rede als Anwalt der rechten und der schlechten Sache, als Anhänger der alten traditionellen Werte (v. 961f.) und der modernen intellektuellen Errungenschaften der Sophistik (v. 896, 935, 936f., 943f.) auftreten, die wie zwei Kampfhähne aufeinander losgehen (v. 889ff.). Der Anwalt der guten Sache muß am Ende zugeben, daß er der Rhetorik seines Widersachers nicht standhalten kann, und wechselt schließlich mit wehenden Fahnen ins gegnerische Lager über (v. 1102ff.). Doch nun erweist sich Pheidippides als allzu gelehriger Schüler des Sokrates. Er prügelt seinen Vater, und, geschult durch die moderne Rhetorik, führt er dazu noch den Beweis, daß es rechtens sei, nicht nur ihn, sondern obendrein die Mutter zu verprügeln (v. 1321ff.). Ernüchtert sieht der Alte am Ende ein, daß es ein Fehler war, seinen Sohn zu dem Philosophen in die Lehre zu schicken, um sich widerrechtlich seiner Schulden zu entledigen. Voller Haß auf die, die seinen Ruin verursachten, steckt er die Denkerei des Sokrates in Brand.

In den *Wolken* führt Aristophanes die negativen Folgen, die die modernen, sophistischen Intellektuellen in Athen hervorbrachten, im privaten Bereich, im Verhältnis zwischen Vater und Sohn vor. Indem er die Auswirkungen und Folgen der sophistischen Erziehung darstellt, die die althergebrachten Sitten und Normen aushöhlt, analysiert er die Krise der athenischen Gesellschaft und führt sie auf die Auflösung des alten Erziehungssystems zurück. Wie eng die Einzelbereiche der Erziehung zusammenhängen, in welchem Maße sie mit den Regeln des Zusammenlebens der Menschen verflochten sind und welche Konsequenzen Änderungen in einem einzigen Bereich der Erziehung für die gesamte Gesellschaft nach sich ziehen können, wird vor allem in den Versen 1321ff. deutlich: Nach dem Essen, erzählt Strepsiades dem Chor, habe er seinen Sohn aufgefordert, etwas von dem Klassiker Simonides zur Leier vorzutragen. Pheidippides habe ihm geantwortet, das Singen zur Leier sei altmodisch und zudem dichte Simonides schlecht. Darauf habe er ihn gebeten, etwas aus Aischylos zu rezitieren, und zur Antwort erhalten, auch der sei ein schlechter Dichter, ohne jede Eleganz und voller Schwulst. Seinen Zorn unterdrückend, habe er ihm angeboten, etwas Modernes, Elegantes zu rezitieren – und da habe der Junge ihm eine Passage aus Euripides vorgetragen, die von einem inzestuösen Verhältnis handele. Als ihm da der Geduldsfaden gerissen sei, habe sein Sohn sich auch noch anheischig gemacht, dem Vater zu beweisen, daß ein Sohn das Recht habe, seinen Vater zu verprügeln, und habe dies dann auch noch in die Tat umgesetzt.

Die Szene führt in aller Deutlichkeit die Auswirkungen der sophistischen Argumentationskunst im familiären Bereich vor. Die natürlichen Verhältnisse in der Familie, wie sie Aristoteles in der *Politik* (c. 12, 1259 a37ff.) beschreibt, werden auf den Kopf gestellt. Aristoteles betont, daß in einer nicht im Widerspruch zur Natur organisierten Gemeinschaft das Ältere und Vollendete gegenüber dem Jüngeren und Unvollendeten Herrschaft ausüben könne, und zwar aufgrund des Freundschaftsverhältnisses, das das Erzeugende dem Erzeugten gegenüber besitze, und aufgrund der Würde, die auf dem höheren Alter beruhe. Indem Aristophanes in der Auseinandersetzung zwischen Vater und Sohn zunächst die Meinung des Jungen zu den Klassikern Simonides und

Aischylos wiedergibt, läßt er anklingen, daß die moderne, alles in Frage stellende, durch die Sophistik beeinflußte Dichtung eines Euripides ebenso Schuld an dem moralischen Niedergang trägt wie die Sophistik selbst.

Die Analyse der gesellschaftlichen, politischen und moralischen Krise Athens in den Komödien des Aristophanes ist je nach dem der Komödie zugrundeliegenden Thema verschieden. Insgesamt ergibt sich jedoch ein einheitliches Bild – einheitlich allerdings nur auf den ersten Blick: Ob nun die Politik oder das Gerichtswesen, Dichtung und Musik oder die Erziehung der Jugend im Vordergrund stehen: Aristophanes wendet jedesmal eine verblüffend einfache Methode an. Die gute alte Zeit, in der der Sieg über die Perser bei Marathon im Jahre 490 v. Chr. (*Wolken* v. 986) errungen wurde, wird der durch die Sophistik verursachten Dekadenz entgegengestellt. Der einstigen, von einer ungebändigten Vitalität getragenen Wehrhaftigkeit im Felde entspricht eine Schnörkellosigkeit und Schlichtheit im musischen Bereich. Grundlage dieser wehrhaften, typisch athenischen Haltung ist die rechte Art, die Jugend zu erziehen: die alte, traditionelle Erziehung (v. 961), die aus den Knaben Bürger macht, die die Tradition respektieren (v. 968), die wissen, was sich gehört und nichts unüberlegt anpacken (v. 962) – die, mit einem Wort, dem traditionellen Erziehungsideal des rechten Maßes, der Sophrosyne (σωφροσύνη), verpflichtet sind.

Doch man sollte sich hüten, diese auf den ersten Blick überzeugend wirkende Schwarz-Weiß-Malerei als die Darstellung eines ex cathedra sprechenden Sozialhistorikers anzusehen, wie z.B. die berühmte *Pathologie* im Geschichtswerk des Thukydides (III 82), in der der Historiker den Wertezerfall und die Umwertung der traditionellen Normen in Kriegszeiten analysiert. Werden doch in den Komödien diese Urteile von handelnden, in einer ganz bestimmten Weise charakterisierten Personen vorgebracht, die ihren eigenen Äußerungen im Verlauf des Stücks bisweilen völlig widersprechen.

Zwei Passagen aus den *Wolken* sollen dies verdeutlichen: Nachdem der Anwalt der alten Werte mit Vehemenz gegen den Vertreter der modernen Erziehung und Bildung gewettert hat, wechselt er am Ende überraschend auf die Seite des bekämpften Widersachers. Natürlich wird damit zunächst ausgedrückt, daß die alte, unsophistische Rede der modernen Rhetorik nicht standhalten kann. Doch der unerwartete Seitenwechsel läßt noch zwei weitere mögliche Deutungen zu: In der Rede des Anwalts der rechten Sache klingen immer wieder für athenische, demokratische Ohren negative Untertöne mit. Das Ideal des rechten Maßes, der Sophrosyne (v. 962), und der vornehmen Zurückhaltung, der Apragmosyne (ἀπραγμοσύνη, v. 1006f.), sind aristokratische Werte, die in der Zeit des Peloponnesischen Kriegs geradezu zu Schlagworten in der politischen Auseinandersetzung wurden. Vielleicht verbirgt sich vor diesem Hintergrund in dem Seitenwechsel sogar eine politische Symbolik: Wenn es zu ihrem Vorteil ist, schließen sich Mitglieder des alten Adels ohne Zögern der demokratischen Seite an. Erinnert sei nur an Alkibiades. Genauso zweischichtig kann man den Schluß der Komödie lesen. Dem Alten fällt angesichts des Verhaltens seines Sohnes nichts anderes mehr ein, als das Haus des Sokrates, dem er am Zusammenbruch seines familiären Kosmos die Schuld gibt, in Brand zu setzen. Doch daß dieser gewaltsame Weg keine Lösung der in der Komödie thematisierten Probleme darstellt, wird jedem Zuschauer klar geworden sein, zumal den Vater selbst die Hauptschuld an dem Verhalten des Sohnes trifft: Schließlich war er es, der ihn zu Sokrates geschickt hat. Die Wurzeln liegen tiefer: Sie sind einerseits in der Orientierungslosigkeit der Jugend zu suchen, die einen aufwendigen Lebenswandel betreibt und Pferdesport höher schätzt als die Mitarbeit im Gemeinwesen, andererseits in dem Verhalten der Alten, die der Jugend kein Vorbild geben, sondern sie ganz im Gegenteil erst auf den schlechten Weg bringen. Der Symbolgehalt der Schlußszene entspricht somit durchaus dem des überraschenden Seitenwechsels des Anwalts der rechten Sache!

Beide Szenen zeigen, daß die Kunst des Aristophanes gerade darin liegt, plakative, eindeutige Aussagen zu vermeiden, wie ja auch die Gesellschaft, die Aristophanes im Spiegel seiner Dichtung reflektiert, nicht in einer scharf umrissenen Schwarz-Weiß-Skizze beschrieben werden kann.

Vom Schluß der Komödie her betrachtet, sind die *Wolken* nach dem Modell einer aischyleischen Tragödie geschrieben. „Doch wenn ein Mensch selbst zu eifrig ist, dann packt auch noch Gott mit an (und stößt ihn in sein Unglück)" – nach dieser theologischen Quintessenz der Tragödien des Aischylos (*Perser* 742) locken die Wolkengöttinnen den in ruchloser Verblendung, in Hybris und Ate, gefangenen Strepsiades auf den Weg des Untergangs (v. 457–475). In hellsten Farben malen sie ihm aus, welchen Erfolg und welches Ansehen er nach der Unterweisung durch Sokrates genießen werde (v. 469–475):

> Scharenweis werden an deiner Schwelle die Leute sich
> Tag für Tag lagern, um sich mit dir zu besprechen,
> Dich zu befragen und in Prozessen und Händeln
> Um gewaltige Summen, würdig deines Talents,
> Sich mit dir zu beraten!

Die Wolkengöttinnen bleiben weiterhin die treibende Kraft; allerdings trägt Strepsiades – ganz im Sinne der Theologie des Aischylos – allzu eifrig zu seinem Fall mit bei. Angesichts seiner eigenen Begriffsstutzigkeit wendet er sich voller Verzweiflung an den Chor der Wolken, die ihm raten, an seiner Statt den

Sohn zu Sokrates zu schicken (v. 791–796). Daß Strepsiades sich auf einem von Gottlosigkeit und Frevel gelenkten Weg befindet und er sein Tun noch einmal bereuen werde, deutet der Chor zum ersten Mal in den Versen 1113f. an, als der Anwalt der schlechten Sache Pheidippides unter seine Fittiche nimmt. Zwei Lieder, die Strepsiades im folgenden anstimmt, machen dies noch deutlicher. Zunächst singt er ein Jubellied über den Erfolg seines Sohnes (v. 1154–1170), dann einen Lobpreis seiner selbst (v. 1200–1208). Beides sind Liedformen, die normalerweise dem Chor vorbehalten sind. Besonders in der sophokleischen Tragödie pflegt der Chor in völliger Fehleinschätzung der tatsächlichen Lage vor der Katastrophe ein Freudenlied anzustimmen, in der irrtümlichen Annahme, daß sich alles zum Guten gewendet habe. Ebenso ist der Lobpreis des Protagonisten (Makarismos) eine vor allem im zweiten Teil der Komödien vom Chor vorgetragene Liedform. Für den zeitgenössischen Zuschauer enthalten beide Zitate von gängigen Chorstücken einen wichtigen Hinweis: Strepsiades steht kurz vor seiner Katastrophe, ohne dies in seiner Verblendung zu bemerken. Da er zudem völlig isoliert und vereinsamt ist, stimmt er, da kein anderer dies tun will, einen Makarismos auf sich selbst an. Immer deutlicher weist der Chor darauf hin, daß Strepsiades sich einen Irrweg eingeschlagen hat (v. 1303–1320):

Ode
Das heißt denn doch die bübische Lust zu weit
Getrieben! Der Alte
Ist nun darauf erpicht, das Geld
Zu unterschlagen, das er lieh!
Es kann nicht fehlen, ihm passiert
Unversehens noch heute was,
Wo der schurkische Sophist
Für seine Bubenstückchen all,
Wie er's verdient, belohnt wird.

Antode
Ich denk, ihm wird nur allzu bald der Wunsch
Erfüllt, der ihn plagte:
In seinem Sohn den Mann zu sehn,
Der stets mit Gegengründen weiß
Das Recht zu beugen, der gewandt
Jeden Gegner, den er trifft,
Bei dem schlechtesten Handel schlägt.
Gib acht, gib acht! Er gäb was drum,

Sein Söhnchen wäre taubstumm!

Als sich der Alte nach der Katastrophe verzweifelt mit anklagenden Worten an den Chor wendet, enthüllen die Gottheiten ihr Wesen und deuten rückblickend das ganze Geschehen (v. 1452–1462):

Strepsiades *(wendet sich anklagend an den Chor der Wolkengöttinnen)*:
 Und das verdank ich alles euch, ihr Wolken,
 Auf die ich leider all mein Sach gestellt!
Chor:
 An allem bist du selber schuld! Warum
 Hast du auf's Schlechte deinen Sinn gestellt?
Strepsiades:
 Warum habt ihr mir das nicht gleich gesagt?
 Warum mich alten Esel noch gestachelt?
Chor:
 Das tun wir immer, wenn wir einen sehn,
 Der blind dem Trieb zu bösen Werken folgt,
 Bis wir ihn endlich ins Verderben stürzen,
 Auf daß der Tor die Götter fürchten lerne.
Strepsiades:
 Weh, weh mir! Hart, ihr Wolken, doch gerecht!

Ganz im Sinne der aischyleischen Theologie kommt Strepsiades erst, nachdem er am eigenen Leibe sein Fehlverhalten, seine Hybris, gebüßt hat, durch dieses Leid zur Einsicht in die Fehlerhaftigkeit seines Tuns. Doch mit dieser Einsicht läßt Aristophanes seine Komödie nicht enden. Vielmehr handelt sein Held noch einmal; ja, er wendet sogar Gewalt an, die nach der aischyleischen Maxime – „wer handelt, muß auch leiden" (*Agamemnon* 1564) – unweigerlich neues Leid hervorbringen wird.

Das Publikum des Jahres 423 v. Chr. verweigerte diesem vielschichtigen, neue Wege einschlagenden Stück die Anerkennung und fügte Aristophanes eine Niederlage zu, die er seinem athenischen Publikum so schnell nicht verzeihen wollte. Der Unverstand der Athener, auf den er in den folgenden Jahren immer wieder zu sprechen kommt, mußte ihn noch mehr schmerzen, als den ersten Platz Kratinos belegte, jener komische Dichter also, den Aristophanes in der Parabase der *Ritter* (v. 526–536) bereits abgeschrieben hatte. Besonders dürfte ihn geärgert haben, daß Kratinos gerade den Vorwurf der Trunksucht, den ihm Aristophanes in den *Rittern* gemacht hatte, poetisch ausgenutzt und zu einer selbstironischen Komödie, *Die Flasche (Pytine),* ausgearbeitet hatte. Ari-

stophanes ließ es jedoch nicht bei der Niederlage von 423 v. Chr. bewenden. In
der Zeit zwischen 420 und 417 v. Chr. arbeitete er das Stück um – die Komödie, die uns vorliegt, ist die zweite Fassung, wie die Parabase beweist, in der der
Dichter auf den Mißerfolg des Jahres 423 v. Chr. hinweist. Aufgeführt wurde
die überarbeitete Fassung nicht. Vielleicht ist es gar ein Lesetext, mit dem Aristophanes den intelligenten Kreisen im Publikum, den *déxioi* (δέξιοι), die
Qualität seines Stücks noch einmal vor Augen führen wollte.

2.4.2 *Vögel*

Während in den *Wolken* die modernen Intellektuellen, ihre Themen und die
negativen Folgen ihres Einflusses auf die Gesellschaft im Mittelpunkt stehen,
werden in den 415 v. Chr. aufgeführten *Vögeln* in zwei auf die Parabase folgenden Szenen zwei stadtbekannte Intellektuelle, der Mathematiker und Astronom
Meton und der Dithyrambendichter Kinesias, verspottet. Beide wollen – wie
eine Reihe anderer, anonymer Personen – mit Hilfe ihrer Kunst Einlaß in das
von Peisetairos gegründete Vogelimperium Wolkenkuckucksheim (Nephelokokkygia) erlangen.

Gestelzt in tragischem Kothurn (v. 994), dem Schuhwerk der Tragödien-
schauspieler, ausgestattet mit den Abzeichen seiner Kunst, dem Zirkel und
Lineal, bietet Meton sich an, den Himmel zu vermessen und nach Straßenzügen
einzuteilen (v. 996). Als einziger der Eindringlinge verfolgt er keinen materiellen Nutzen; sein Anliegen besteht allein darin, seine Theorie der Stadtplanung
in Nephelokokkygia in die Praxis umzusetzen. Er entspricht ganz dem Bild des
von seinen Ideen begeisterten, weltfremden Naturphilosophen, das Platon im
Theaitetos entwirft (173 e):

> Der Geist *(des Philosophen)*, der das alles *(die Realität)* für unwichtig und
> wertlos hält, verachtet das und fliegt überall herum und vermißt, wie Pindar
> sagt, „die Tiefen der Erde" und ihre Flächen und beobachtet „die Sterne
> am Himmel" und erforscht in jeder Hinsicht die ganze Natur des Seienden,
> jedes einzelnen Dings in seiner Ganzheit, während er sich zum
> Naheliegenden in keiner Weise herabläßt.

Unverzüglich holt Meton zu einer Erklärung der Vermessung des nach seiner
Theorie backofenförmigen Himmels aus und entwirft den Plan einer kreisför-
migen Stadt mit radial vom Mittelpunkt der Agora auslaufenden Straßenzügen.
Die Szene zeigt in nuce das Aufeinanderprallen von zwei grundverschiedenen
Lebenshaltungen, der wissenschaftlichen Begeisterung oder Begeisterungsfähig-

keit eines Meton und der trockenen, praxisbezogenen Einstellung eines Peisetairos; gleichzeitig führt sie die unüberbrückbare Kluft vor, die zwischen den beiden Welten besteht.

Strukturell schlägt sich dies in der Zweiteilung der Szene nieder. In den Versen 995–1008 hat Meton das Sagen; ohne daß Peisetairos auch nur ein Wort versteht (v. 1003), spult der Mathematiker seine mit Fachtermini bestückte Theorie herunter. In Vers 1009 dreht Peisetairos allerdings den Spieß herum. Nun versteht Meton nicht, was der komische Held ihm mitteilen will, und erst, als Peisetairos überdeutlich wird, wird ihm klar, daß Nephelokokkygia nicht der richtige Ort ist, um seine Theorien in die Tat umzusetzen, und daß er sich besser entfernen sollte. Indem Peisetairos den Gelehrten respektlos abblitzen läßt und ihn vom hohen Sockel seiner Kothurne herabholt, wird vorgeführt, wie der athenische Mutterwitz sich durchsetzt und den Anspruch der Wissenschaft und die Einbildung ihrer Vertreter als hohle Phrasendrescherei und Aufgeblasenheit (v. 1016) entlarvt.

Der Meton-Szene vergleichbar ist der Auftritt des Kinesias in der zweiten Gruppe der Abfertigungsszenen der *Vögel* (v. 1372ff.). Über Leben und Werk des athenischen Dithyrambendichters ist nicht viel bekannt. Aristophanes verspottet ihn mehrfach wegen seines wohl auffallenden Aussehens. In der *Lysistrate* wird er als ein von seinen sexuellen Wünschen gepeinigtes Opfer des Ehestreiks der Frauen eingeführt – vor allem wohl wegen seines Namens, den Aristophanes in eindeutig obszöner Weise auslegt, indem er Kinesias von *kineín* (κινεῖν), „bumsen", ableitet (s.o. S. 87). Der Komödiendichter Pherekrates klagt ihn in seinem *Cheiron* (Fr. 155 PCG) als einen der musikalischen Neuerer der zweiten Hälfte des 5. Jahrhunderts an, der nicht unwesentlich am Niedergang der Musik Schuld trage (v. 8–12). Nicht nur wegen seines Aussehens, wohl auch wegen seines anrüchigen Lebenswandels war er eine stadtbekannte Persönlichkeit. Davon zeugt eine Rede des Lysias (21, 20f.), der eine Zeugenaussage des Kinesias mit dem Hinweis entwertet, dieser sei Mitglied eines anrüchigen Zirkels, der sogenannten *Kakodaimonistaí*, einer Gruppe von Teufelsanbetern. Wie Lysias berichtet, hatte es sich dieser Club zum Ziel gesetzt, sich über die Götter und religiöse Praktiken lustig zu machen. Um ihrer Verachtung abergläubischer Handlungen einen provozierenden Ausdruck zu verleihen, taten sie absichtlich möglichste viele Handlungen, die nach dem Volksglauben als Unglück bringend galten.

Wie Meton durch Zirkel und Lineal seine Profession und durch den tragischen Kothurn und die tragische Diktion seinen Dünkel zu erkennen gibt, so führt sich Kinesias als Wortkünstler mit einer Kostprobe seiner Kunst, einem Dithyrambenzitat, ein (v. 1372f.). Auch in dieser Szene wird der Anspruch der Besonderheit und der Außergewöhnlichkeit, den Kinesias für sich erhebt, von dem komischen Helden als unangemessen bloßgestellt. Der Lächerlichkeit seiner Dichtung entspricht die abstoßende Gestalt des Dichters, die gleichsam seine Kompositionen widerspiegelt (v. 1379). In kreisförmigen Bewegungen, also den Tanzschritt eines Dithyrambenchors andeutend, nähert er sich wie ein Klumpfüßiger. Aristophanes scheint darauf anzuspielen, daß ein Chor nach der Musik des Kinesias nicht tanzen könne, sondern den Eindruck erwecken muß, es bewege sich ein Gruppe von Hinkenden in einem nicht klar erkennbaren Rhythmus. Für diese Annahme spricht, daß der Komödiendichter Strattis in einer ganz Kinesias gewidmeten Komödie den Dithyrambiker rundheraus „Chormörder" (Fr. 16 PCG) nennt, wohl deswegen, weil Kinesias durch seine choreographisch nicht umsetzbaren Kompositionen den Chor geradezu umbringt und somit den Chortanz völlig ruiniert hat. Den lyrischen Ergüssen des Dithyrambikers setzt Peisetairos ein despektierliches, prosaisches „Halt!" entgegen, ohne allerdings Gehör zu finden. Wie Meton kann auch Kinesias sich nicht aus der luftigen Sphäre seiner Kunst auf ein normales Niveau herablassen.

Die Kinesias-Passage ist in diesem Zusammenhang von besonderem Interesse, da der Dithyrambiker in ihr nicht nur ein Potpourri aus seinen Dichtungen, sondern in den Versen 1382–1390 auch eine Beschreibung seiner Kunst, der Dithyrambendichtung, bietet. Die Berührungspunkte mit der Metaphorik der *Wolken* sind nicht zu übersehen:

Kinesias:
    Von dir beflügelt, möcht ich hoch mich schwingen
    Und aus den Wolken mir schneeflockenduft'ge,
    Windsbrautumsauste Dithyramben holen.
Peisetairos:
    Wer wird sich aus den Wolken Lieder holen?
Kinesias:
    An diese knüpft sich unsre ganze Kunst!
    Ein Dithyramb, ein glänzender, muß luftig,
    recht dunkel, neblig, nachtblauglänzend sein
    und fittichgeschüttelt – etwa so – vernimm!

Die Kunst der Dithyrambiker hat, da sie in den Wolken zuhause ist, auch alle Eigenschaften der sie nährenden Heimat. Wie Wolken läßt sich auch die Dithyrambendichtung nicht greifen; sie ist luftig und schwebt über dem Boden, manchmal ist sie dunkel und schwer zu durchschauen, manchmal frostig und kalt.

Die enge Verwandtschaft zwischen den windigen Rhetoren und Sophisten der *Wolken* und den ebenso windigen Dithyrambikern läßt sich bis in die in den

Wolken und *Vögeln* verwendeten Metaphern nachvollziehen: Sokrates geht, in der Luft schwebend, seinen Überlegungen nach (*Wolken* v. 225). Der Dithyrambiker läßt sich in denselben Regionen zu seinen Dichtungen inspirieren. Dementsprechend windig, ungreifbar und unsolide schweben seine Dichtungen über der Erde. Auch die Dunkelheit der Dithyramben wird in der Wolkenmetaphorik beschrieben: Wie Wolken dunkel und undurchschaubar sein können, kann der Inhalt der Dithyramben Undurchschaubares, Unverständliches enthalten. Die Dichtungen eines Kinesias sind „vom Schnee gepeitscht", sie sind also kalt und frostig und strahlen kein wirkliches Leben aus. Schließlich sind sie „neu", brechen also mit den Traditionen, den Regeln der althergebrachten Dichtkunst.

Es ist auffallend, daß sowohl Meton als auch Kinesias in einer Reihe von anonymen Typen die einzigen realen Personen sind. Dies läßt den Schluß zu, daß auch sie gerade nicht als Individueen, sondern wie die anderen auftretenden Personen als Typen des öffentlichen Lebens zu verstehen sind. Wie im Falle des Sokrates der *Wolken* geht es Aristophanes auch in den *Vögeln* nicht darum, einen realistischen Meton oder Kinesias auftreten und Authentisches von ihnen vortragen zu lassen. Vielmehr läßt er durch eine besonders herausragende Persönlichkeit der jeweiligen Zunft die gesamte Gruppe vertreten. Meton ist *der* athenische Mathematiker und Astronom, der athenische Thales (*Vögel*, v. 1009), und Kinesias ist *der* athenische Dithyrambiker – und insofern nur eine Ausnahme, da Dithyrambendichter normalerweise nicht Athener waren.

Meton und Kinesias in den *Vögeln* und der Sokrates der *Wolken* treffen sich, um bei aristophanischen Metaphern zu bleiben, in ihrer Windigkeit. Meton vermißt den Luftraum und will Peisetairos blauen Dunst vormachen, indem er ihm einreden will, daß der Himmel die Form eines Backofens habe. Gerade dieser Vergleich scheint für Aristophanes der treffendste Ausdruck der Absurditäten zu sein, zu denen die Naturphilosophen sich versteigen. Kinesias schöpft – wie sein Kollege Ion im *Frieden* (v. 828ff.) – seine Inspirationen aus demselben windigen Raum, in dem Meton seine Theorien in die Tat umsetzen will. Gerade die Erdenthobenheit, die Meton und Kinesias für sich beanspruchen, entpuppt sich letzlich in beiden Fällen als purer Dünkel und bloße Aufgeblasenheit. Allen gemeinsam ist, daß sie zu jener Gruppe von windigen Nichtstuern gehören, die unter dem besonderen Schutz der Wolken stehen (*Wolken* v. 334):

Sie (die Wolken) füttern sie all, das müßige Volk, das ihnen zu Ehren lobsinget.

2.5 Im Luftraum der Phantasie

2.5.1 *Vögel*

Der 421 v. Chr. abgeschlossene Nikias-Frieden führte nur kurzfristig zu einer Beruhigung in Griechenland. Auf der einen Seite standen die Spartaner unter ständigem Druck, da es ihnen unmöglich war, alle Bedingungen, auf die sie sich zu ihren Ungunsten in dem Friedensvertrag hatten einlassen müssen, zu erfüllen, ohne die Interessen ihrer Verbündeten zu verletzen. Auf der anderen Seite erklomm in den Jahren nach 421 v. Chr. das politische Naturtalent Alkibiades die Karriereleiter, was ihm um so leichter fiel, als nach Kleons Tod kein bedeutender Demagoge in Athen die Politik bestimmen konnte. Verlockt durch die in Aussicht gestellten Reichtümer, ließen sich denn auch die Athener im Jahre 415 v. Chr. gegen den Rat des besonnenen Nikias darauf ein, eine Armada von 60 Schiffen nach Sizilien auslaufen zu lassen. Die treibende Kraft, die in der entscheidenden Volksversammlung das sizilische Unternehmen vorbehaltlos unterstützte, war Alkibiades – aus politischer Rivalität gegen Nikias und weil er selbst das Oberkommando bekommen wollte. Da er einen luxuriösen Lebenswandel pflegte und enorme Summen für Pferde ausgab, sah er in der militärischen Expedition zugleich die geeignete Möglichkeit, seine Finanzen zu konsolidieren. Das Volk war zwar von dem Glanz, der Alkibiades umgab, und seinem Genie fasziniert, sein ganz und gar unbürgerlicher Lebensstil erweckte jedoch auch Mißtrauen in der Bevölkerung. In der Volksversammlung, von der Thukydides berichtet (VI 9–23), setzte er sich mit seiner durch die Sophisten geschulten Redegewalt gegen die bedächtigen, altbacken wirkenden Ausführungen des Nikias durch. Je mehr Nikias von dem militärischen Unternehmen abriet und die möglichen Gefahren aufzählte, desto größer war die Begeisterung des Volkes, die Sache anzupacken. Die älteren Athener wollten die Macht der Heimatstadt vergrößern, die Jüngeren waren von Fernweh getrieben. Daß der Feldzug für sie tödlich enden könnte, wollten sie nicht wahrhaben. Die große Masse erwartete, daß sie, wenn die Stadt durch an Macht und Reichtum gewinne, sie selbst zeit ihres Lebens auf finanzielle Zuwendungen hoffen dürften. In kürzester Zeit wurde das größte und prächtigste Heer zusammengebracht, das jemals eine einzige Stadt aufgestellt hatte. Thukydides schildert eindrucksvoll, wie diese Flotte im Sommer 415 v. Chr. sich anschickte, nach Sizilien auszulaufen, und die Bevölkerung, die zuvor mit großer Begeisterung dem militärischen Unternehmen zugestimmt hatte, von bangen Vorahnungen erfüllt wurde (VI 30f.). Die unterschwellige Abneigung gegen Alkibiades schlug kurz nach dem Auslaufen der Flotte in offene Anfeindung um. Schon zuvor hatten seine Gegner versucht, ihn mit der Verstümmelung von Hermes-

Standbildern, dem sogenannten Hermokopidenfrevel, in Verbindung zu bringen; der Verdacht wurde noch durch Gerüchte gesteigert, daß Alkibiades schon früher mit anderen jungen Leuten im Rausch Götterbilder in frevlerischer Absicht verstümmelt und dazu noch die heiligen Mysterien nachgespielt hätten. Begierig hatten die Feinde des Alkibiades die religiösen Freveltaten aufgegriffen und die im Rausch begangenen Taten zu einem Staatsstreich aufgebauscht. Alkibiades hatte sofort reagiert und sich bereit erklärt, noch vor der Ausfahrt der Flotte Rede und Antwort zu stehen. Ja, er hatte darum gebeten, die ganze Angelegenheit unverzüglich zu klären, um die große Militäraktion nicht zu gefährden. Das Gegenteil geschah: Seine Gegner hüteten sich, ihn vor Gericht zu ziehen. Kaum war jedoch die Flotte ausgelaufen, bewegten sie das Volk dazu, ihn von dem Oberkommando abzuberufen und nach Athen vor Gericht zu zitieren. Geschickt nutzten sie die geradezu manische Furcht der Massen vor einer gegen die Demokratie gerichteten Verschwörung aus. Alles schien auf tyrannische Ambitionen des Alkibiades hinzuweisen: Sein Lebensstil, der ganz und gar nichts Demokratisches aufwies, hatte schon früher den Verdacht keimen lassen. Jetzt kamen der Hermokopiden- und Mysterienfrevel dazu, schließlich rückte noch zu derselben Zeit ein spartanisches Heer bis an den Isthmos von Korinth vor. Das Volk geriet dermaßen außer sich, daß ständige Alarmbereitschaft herrschte und man die Waffen nicht aus der Hand legen wollte. So entsandte man unverzüglich das Schnellschiff Salaminia, um Alkibiades von Sizilien zurückzubeordern. Er ließ sich dem Anschein nach darauf ein, setzte sich aber im süditalienischen Thurioi nach Sparta ab, um von dort aus seiner Heimatstadt nach Kräften zu schaden. Dies gelang ihm vor allem dadurch, daß er den Spartanern den Rat gab, sich in der Grenzfestung Dekeleia einzunisten, von wo aus sie das ganze Jahr hindurch Attika bedrohen konnten.

In dieser innen- wie außenpolitisch spannungsgeladenen Zeit kamen die *Vögel* an den Großen Dionysien des Jahres 414 v. Chr. zur Aufführung. Ganz im Gegensatz zu den Stücken aus der Zeit des Archidamischen Kriegs (431– 421 v. Chr.) fehlen in dieser Komödie fast gänzlich politische Anspielungen und der beißende Spott gegen Politiker und Feldherrn. Eher beiläufig wird in Vers 363 Nikias erwähnt, in Vers 640 wird auf sein bedächtiges Wesen angespielt. Auf Alkibiades, auf seine Abberufung vom Oberkommando, wird nur ein einziges Mal, ohne ihn allerdings beim Namen zu nennen, in Vers 147 hingewiesen.

Auffallend ist, daß auch die Konkurrenten des Aristophanes, Ameipsias, der den Komiker-Agon gewann, und Phrynichos unpolitische, den *Vögeln* in ihrer Thematik vielleicht sogar ähnliche Stücke aufführten: Ameipsias ein Komödie mit dem Titel *Die Zechbrüder (Komastaí)*, Phrynichos einen *Einsiedler (Monótropos)*. Es wurde von der Forschung immer wieder diskutiert, ob man die Zurückhaltung der Komödiendichter mit dem Dekret eines gewissen Syrakosios in Verbindung bringen könne, von dem das Scholion zu Vers 1297 der *Vögel* berichtet. Syrakosios habe – so die erklärende Notiz – durch einen Volksbeschluß den Komödiendichtern verbieten lassen, in der politischen Krisensituation der Freveltaten und der sizilischen Expedition persönlichen Spott vorzubringen. Das sonst nicht bezeugte Dekret sieht jedoch ganz nach einer späteren Erfindung aus: Da die Komödien des Jahres 414 v. Chr. im Unterschied zu den früheren Stücken fast keinen Spott gegen Politiker und andere Personen aufweisen, wurde im nachhinein – so könnte man vermuten – zu diesem Textbefund eine historische Erklärung erfunden. Verdächtig ist auch, daß in der Zeit der gegen Syrakus gerichteten Unternehmung ein Syrakosios, also ein „Syrakusaner", das Dekret durchgesetzt haben soll. Viel wahrscheinlicher und weit mehr zu dem politischen Charakter der Alten Komödie passend ist, daß die Komödiendichter es in der gespannten Lage vermieden, politisch Stellung zu beziehen oder gar die Aktion zu tadeln. Sie hätten in jedem Fall eine Gruppierung vor den Kopf gestoßen.

Da die Komödie, wie die Interpretation der drei Friedensstücke zeigt (s.o. S. 65ff.), wie ein Seismograph auf die Stimmungen in der Bevölkerung anschlägt und die Dichter zudem das Ziel hatten, mit ihrem Stück zu gewinnen, kann man sich eine offene kritische Auseinandersetzung mit dem unter Euphorie be-gonnenen Unternehmen und den führenden Männern schlecht vorstellen. Die Interpretation der *Vögel* wird jedoch zeigen, daß hinter dieser so harmlos wirkenden Fassade durchaus ein kritisches Potential schlummern kann, das in zahlreichen Verunsicherungen der Zuschauer, die der Dichter in seinen Text einbaut, zur Wirkung kommt.

Zwei Athener mit den sprechenden Namen Euelpides („Optimist") und Peisetairos („Ratefreund") verlassen aus Überdruß über die in ihrer Heimat grassierende Gerichtswut (*philodikía*, φιλοδικία) Athen, um bei den Vögeln, im Raum zwischen Himmel und Erde, endlich einen ruhigen Ort, einen Ort ohne Hektik und Betriebsamkeit zu finden (v. 40–44). Bei den Vögeln angelangt, erkennt Peisetairos die strategisch hervorragende Lage, die der Luftraum zwischen Himmel und Erde sowohl für die Beherrschung der Götter und Menschen hat, und überzeugt zunächst den Vogelkönig Tereus und mit dessen Hilfe die noch skeptische Vogelschar davon, ein Vogelimperium zu errichten. Götter wie Menschen huldigen dem neuen Herrscher, werden jedoch schnöde aus seinem Reich verbannt. Da das Vogelreich den Durchzug des Opferdampfes von der Erde zu den Göttern blockiert, entsenden die ausgehungerten Olympier eine Bittgesandtschaft, ein komisch verzerrtes Abbild der athenischen Gesellschaft: Der vornehme Poseidon erscheint in Begleitung des proletarischen Herakles und eines barbarischen Fremdlings, eines Triballers (v.

1565ff.). Peisetairos ist allerdings schon durch den Menschenfreund Prometheus gewarnt (v. 1494ff.) und fordert von Zeus, daß er ihm das Zepter, die Insignie der Macht, überreiche und ihm Basileia, die Königin, zur Frau gebe. Gegen den Widerstand Poseidons stimmen Herakles und der Triballer, ihrem hungrigen Magen gehorchend, den Forderungen des komischen Helden zu. Das Stück endet mit der triumphalen Hochzeit des neuen Weltenherrschers Peisetairos mit Basileia, der sich als ein zweiter Zeus von den Vögeln huldigen läßt.

Die phantastische Handlung kann ihre Wurzeln in der Polis jedoch nicht leugnen, wenn auch die Bezüge weniger deutlich zu sehen sind als in den früheren Komödien. So wird die Reise der beiden auswanderungswilligen Athener mit dem Wort *stólos* (στόλος) bezeichnet (v. 46), das eigentlich für eine Fahrt zur See – bei Thukydides (VI 31, 6) auch für die Sizilische Expedition – verwendet wird. Es dürfte kein bloßer Zufall sein, daß der sprechende Name Euelpides („Optimist") sich auch bei Thukydides in der Analyse der Stimmungen findet, die die Athener zu dem verhängnisvollen Entschluß, eine Flotte nach Sizilien zu entsenden, veranlaßten (VI 24, 3). Das Vogelimperium, das Peisetairos errichtet, erweist sich als ein Über-Athen, als ein überdimensionales Athen in den Wolken, dessen Stadtgottheit Pallas Athena ist (v. 828) und das ebenfalls eine mit Mauern umgebene Akropolis (v. 833) besitzt. Die Stadtgründung des komischen Helden ist eigentlich nichts anderes als die Umsetzung einer in jenen Jahren häufig diskutierten politischen Idee. Zur unumschränkten und unangreifbaren Großmacht – so Perikles in dem Geschichtswerk des Thukydides (I 143, 5) – fehlt Athen eigentlich nur die insulare Lage. Der Alte Oligarch (II 14–16) betont ebenfalls, daß Athen nur die Insellage fehlt:

Eine einzige Sache fehlt ihnen allerdings: Wenn die Athener ihre Seemacht als Inselbewohner ausüben würden, dann könnten sie selbst anderen, wenn sie wollten, übel mitspielen, ohne selbst der Gefahr ausgesetzt zu sein (...). Zudem wären sie als Inselbewohner auch einer anderen Furcht ledig, nämlich daß ihre Stadt von einigen wenigen verraten und die Tore geöffnet und Feinde einfallen würden.

Die Ausführungen des Demokratiegegners können geradezu als Kommentar zu den *Vögeln* des Aristophanes gelesen werden, beseitigt doch der komische Held all die Defizite, die der anonyme Autor auflistet, mit dem Ergebnis, daß aus dem Über-Athen ein Himmel wie Erde beherrschendes Weltreich wird.

Doch der glanzvolle Erfolg athenischer Großmachtpolitik wird in einer zweiten Ebene durch eine Reihe von Verunsicherungen des Publikums in Frage gestellt. Die beiden Athener betonen zu Anfang des Stücks, daß sie einen „ruhigen Ort" (tópon aprágmona, τόπον ἀπράγμονα v. 44) suchen; aprágmon (ἀπράγμων), „ruhig", „zurückhaltend", „Hektik und Betriebsamkeit vermeidend" und das Substantiv apragmosýne (ἀπραγμοσύνη) sind Schlagwörter der politischen Auseinandersetzung des ausgehenden 5. Jahrhunderts v. Chr. Mit Apragmosyne bezeichnete man ein Verhalten, das von der imperialistischen Politik Athens abrücken wollte. Perikles weist darauf hin, daß ein Aufgeben der bisher praktizierten Politik für die Stadt mit höchsten Gefahren verbunden sei, da Athen wie ein Tyrann die Verbündeten beherrsche und deshalb, wie dies in einer Tyrannis üblich sei, bei nachlassendem Druck mit Racheaktionen zu rechnen habe. Denn – so seine Schlußfolgerung – vornehme, aristokratische Zurückhaltung passe nicht zu einer mächtigen Stadt (Thukydides II 63). Im Vorfeld der sizilischen Expedition war Apragmosyne zum Schimpfwort der Kriegspartei für die Vertreter einer gemäßigten Politik geworden. Im Gegensatz dazu ist Polypragmosyne (πολυπραγμοσύνη), „Geschäftigkeit", „Hektik", die typische athenische Eigenschaft, die sich in allen Bereichen des Lebens äußert. In deutlichen Worten analysieren korinthische Gesandte vor Ausbruch des Peloponnesischen Kriegs in Sparta dieses Wesensmerkmal der Athener (Thukydides I 70): Die Athener seien unverbesserliche Anhänger des Neuen, immer darauf aus, Pläne auszudenken und sie tatsächlich in die Tat umzusetzen. Sie seien Draufgänger ohne Berücksichtigung der wirklichen Machtverhältnisse; gegen jede Vernunft würden sie sich auf waghalsige Unternehmungen einlassen, und in Notlagen seien sie stets optimistisch – Thukydides verwendet bezeichnenderweise das Adjektiv euelpídes (εὐελπίδες). Kurzum: Die Athener seien von Natur aus so veranlagt, selbst keine Ruhe zu halten und anderen Menschen keine zu gönnen.

Aristophanes gibt in der Eröffnungspartie seiner Komödie eine der thukydideischen Charakteranalyse vergleichbare komische Darstellung des athenischen Wesens. Zwar liebäugeln die Athener immer wieder mit einem Rückzug aus ihrer imperialistischen Politik, wie die Mahnrede des Perikles (Thukydides II 63) deutlich macht; letzten Endes setzt sich jedoch die von Thukydides so trefflich beschriebene Polypragmosyne durch, die Eigenschaft, weder sich noch andere in Ruhe zu lassen, der Drang, immer Neues, mag es noch so Undurchsetzbar erscheinen, anzupacken.

Kaum hat Peisetairos die unangreifbare, gleichsam insulare Lage des Luftraums erkannt, bricht die typisch athenische Polypragmosyne, vor der er eigentlich bei den Vögeln Ruhe finden wollte, in ihm wieder aus (v. 162f.):

Ha! Phantastisch!
Zu großen Dingen, seh ich, ist bestimmt
Das Vogelvolk – wenn ihr mir nur folgen wollt!

Mit unglaublicher Energie setzt er seinen großen Plan in die Tat um. Doch ist deshalb die Komödie eine glanzvolle Bestätigung athenischen Wesens, athenischer Polypragmosyne und athenischer Großmachtpolitik? Kontrapunktisch stellt Aristophanes immer wieder mit leisen Zwischentönen den Triumph des Helden in Frage. So nimmt er am Ende das bereits im Prolog mit dem Wort *aprágmon* (ἀπράγμων) angeschlagene aristokratisch-oligarchische Thema wieder auf: Denn Peisetairos schwingt sich am Ende gar zum Tyrannen der Vögel auf – und dies vor einem Publikum, in dem 415/414 v. Chr. eine manische Furcht vor oligarchischen Umsturzversuchen oder der Machtübernahme durch einen Tyrannen herrschte. Vor allem verstößt das Verhalten des komischen Helden in der Schlußszene ganz und gar gegen die religiösen Vorstellungen der Zuschauer. Danach zu streben, wie Zeus zu werden, oder gar eine Göttin heiraten zu wollen, ist religiöser Frevel, ist Hybris, und die Mythologie kennt genug Fälle von Gotteslästerern, die für ihre Hybris teuer bezahlen mußten. Dem Zuschauer bleibt es also vorbehalten, über den Schluß der Komödie hinaus weiterzudenken und hinter der glänzenden die düsteren Schichten zu entdecken. Bereits ein Jahr zuvor, zur Zeit der Ausfahrt der Flotte, hatte Euripides in seinen *Troerinnen* vorgeführt, wie grausam der Sturz aus der Höhe der Macht sein kann, wie bitter die Niederlage für die einst Mächtigen ist. Im Jahre 413 v. Chr. trat das Unglaubliche ein: Das Heer war vernichtet. Lange Zeit – so Thukydides (VIII 1) – wollten die Athener es nicht glauben. Dann richteten sich Haß und Verzweiflung gegen die Redner, die zur Ausfahrt geraten hatten, gegen die Seher und Weissager, deren Prophezeiungen sie damals sorglos gestimmt hatten.

Einen besonderen Reiz, der den *Vögeln* im Theater der Gegenwart zu zahlreichen Aufführungen verhilft, erhält die Komödie durch den Chor. Von der Parodos bis zur Exodos, vom Einzug bis zum Auszug des Chores, nutzt Aristophanes die Möglichkeiten, die ihm der Vogelchor musikalisch und choreographisch bot. Der Chor wird eingeführt mit einem musikalischen Glanzstück, einer Arie des Vogelkönigs Tereus, mit der er, begleitet vom Gesang der Nachtigall, dem Flötenspiel, die Vogelschar zusammenruft (v. 227–262):

Hup hup hup op op op, hup hup hup hup hup
Juhu, juhu! Heran, heran!
Heran, ihr meine Mitgefiederten,
Was auf Ährengefilden den Kropf sich füllt!
Heran, ihr Gerstenpicker allzumal,
Körnerauflesende, flinke, geschmeidige,
Wohllautatmende Sänger,
Die ihr in Saatenfurchen

Trippelt, des feinen Stimmchens
Froh, behaglich also zwitschert:
Tiotio tiotio tiotio tiotio!
Ihr, die ihr in Gärten im Efeulaub
Verborgen nascht, auf den Bergen schwärmt
Berberitzenverschlinger, Erdbeerenverschlucker,
Fliegt schleunig herbei auf meinen Ruf:
Trioto trioto totobrix!
Ihr, die ihr in sumpfigen Schluchten
Gerüsselte Mücken erschnappt und vom Wiesentau
Benetzt durch die blumigen Auen streift
Und Marathons liebliche Gründe!
Komm, rotbehaubter Vogel, Haselhuhn, Haselhuhn!
Kommt, die ihr über die Wogen des Meers
Fliegt mit wandernden Eisvögeln,
Eilt, zu vernehmen die Kunde, die neueste!
Sammelt, wir rufen euch, sammelt euch alle
Vom langhalsigen Stamm der Vögel!
Denn ein Greis ist gekommen, ein kluger Kopf,
Mit neuen Ideen,
Erfinder neuer Projekte,
Drum kommt nun all zur Beratung,
Kommet, kommet, kommet, kommet!
Toro toro toro torotix!
Kikkabau! Kikkabau!
Toro toro toro torolililix!

Der Auftritt der Vögel ist ihrem Wesen entsprechend gestaltet (v. 305–307): Piepsend und kreischend, aufgeregt flatternd, laufen sie kreuz und quer durch die Orchestra und gleiten erst allmählich – wie der Wiedehopf zuvor – von Vogellauten in die menschliche Sprache hinüber. Der Bravourarie des Vogelkönigs entspricht ein Glanzstück des Chores, gesungen zur Flötenbegleitung, in der Parabase (v. 737–752, 769–784):

Ode
Melodienreiche –
Tiotio tiotio tiotix!
Muse des Hains, mit der ich oft
In Tälern und hoch auf waldigen Bergen –
Tio tiotix!

Schaukelnd im schattigen Laube der Esche mein Lied –
Tio tiotix!
Aus der bräunlichen Kehl ausströme, den Pan
Feiernd mit heiligem Sang und die hehre,
Bergdurchschwärmende Mutter der Götter –
Tototo tototo totototix!
(...)

Antode
Und Schwäne stimmten –
Tiotio tiotio tiotix!
Lieder mit an und jauchzten laut,
Mit den Flügeln schlagend um Preis des Apollon –
Tiotio tiotix!
Ruhend am Ufer, den flutenden Hebros entlang;
Tiotiotix!
Und es schwang ihr Gesang sich zum Äther empor:
Tiere des Waldes, sie lauschten und stutzten,
Windstille Heiterkeit löschte die Wogen –
Tototo tototo totototix!
Widerhallte der ganze Olympos,
Staunen ergriff auf dem Thron die Götter, die Grazien
Stimmten mit ein und
Musen in den Jubel!
Tiotio tiotix!

Wie in der Arie des Wiedehopfs vermischen sich Vogellaute mit einer erhabenen, lyrischen Sprache und lassen eine unnachahmliche Vogelpoesie, ein Lob-
lied auf die Freude und Ruhe verschaffende Wirkung der Musik entstehen, wie
dies Jahre zuvor Pindar im Eingangsteil seiner ersten *Pythie* getan hat. In keiner
anderen Komödie hat Aristophanes Musik, Tanz und Wort in ähnlich glückli-
cher Weise mit der Rolle des Chores vereint und zu einer die Stimmung des
Stücks prägenden Einheit verschmolzen. Er läßt eine phantastische Welt der
Poesie und Musik entstehen, eine Gegenwelt zu Krieg und politischen Auseinandersetzungen, wie sie erst wieder Shakespeare in seinem *Midsummer Night's
Dream* erschafft.

2.6 Trygodia oder die ungleichen Schwestern

2.6.1 *Acharner*

„Denn was Recht ist, weiß auch die Trygödie" (*Acharner* v. 500). Mit der komischen Wortschöpfung *trygodía* (τρυγῳδία) vertritt Dikaiopolis im Namen des Dichters nachdrücklich seinen Anspruch, ein offenes Wort an die Athener zu richten. Trygodia ist ein die dichterische Arbeit des Aristophanes im höchsten Maße prägendes Schlüsselwort, das in nuce sein poetisches Programm und seine Vorstellungen von Zweck und Sinn der Komödie ausdrückt.

Trygodia, „der Gesang beim Weinmost", ist in mehrerer Hinsicht eine glückliche Wortprägung: Die Vorsilbe *tryg-*, von *trýx* (τρύξ), „Weinhefe", umschreibt den dionysischen Ursprung, die Ausgelassenheit und die weinselige Festfreude, die den Nährboden der Komödie bilden. Der unüberhörbare Anklang an *tragodía* (τραγῳδία), „Tragödie", betont den Vorbildcharakter, den die ebenfalls an den Dionysosfesten aufgeführte Schwestergattung für die Komödie – jedenfalls die des Aristophanes – hat, zumal deren Anspruch, Lehrstätte der Polis zu sein, seit Aischylos' Zeiten unbestritten ist.

Schon in der frühesten erhaltenen Komödie, den *Achamern*, sehen wir, wie die Tragödie das Schaffen des Aristophanes prägt: Er orientiert sich an der Funktion, die die Komödie im Leben der Polis ausübt, und bedient sich ihrer dramatischen Techniken, Kompositionsformen und Bauteile. Als Rivalin ist ihm die Tragödie Quelle für Spott, Parodie und Kritik. Immer wieder deckt er Besonderheiten, vor allem Extravaganzen und Manierismen des Euripides und Agathon, aber auch des Aischylos mit schonungslosem Spott auf und entwirft im Spiegel der Parodie eine vor allem politisch fundierte Poetik der Tragödie.

In den *Achamern* parodiert Aristophanes in der Streitszene (v. 284ff.) und der folgenden Diskussion des Dikaiopolis mit den aufgebrachten Köhlern die Handlungsstruktur der 438 v. Chr. aufgeführten, nur fragmentarisch erhaltenen Tragödie *Telephos* des Euripides (s.o. S. 68). Der Myserkönig Telephos war von dem griechischen Helden Achilleus verletzt worden. Ein Orakel weist ihm den Weg, wie er von der schwärenden Wunde erlöst werden kann: „Wer die Wunde geschlagen hat, wird auch Heilung bringen." So begibt sich Telephos als Bettler verkleidet zu den Griechen, schleicht sich in die Heeresversammlung ein und flüchtet, als er erkannt wird, den kleinen Orest als Geisel nehmend, an einen Altar. Die Handlung des euripideischen Stücks läßt sich auf der Basis der Fragmente nur in groben Zügen nachvollziehen. Aristophanes greift in den *Achamern* zwei Motive der euripideischen Tragödie heraus: die Kostümierung als Bettler und die Geiselnahme, auf die er auch 411 v. Chr. in den *Thesmophoriazusen* noch einmal zurückkommen wird. In der Streitszene mit dem Chor ver-

schafft sich Dikaiopolis Gehör, indem er den „Landsmann und besten Freund"
der Acharner, einen mit Kohlen gefüllten Korb, abzuschlachten droht. Die Parodie ist in dieser Szene nicht allein komischer Selbstzweck. Vielmehr treibt sie
die Handlung voran, ermöglicht doch die Geiselnahme erst die folgenden Darlegungen des Dikaiopolis; vor allem jedoch unterstreicht sie die Verbundenheit
der Acharner mit ihrer Heimat und ihrem Köhlerberuf, dient also der positiven
Charakterisierung des Chores, die in der epirrhematischen Syzygie der Parabase
(v. 665ff.) weitergeführt wird.

Eher komischer Selbstzweck, ohne daß dadurch die Handlung vorange-
bracht würde, ist die umfangreiche Euripides-Parodie in den Versen 393–479.
Da Dikaiopolis mit seiner Rede einen größtmöglichen Eindruck auf seine Zuhörer ausüben will, möchte er sich, um gehörig Mitleid zu erwecken, bei dem
Tragiker Euripides mit einem Lumpengewand ausstaffieren lassen. Doch er
trifft nicht auf den Meister selbst, sondern muß sich zunächst mit dem Diener
des Euripides begnügen. Der Sklave erweist sich als ein würdiger Schüler seines
Herrn, der – ähnlich wie der Schüler des Sokrates zu Beginn der *Wolken* – mit
sophistischen Wortgaukeleien auf Dikaiopolis Eindruck machen will (v. 396–
401):

Dikaiopolis:
   Ist wohl Euripides zu Haus?
Diener:
   Zu Haus und nicht zu Hause, wie du willst.
Dikaiopolis:
   Wie das? Zu Haus und nicht zu Haus
Diener:
              Sieh, Alter!
   Sein Geist sucht draußen feine Wort',
   Er schreibt im Haus, bequem zurückgelehnt,
   ein Trauerspiel.
Dikaiopolis:
        Bei Gott, Euripides,
   Selbst dein Bediener ist ein kluger Kopf.

Der Szenentyp, den wir in der Agathon-Parodie der *Thesmophoriazusen* wieder
vorfinden werden, dient einerseits dazu, einen Vorgeschmack auf das zu geben,
was wir von dem Meister selbst zu erwarten haben. Gleichzeitig steckt auch
eine kritische Komponente dahinter: Euripides habe durch seine Dichtungen
aus den Athenern und selbst aus ihren Sklaven Zungendrescher, sophistische
Wortklauber und Wortverdreher gemacht. In den *Fröschen* wird dies Euripides

mit Nachdruck vorgehalten (v. 954ff.). Da dem großen Dichter selbst die Zeit fehlt, persönlich aus dem Haus zu kommen, wird der Blick ins Innere durch das Ekkyklema möglich gemacht (s.o. S. 27f.). Die paradoxe Formulierung „Nicht drinnen ist er drinnen" (v. 397: οὐκ ἔνδον ἔνδον ἐστίν), mit der der Sklave Dikaiopolis abfertigen will, ist nichts anderes als eine gelungene Umschreibung des Ekkyklemas, sieht doch der Zuschauer eine Person, die sich eigentlich in einem Haus befindet, also drinnen ist, draußen, vor dem Haus auf dem Ekkyklema sitzend. Euripides wird – der literarischen Gattung, in der er sich betätigt, entsprechend – auf der Maschine der tragischen Bühne aus dem Haus gerollt und bietet der Reihe nach seine Lumpenhelden an, deren Kostüm Dikaiopolis nützlich sein könnte: Oineus, Phoinix, Philoktet, Bellerophon taugen nichts, nur das Gewand des Telephos und die anderen Requisiten dieser Tragödie können bei den Acharnern den erwünschten Eindruck erwecken. Auch auf die Kritik, die hinter der Kostümierungsszene steckt, werden wir in den *Fröschen* wieder treffen: In Lumpen gehüllte Personen haben in einer Tragödie nichts zu suchen. Sie verstoßen gegen Anspruch und Form der Gattung, verletzen den erhabenen Charakter, das *prépon* (πρέπον) der Tragödie, während sie in der Komödie durchaus ihren Platz haben. In den *Fröschen* nimmt der Chor der Dionysos-Mysten, der in die Mysterien des Theatergotts Eingeweihten, genau diese Freiheiten der Komödie, die der Tragödie verwehrt sind, für sich in Anspruch (v. 405– 410):

> Zerrissen hast du mir ja um Gelächter
> und Sparsamkeit hier dieses Chorsandälchen
> Und Bettelkleid!
> Und du verschaffst die Wonne, frei
> Zu scherzen und zu tanzen!
> Iakchos *(Dionysos)*, Freund der Chöre du, geleite mich!

2.6.2 *Thesmophoriazusen* (*Die Frauen am Thesmophorenfest*)

Während die Tragödie in den *Acharnern* nur in einigen Szenen hineinspielte, steht sie in den *Thesmophoriazusen* des Jahres 411 v. Chr. und den *Fröschen* des Jahres 405 v. Chr. ganz im Mittelpunkt. In den *Fröschen* wird die Gattung insgesamt in der Auseinandersetzung zwischen Aischylos, der herausragenden Gestalt der alten Tragödie, und Euripides als dem Hauptrepräsentanten der modernen, durch die Sophistik beeinflußten tragischen Dichtung sowohl unter ästhetischen, dramaturgischen als auch politischen Aspekten aus dem Blickwinkel der Komödie betrachtet. In den *Thesmophoriazusen* stehen eher die ästhetischen, technischen und strukturellen Besonderheiten der modernen, durch Euripides und Agathon vertretenen Tragödie im Vordergrund.

Den kultischen Hintergrund der *Thesmophoriazusen* bildet das dreitägige Thesmophorenfest, das die athenischen Frauen zu Ehren der Göttinnen Demeter und Persephone (Kore) alljährlich begingen. Euripides hat davon Wind bekommen, daß die Frauen an dem zweiten Tag des Festes, der *Nesteía*, einem Fastentag, über ihn zu Gericht sitzen wollen, da er in seinen Tragödien die Frauen unnötig schlecht darstelle. Euripides entwickelt zusammen mit einem Verwandten, der in den Handschriften Mnesilochos genannt wird, den Plan, daß ein Mann sich in die Frauenversammlung einschleichen und für ihn Partei ergreifen müsse. Die Wahl fällt auf den Tragödiendichter Agathon. Der sei so effeminiert, daß er unter den Frauen nicht auffalle. Der Dichterkollege lehnt zwar ab, erklärt sich aber immerhin dazu bereit, seine Frauenkleider dem Verwandten des Euripides zu leihen. Mnesilochos mischt sich unter die Frauen, fällt aber sofort unangenehm auf, da er offen für Euripides eintritt, und wird demaskiert, als der verweichlichte Kleisthenes den Frauen meldet, daß sich ein Mann unter ihnen befinde. Wie Telephos in der euripideischen Tragödie und Dikaiopolis in den *Acharnern*, kann sich Mnesilochos retten, indem er der Frauen 'liebstes Kind', einen gefüllten Weinschlauch, als Geisel nimmt und ihn über dem Altar, an dem er Schutz sucht, aufzuschlitzen droht. Die Frauen lassen von ihm ab, geben ihn jedoch nicht frei. Alle noch so raffinierten Ausbruchsversuche scheitern, und Euripides kann seinen Verwandten am Ende nur durch eine List aus der Hand der Frauen retten: Er lenkt den skythischen Polizisten, der Mnesilochos bewacht, durch eine Dirne ab.

Die Handlung der Komödie ist eine großangelegte Parodie der euripideischen Intrigentragödie. Pate gestanden haben wie in den *Acharnern* der *Telephos* des Jahres 438 v. Chr., der die Grobstruktur der Komödie vorgibt, und die im Jahre 412 v. Chr. aufgeführten Tragödien *Helena* und *Andromeda*, die nicht erhalten ist. Bereits zu Beginn weist Euripides darauf hin, daß er der Meister des Intrigenspiels sei (v. 94), dem kein anderer das Wasser reichen könne. Aristophanes bringt diese Spielart der Tragödie auf einen einfachen Nenner: Je raffinierter die Intrigen, desto unwahrscheinlicher sind sie. Im Mittelteil der Komödie reichert Aristophanes die Intrigenhandlung mit Parodien der *Helena* und der *Andromeda* an. Die *Helena* ist wie der etwa zur Zeit der *Thesmophoriazusen* entstandene *Ion* ein Meisterstück der Spielart der euripideischen Tragödie, die durch die Verbindung von Anagnorisis (Wiedererkennung) und Intrige (*mechánema*, *téchnema*, μηχάνημα, τέχνημα) besteht. Anagnorisis und Intrige sind seit Homers *Odyssee* zwei eng zusammenhängende literarische Motive: Zwei über längere Zeit durch widrige Umstände getrennte Menschen treffen nach Jahren zusammen, erkennen einander anhand von Wiedererkennungszeichen (Gnorismata) wie körperlichen Merkmalen (z.B. einer Narbe) oder Schmuck- oder Kleidungsstücken wieder. Nach der Wiedersehensfreude fädeln sie zu ihrer Rettung oder zur Beseitigung der mißlichen Situation, in der sie leben, eine Intrige ein. In der *Helena* schließt sich Euripides einer der auf den Lyriker Stesichoros (Mitte 6. Jahrhundert v. Chr.) zurückgehenden Version des Mythos an, nach der die schöne Helena, die Frau des Menelaos und Tochter des Zeus und der Leda, nicht von dem trojanischen Prinzen Paris entführt, sondern von ihrem Vater Zeus nach Ägypten entrückt und der Trojanische Krieg somit um ein Scheingebilde (*eídolon*, εἴδωλον) geführt worden sei. Auf der Rückfahrt von Troja verschlägt es Menelaos, der die vermeintlich echte Helena an Bord hat, nach Ägypten. Dort trifft er auf seine tatsächliche Frau. Die Anagnorisis von Helena und Menelaos droht zu scheitern, da der verunsicherte Menelaos der ägyptischen Helena keinen Glauben schenkt. Nur das Eintreffen eines Boten, der vom Verschwinden des Trugbildes von Bord berichtet (v. 597ff.), verhindert das Scheitern der Wiedererkennung. Die Anagnorisis-Stücke sind Reflex einer Diskussion, die gegen Ende des 5. Jahrhunderts v. Chr. die Intellektuellen bewegte: die Erkenntnisfähigkeit des Menschen. Erkenntnistheorie, wie sie z.B. in der Schrift *Über das Nichtseiende* des Sophisten Gorgias vorliegt und wie sie sich für Protagoras, Antiphon und andere Zeitgenossen des Euripides erschließen läßt, ist die theoretische Seite des Rhetorikunterrichts der Sophisten. Um die Zuhörer – im Gericht oder in der Volksversammlung – von einer Sache zu überzeugen, muß der Redner über die Möglichkeiten und Grenzen, vor allem auch über die Manipulierbarkeit der menschlichen Erkenntnis Bescheid wissen. Die Anagnorisis-Szenen der euripideischen Tragödien kann man als dramatische Spiegelungen dieser theoretischen Diskussionen auffassen. Man denke nur an den Menelaos in der *Helena*, der nicht mehr weiß, ob er seinen Sinnen trauen kann, da er nicht in der Lage ist zu erkennen, welche Frau die „echte" ist.

Vergleichbar mit der *Helena* ist die in demselben Jahr aufgeführte *Andromeda*. In beiden Tragödien steht das Schicksal von Frauen im Mittelpunkt, die sich in einer unwürdigen oder gar lebensbedrohenden Lage befinden und auf Rettung hoffen. Kassiope, die Gattin des äthiopischen Königs Kepheus, hatte sich damit gebrüstet, ihre Tochter Andromeda übertreffe die Meeresjungfrauen, die Nereiden, bei weitem an Schönheit. Als Strafe für diese Gotteslästerung schickt Poseidon, der Gott des Meeres, ein Ungeheuer, das das Land heimsucht. Nur die Opferung Andromedas kann Rettung bringen. An einen Felsen gekettet, wird sie dem Ungeheuer ausgeliefert. In ihrer höchsten Not erscheint Perseus und rettet Andromeda, indem er das Seeungeheuer mit dem Medusenhaupt versteinert.

In den Versen 846ff. und 1009ff. der *Thesmophoriazusen* greift Aristophanes auf die euripideische *Helena* und *Andromeda* zu komisch-parodischen Zwecken zurück. Die Situation des Verwandten des Euripides in den *Thesmophoriazusen* entspricht der der beiden Tragödienheroinen: Verlassen, in einer ausweglosen Situation harrt er voller Sehnsucht auf Rettung. Aristophanes läßt Euripides und Mnesilochos, den Meister des Intrigenspiels und seinen armen Verwandten, komisch verfremdete Szenen aufführen – ein Potpourri aus den beiden Tragödien des Vorjahrs – mit dem Ziel, Mnesilochos aus seiner mißlichen Lage zu befreien. In beiden Fällen scheitert die Fiktion an der Realität, zunächst an Kritylla, die Mnesilochos bewacht, das Spiel nicht mitmacht und das hohe Pathos der Tragödienverse durch ihre deftigen Schimpfreden unterbricht, sodann an dem Skythen, der von der Regierung, vom Prytanen, mit der Bewachung des Mnesilochos beauftragt wurde. In der Parodie der *Andromeda* nimmt Aristophanes einen besonderen Bühneneffekt der euripideischen Tragödie aufs Korn: Um die Verlassenheit der äthiopischen Prinzessin besonders eindrücklich zu gestalten, hatte Euripides sie zu Beginn der Tragödie eine Klagemonodie (Arie) singen lassen, auf die nur ein Echo antwortet. Es ist dies einer der durch die Musik des ausgehenden 5. Jahrhunderts geprägten Manierismen, die im Spätwerk des Euripides überhand nehmen (s.o. S. 47ff.). Gefesselt wie die Heldin der im Vorjahr aufgeführten Tragödie, stimmt der arme Verwandte ein Klagelied an, Euripides übernimmt die Rolle des Echos (v. 1065– 1073):

Mnesilochos *(singt in tragischem Tonfall)*:
  O heilige Nacht,
  Wie lange schon lenkst du die Rosse
  Hin durch des Äthers Höhn
  Auf gestirnter Bahn
  Durch den heiligen Hain des Olympos!
Euripides:
          Des Olympos!
Mnesilochos:
  Warum fiel doch vor allen so herbes Los
  Mir, Andromeda, zu?
Euripides:
          Mir, Andromeda zu!

Die Szene ufert in ein Crescendo des Wahnsinns aus, als der Skythe, der Mnesilochos bewachen soll, sich mit seinem Kauderwelsch einmischt, und Euripides, der Dichter der feinen Worte, selbst darauf antwortet (v. 1083– 1086):

Skythe:
  Warum du swatz?

Euripides:
            Warum du swatz?
Skythe:
    Ik ruf die Prytan!
Euripides:
        Ik ruf die Prytan!
Skythe:
    Was Henkers?
Euripides:
        Was Henkers?
Skythe:
    Wo der Stimm komm her?
Euripides:
    Wo der Stimm komm her?

Die Szene verdeutlicht eindrucksvoll den geringen Abstand zur absurden Komik, die in manchen Szenen des euripideischen Spätwerks schlummert. Aristophanes geht den kleinen Schritt, um zu demonstrieren, wie hohl und aufgeblasen das tragische Pathos in solchen Szenen wirken kann, wenn es mit der Realität und Banalität des Alltags konfrontiert wird. Als am Ende all die den Tragödien entliehenen Intrigen fehlschlagen, hilft nur noch die Verführung des Skythen durch eine Dirne, die der als Zuhälterin verkleidete Euripides dem Skythen zuführt. Der sophistische Dichter muß sich eines ganz und gar unsophistischen Mittels bedienen, um zu seinem Ziel zu kommen!

Eine besondere Stellung in den *Thesmophoriazusen* nimmt die Parodie des Tragikers Agathon (ca. 455–401 v. Chr.) zu Beginn der Komödie ein. Zwar sind von seinem Werk nur 34 Fragmente erhalten und sechs Tragödientitel bezeugt; die Beachtung jedoch, die er in der aristotelischen *Poetik* findet, zeigt seine Bedeutung als radikalen Neuerer der Tragödie. Er soll der erste Tragiker gewesen sein, der sich nicht an die traditionellen Mythen hielt, sondern Handlung und Personen frei erfand und versuchte, in seinen Stücken epische Handlungsvielfalt unterzubringen. Die Chorlieder, die bisher immer mehr oder weniger in die tragische Handlung einbezogen waren, gestaltete er zu bloßen akttrennenden Intermezzi (*Embólima*, „Einschübe") um. Musikalisch erwies er sich als Anhänger der Neuen Musik: Es wird ihm Mischung von Tonarten zugeschrieben.

Wie Euripides in den *Acharnern* durch seinen Diener angekündigt wurde, führt auch in den *Thesmophoriazusen* ein Sklave den Meister ein (v. 39– 62):

Diener *(rezitiert in feierlichem Tonfall):*
>Andächtige Stille, versammeltes Volk!
>Schließt alle den Mund: denn der heilige Schwarm
>Der Musen verweilt hier im Herrenpalast
>>Und stimmt zum Gesang schon die Saiten.
>Den Atem halt ein, o ätherische Luft,
>Du brande nicht, Meer, und im bläulichen Glanz
>Lieg stille!

Mnesilochos:
>>Bombax!

Euripides:
>>Schweig, rede nicht drein!

Diener:
>Ihr Vögel des Himmels, still duckt euch ins Nest,
>Und es wurzle der Fuß dem Getier des Walds
>Am Boden fest –

Mnesilochos:
>>Bombalobombax!

Diener:
>Denn Agathon macht, mein poetischer Herr,
>Sich soeben parat –

Mnesilochos:
>Zur Begattung als Weib!

Diener *(erst jetzt aufmerkend):*
>Wer entsandte den Laut?

Mnesilochos:
>Die ätherische Luft!

Diener *(unbeirrt fortfahrend):*
>– zu des Dramas Schiff das Gerippe zu baun.
>Schon biegt er und leimt er neumodische Wort',
>Er drechselt und hobelt und rundet und flickt,
>Er sticht Sentenzen und antithetiert,
>Wie geschmolzenes Wachs modelliert er den Vers
>Und gießt in die Form –

Mnesilochos:
>Poussiert und hurt!

Diener *(verärgert sich umsehend):*
>Welch plumper Gesell, der den Zinnen sich naht?

Mnesilochos *(mit Euripides vortretend):*
>Ein Mann, der erbötig, dir selbst und dem Herrn,

Dem poetischen, gleich durch das hintere Tor,
Mit Runden und Wälzen, hier diesen Schwanz
In die offene Form zu ergießen.

Agathon wird durch diese bombastische Ankündigung, die Mnesilochos derb
kommentierend unterbricht, als ein würdiger Zeitgenosse des Euripides vorgestellt. Er feilt und drechselt an den Versen und Formulierungen und packt alles
in eine moderne musikalische Gestalt (v. 68). Anhand der wenigen Fragmente,
die aus den Tragödien des Agathon erhalten sind, lassen sich diese Charakterisierung nicht nachvollziehen, wohl aber die Rede, die Platon in seinem *Symposion* (197dff.) Agathon in den Mund legt. Der Auftritt des Agathon (v. 101ff.)
erfolgt wie der des Euripides in den *Acharnern* auf dem Ekkyklema. Während in
den *Acharnern* nur berichtet wurde, daß der Dichter gerade an der Arbeit sei,
wird in den *Thesmophoriazusen* vorgeführt, wie Agathon gerade einen Hymnos
für einen Mädchenchor komponiert. Seinem effeminierten Wesen entsprechend und sich ganz in die Rolle versenkend, singt er im Falsett, was seine
erigierende Wirkung auf Mnesilochos nicht verfehlt (v. 130–133). Eine weitere
Falsettpartie findet sich in der Arie, die der gefesselte Mnesilochos als Andromache in den Versen 1015–1055 singt. In einem Potpourri aus Euripides-
Zitaten versucht er verzweifelt, Euripides herbeizurufen. Auch hier parodiert
Aristophanes wie in der Agathon-Szene vor allem die musikalischen Extravaganzen, deren sich die modernen Tragiker bedienen (s.o. S. 47ff.). Falsettpar-
tien, die Nachahmung des Echos, übertriebenes Pathos in unpassenden Situationen: All das verstößt gegen die Würde der Gattung Tragödie, verletzt ihr
Decorum und droht ständig, ins Banale, ja, ins Komische und Groteske ab-
zugleiten. Aristophanes hat mit seiner Parodie und Kritik Arien im Auge, wie
sie Ion zu Beginn der gleichnamigen, zwischen 414 und 409 v. Chr. aufgeführten Tragödie des Euripides vorträgt: Zunächst fegt der junge Tempeldiener
singend und den Gott preisend den Vorplatz des Apollon-Heiligtums zu Delphi mit einem Lorbeerzweig, dann geht er daran, in pathetischem Ton eine
Bravourarie vortragend, die Vögel zu verscheuchen, die den Tempel beschmut-
zen. Die Unverhältnismäßigkeit von Form und Inhalt, von großer Geste und
trivialer Handlung ist eklatant, der Schritt zur grotesken Komik nicht weit.

2.6.3 *Frösche*

Die ästhetische und politische Würdigung der Tragödie des 5. Jahrhunderts ist
zentrales Anliegen der *Frösche*. In der im Jahr 405 v. Chr., ein Jahr vor dem
militärischen Zusammenbruch Athens aufgeführten Komödie macht sich Dio-

nysos, der Gott des Theaters, in die Unterwelt auf, um seinen Lieblingsdichter, den im Vorjahr verstorbenen Euripides, nach Athen zurückzuholen. Bei seiner Ankunft findet er den Hades in Aufruhr versetzt: Euripides versucht, dem Altmeister Aischylos den Thron der tragischen Dichtkunst streitig zu machen, während sich der ebenfalls 406 v. Chr. kurz nach Euripides verstorbene Sophokles vornehm zurückhält und Aischylos den Vorrang zugesteht. In einem über mehrere Runden gehenden Wettstreit, in dem Pluton, der Gott der Unterwelt, den Vorsitz innehat und Dionysos das Amt des Schiedsrichters bekleidet, soll entschieden werden, wem der Ehrenplatz als Tragiker zukomme. Trotz seiner Vorliebe für Euripides kann oder will Dionysos in dem Wettkampf, in dem die beiden Tragiker Kostproben ihrer Kunst geben, keine Entscheidung treffen. Erst nach einer Probe ihres politischen Sachverstandes, der Beantwortung der Frage, was der Stadt Athen in der momentanen ausweglosen politischen Lage am meisten nütze, entscheidet sich Dionysos für Aischylos. In einer feierlichen Prozession, begleitet von den Segensworten des Unterweltgottes, wird der Dichter in die Welt der Lebenden geleitet, um Athen fortan wie zu seinen Lebzeiten durch seinen Rat politisch zu nützen.

Allein schon die kurze Skizzierung der Handlung dürfte deutlich machen, daß es Aristophanes in diesem Stück darauf ankommt, zentrale Aspekte seiner poetischen Tätigkeit zusammenzufassen, die bereits in den *Acharnern* anklangen: Überlegungen über die Funktion, über den Auftrag des Dramas im demokratischen Athen, die Auseinandersetzung mit der Schwestergattung Tragödie und gleichzeitig die Reflexion über die eigene Gattung, über die inhaltlichen und formalen Möglichkeiten der Komödie, sind die Leitthemen der *Frösche*. Die politisch-militärische Lage Athens im Jahr der Aufführung ist der Hintergrund, der den in vielen Partien ernsthaften Ton der Komödie verständlich macht.

Im Jahre 405 v. Chr. hatte Athen die innenpolitisch turbulentesten Jahre seiner an Aufregungen nicht gerade armen Geschichte hinter sich. Die 415 v. Chr. unter großen Hoffnungen unternommene sizilische Expedition war mit enormen Verlusten kläglich gescheitert. Das nur vier Monate dauernde Terrorregime der 400, das wiederum von der gemäßigten Verfassung der 4.000 unter dem Politiker Theramenes abgelöst wurde, war ein oligarchisches Intermezzo im Jahre 411 v. Chr. geblieben. Seit 410 v. Chr. regierten wieder unter maßgeblicher Beteiligung des Alkibiades, der nach Athen zurückgekehrt war, die Demokraten.

Außenpolitisch hatte das Jahr 411 v. Chr. ebenfalls einschneidende Änderungen gebracht: Auf Rat des Alkibiades hatten sich die Spartaner der Grenzfestung Dekeleia bemächtigt. Im Gegensatz zur ersten Phase des Peloponnesischen Kriegs konnten sie nun ständig in Attika bleiben und Athen blockieren. Trotz dieser hoffnungslosen Lage mobilisierte Athen noch einmal alle seine

Kräfte und rüstete eine neue Flotte aus, die die Peloponnesier bei den Arginu-
sen schlagen konnte. Der von Sparta angebotene Waffenstillstand wurde von
den radikalen Demokraten, an deren Spitze Kleophon stand, abgelehnt, da eine
Übereinkunft mit den Spartanern unweigerlich zu einer Stärkung der oligarchischen oder gemäßigten Kräfte in Athen führen und die Position der Demokraten schwächen würde. So konnte es nur noch eine Frage von Monaten sein, bis
die Spartaner, endgültig im Besitz der strategisch wichtigen Positionen, Athen
den Todesstoß versetzen würden.

In dieser für Athen düsteren Lage sucht Aristophanes, wie dies später auch
der Philosoph Platon tun wird, nach einer Erklärung für den Niedergang. Wie
es schon in den *Wolken* anklang, weist er die Schuld den Sophisten zu, da sie
maßgeblich zur Auflösung der traditionellen Normen und Regeln beigetragen
hätten, und den durch die Sophistik beeinflußten Kreisen. Bei dem Gewicht,
das in Athen der Tragödie zufällt, die der Polis Modelle der Selbstfindung und
des Zusammenlebens aufzeigen soll, ist sophistischer Einfluß auf diese Gattung
um so schädlicher, als im Theater die sophistischen Lehren für jedermann,
nicht nur für die Reichen, die sich einen Lehrer wie Gorgias leisten können,
zugänglich werden. Deutlich wird der Zusammenhang zwischen tragischer
Dichtung und Sophistik am Ende der Tragödie in einer kurzen Strophe des
Chores hergestellt (v. 1491– 1499):

Schande, wer bei Sokrates
Sitzen mag und schwatzen mag
Und die schöne Kunst verliert
Und vom Größten ab sich wendet,
    Was die trag'sche Muse fand!
In gespreizten, leeren Phrasen,
Tüfteleien, Quäckeleien,
Faulgeschäftig sich zu üben,
    Ist für hohle Köpfe nur!

Noch deutlicher wird auf die politische Wirkung der Tragödie im Agon, in der
Auseinandersetzung zwischen Euripides und Aischylos eingegangen, in der
Euripides voller Stolz für sich in Anspruch nimmt (v. 954– 979):

Das Volk hier hat bei mir allein gelernt zu sprechen,
(...)
sich schulgerecht zu bilden, scharf die Reden auszuzirkeln,
Verstehn, bemerken, denken, sehn, belisten, widerlegen,
Argwöhnen, Achsel zucken und vorsichtig lauschen.

(...)
Ich gab die ganze Häuslichkeit, worin wir sind und leben,
Und stellte der Kritik mich bloß; denn jeder ist befähigt,
Hierin zu richten meine Kunst.
(...)
Auf solche Weise allerdings
Hab ich die Bürger eingeschult,
Indem ich Scharfsinn und Räson
Der Kunst verlieh, daß regelrecht
Jedweder denkt und rationell
Nun Haus und Hof und Vieh bestellt,
Wie er es früher nie getan,
Und sorgsam forscht: „Wie steht's mit dem?
Wo find ich dies? Wer nahm mir das?"

Grundverschieden davon ist die didaktische Funktion, wie sie der aristophanische Aischylos für seine Stücke in Anspruch nimmt (v. 1013–1017, 1026f.):

So betrachte die Menschen, in welcher Gestalt er *(Euripides)* von mir zuerst
    sie bekommen,
Grundedler Natur, vierschrötig und stark, nicht Hasenpanierpatrioten,
Nicht Pflastertreter und Gaukler, wie jetzt, Klatschweiber, durchtriebene
    Schelme,
Nein: Speerwucht schnaubend und Lanzengewalt, weißbuschige
    Pickelhauben,
Beinschienen und Helme und Waffengeklirr und siebenhäutigen Kriegsmut.
(...)
Dann hab ich die *Perser* euch vorgeführt und, der Taten erhabendste
    feiernd,
Die Bürger den Weg der Ehre geführt, zu trotzen jeglichem Gegner!

Die wenigen Verse unterstreichen in aller Deutlichkeit die unmittelbare Beziehung zwischen musischer Erziehung, Kultur und Politik. Die moderne, sophistische Dichtung eines Euripides lehrt die Bürger, alles und jedes zu hinter-
fragen, zu analysieren und skeptisch zu zerlegen. Vor allem unterweist sie die
Zuschauer darin, ihre Privatangelegenheiten besser zu verwalten, den eigenen
Vorteil besser zu beachten als zuvor, indem sie auf der Bühne Privatangelegenheiten vorführt. Sie bereitet demnach den Rückzug aus dem öffentlichen ins
private Leben vor, so wie es dann im 4. Jahrhundert tatsächlich in Griechenland unter der Herrschaft Alexanders und seiner Nachfolger geschah.

Ganz im Gegensatz dazu steht die Tragödie des Aischylos für die Tugend der Polis-Bürger des beginnenden 5. Jahrhunderts, der Bürger also, die in Eintracht und Harmonie sich zweimal, bei Marathon und Salamis, der Übermacht der Perser erwehrten. Aischylos wird in den *Fröschen* gleichsam zum Symbol für die gute alte Zeit, als in der Polis noch Harmonie und Eintracht herrschten und in der Athen in der Lage war, aus innerer Stärke heraus die äußeren Feinde zurückzuschlagen. An diese Harmonie und Solidarität appelliert denn auch Aristophanes in der Parabase der Komödie (v. 674ff.), deren patriotischer Ton dem Stück das seltene Privileg der Wiederaufführung einbrachte. Nicht Rachegedanken und Gruppeninteressen sollen die Gesellschaft beherrschen; vielmehr soll eine Amnestie zur Versöhnung beitragen, und die rechtschaffenen Bürger sollten in die ihnen zustehenden Rechte wieder eingesetzt werden, damit sie zum Wohle des Staates wirken können.

Im komischen Spiel, im Theater wird die gute alte Zeit zurückgebracht: Aischylos wird am Ende der Komödie, von den Segensworten des Chores begleitet, in einer feierlichen Prozession zurück in seine Heimat geführt, um der Stadt in der Krisensituation zu nützen (v. 1500–1503, 1528–1532):

> Glück auf den Weg, mein Aischylos!
> Zieh hin und rett uns die teuerste Stadt
> Mit besonnenem Rat, und züchtige scharf
> Die Betörten: gar viel sind ihrer im Land!
> (...)
> Schenket ihm Segen und Heil auf den Weg, dem scheidenden Dichter,
> Welcher zum Licht aufschwebt, o ihr Götter im Schoße der Erde!
> Schenkt auch der Stadt zum erfreulichen Heil heilsame Gedanken!
> So mögen von Jammer und Not wir gründlich genesen,
> Ledig des Waffengeklirrs!

Doch die Rückführung des Aischylos und die Wiederherstellung der guten alten Zeit der Stärke Athens findet nur in der Illusion des Theaters statt. In der Realität steht Athen vor dem Zusammenbruch. Der Appell des Dichters, Harmonie im Innern der Stadt walten zu lassen, verhallte ungehört, so daß die Beschwörung der guten alten Zeit und der demokratischen Tugenden gleichzeitig zum wehmütigen Rückblick auf die politische und kulturelle, literarische Blüte Athens werden. Aristophanes erkennt, daß mit dem Jahr 405 v. Chr., mit dem Tod von Euripides und Sophokles, sich eine Epoche der griechischen Literatur zu Ende neigt, die Epoche der klassischen Literatur des demokratischen Athens, die nur so lange wie ihr Nährboden, die attische Demokratie, existieren konnte. Und mit dem Scharfblick des Literaturkenners stellt Aristophanes in den *Fröschen* genau die drei Tragiker vergleichend nebeneinander, die dann tatsächlich allein von der Vielzahl der athenischen Tragiker überliefert wurden: Aischylos, Sophokles und Euripides. Er gibt also den Kanon vor, der die Rezeption und Selektion in den folgenden Jahrhunderten bestimmen sollte.

Doch Aristophanes scheint sich auch bewußt gewesen zu sein, daß seine eigene Gattung, die Komödie des demokratischen 5. Jahrhunderts, mit dem Jahr 405/404 v. Chr. ihren Endpunkt erreicht hat. So verweist er durch den Theatergott Dionysos als Protagonisten des Stücks und den Mystenchor auf die dionysischen Ursprünge der Gattung Komödie, der Titel erinnert an die frühen Tierchöre eines Magnes. Vor allem aber breitet er – vielleicht in einer Art wehmütigen Rückblicks – den ganzen Formenreichtum, den die Alte Komödie aufweist, die Vielzahl typischer Elemente wie Parodos, Parabase und Agon noch einmal vor den Zuschauern aus (s.o. S. 36ff.).

Dies gilt vor allem für den Einzug des Chores. Aristophanes überrascht die Zuschauern mit zwei Parodoi. In den Versen 209ff. hört man den Chor der Frösche, die mit Dionysos, während er den Unterweltsfluß überquert, ein Wettsingen veranstalten. Der Zuschauer wird, verleitet durch den Titel der Komödie, angenommen haben, daß dies das Einzugslied des Chores sei, und wird enttäuscht. Denn der eigentliche Chor der Komödie besteht nicht, wie der Titel verspricht, aus Fröschen, sondern aus in die Mysterien des Dionysos Eingeweihten. Dieser Mystenchor singt in den Versen 316–459 die größte zusammenhängende Partie in den Komödien des Aristophanes überhaupt. Doch man wird abermals enttäuscht, wenn man annimmt, daß nach dieser großen Eröffnungspartie der Chor eine wichtige Rolle im Stück spielen wird. Ganz im Gegensatz zu den früheren Komödien, in denen der Chor aktiv in die Handlung eingriff und sie bestimmte, bildet er in den *Fröschen* nur den Hintergrund des Geschehens, ist er gleichsam eine Zuschauergruppe, die interessiert an dem Dichterwettkampf teilnimmt. So ist der Chor zwar noch – allein vom Umfang der Verspartien her betrachtet, die er vorträgt –, in den *Fröschen* durchaus präsent. Wenn man dagegen seine Bedeutung als Handelnden betrachtet, fällt er kaum ins Gewicht, so daß diese Komödie auch unter diesem Gesichtspunkt das Ende einer Epoche markiert und gleichzeitig auf die Komödie des 4. Jahrhunderts vorausweist. Überträgt man dies auf die Politik, stechen die deutlichen Übereinstimmungen ins Auge: Das Kollektiv tritt immer mehr in den Hintergrund, bis zur gänzlichen Bedeutungslosigkeit, die Solisten dagegen dominieren – im Theater wie in der Politik.

2.7 Pfade nach Utopia

2.7.1 *Ekklesiazusen* (*Die Frauen in der Volksversammlung*)

Im Jahre 404 v. Chr. erfolgte die erwartete Niederlage der Athener gegen die Übermacht der Spartaner und ihrer Verbündeten. Dem spartanischen König Lysandros fiel eine Stadt nach der anderen in die Hand, zuletzt die kleinasiatischen Städte Lampsakos, Kalchedon und das strategisch wichtige Byzantion (Konstantinopel). Dem Anschein nach ließ er den Athenern gegenüber Milde walten und schickte alle, die in seine Hände gerieten, unter der Zusicherung freien Geleits nach Athen. Tatsächlich aber steckte das Kalkül dahinter, daß die Menschenansammlung in Athen in Kürze zu einer Hungersnot führen werde. Xenophon schildert in seiner *Griechischen Geschichte* (*Hellenika*) eindrucksvoll die gedrückte Stimmung, die angesichts der bevorstehenden Niederlage in Athen herrschte (II 2, 3f.):

> In Athen wurde der Schicksalsschlag bekannt, nachdem die Paralos nachts in den Hafen eingelaufen war, und Jammergeschrei verbreitete sich vom Piräus durch die langen Mauern nach der Stadt, indem einer es dem anderen weitersagte. Keiner ging in jener Nacht zu Bett, da sie nicht nur die Ermordeten betrauerten, sondern noch viel mehr sich selbst, im Glauben, sie würden erleiden, was sie den Bewohnern der Insel Melos, lakedaimonischen Siedlern, angetan hatten, nachdem sie diese mit einer Belagerung überwältigt hatten, und den Einwohnern von Histiaia, Skione, Torone, Aigina und vielen anderen Griechen.

Lysanders Plan ging auf. Eingeschlossen zu Lande und zu Wasser, mußte Athen kapitulieren und in Kauf nehmen, daß die Langen Mauern geschleift, der Attische Seebund aufgelöst und Athen von den Spartanern zur Heeresfolge verpflichtet wurde. Verhängnisvoll war die Errichtung einer oligarchischen Regierung, der sogenannten 30 Tyrannen, die im Sinne Spartas in Athen mit den Anhängern der Demokratie aufräumten. Nicht nur Demokraten, sondern auch Theramenes, ein Mitglied der 30, wurde beseitigt, da er als zu unzuverlässig galt. Die geflohenen Demokraten formierten jedoch ihren Widerstand und siegten schon 403 v. Chr. unter der Führung Thrasybuls gegen die Oligarchen. Wie die 30 Tyrannen gegen die Anhänger der Demokratie erbarmungslos vorgegangen waren, kannten auch die Demokraten kein Pardon mit den Oligarchen. Der Prozeß gegen Sokrates und sein Tod im Jahre 399 v. Chr. ist letztlich aus den Bemühungen der auf wackligen Füßen stehenden demokratischen Herrschaft zu erklären, alle, die irgendwie im Dunstkreis der Oligarchen angesiedelt waren, zu beseitigen. Neben dem Vorwurf, er verderbe die Jugend und glaube nicht an die Götter, die die Polis verehre, war für ihn vor allem verhängnisvoll, daß er Umgang mit Leuten wie Kritias, dem Wortführer der 30, pflegte. Die unsichere Lage nicht nur in Athen, sondern in ganz Griechenland hatte zur Folge, daß viele sich als Söldner teils aus Abenteuerlust, teils um sich zu bereichern, einer fremden Macht anboten. Nicht mehr für die eigene Polis setzte man sein Leben aufs Spiel, sondern für einen fremden Machthaber wie den persischen Prinzen Kyros. Xenophons *Anabasis* und sein Leben sind ein deutlicher Beleg für die Entwurzelung, unter der viele Griechen als Folge des Peloponnesischen Krieges zu leiden hatten.

Die Fäden der Politik wurden zu Beginn des 4. Jahrhunderts nicht mehr in Griechenland gesponnen, sondern von Persien aus. Persien unterstützte Athen, da ihm Sparta zu mächtig zu werden drohte und der spartanische König Agesilaos in Kleinasien Krieg gegen die Perser führte, um die kleinasiatischen griechischen Städte von der persischen Oberhoheit zu befreien. Die von dem Athener Konon organisierte persische Flotte schlägt 394 v. Chr. bei Knidos die Spartaner, doch ein aus Athen, Theben, Korinth und Argos bestehendes Bündnis unterliegt im selben Jahr dem spartanischen Landheer bei Koroneia. In der Folge kommt es zu einer persisch-spartanischen Annäherung, da die Athener versuchen, den Seebund zu erneuern und Athen und den Piräus wieder mit Mauern zu befestigen. Der sogenannte Königs- oder Antalkidasfriede (387 v. Chr.) setzt einen Schlußpunkt unter die acht Jahre währenden erneuten kriegerischen Auseinandersetzungen zwischen Athen und Sparta.

Die beiden in dieser Phase aufgeführten Komödien des Aristophanes, die *Ekklesiazusen* (wohl 392 v. Chr.) und der *Plutos* (388 v. Chr.), sind deutlicher Ausdruck der verfahrenen Lage, in die sich die Polis Athen nach dem Peloponnesischen Krieg manövriert hatte. In den *Ekklesiazusen (Die Frauen in der Volksversammlung)* wird von der Hauptheldin mit dem sprechenden Namen Praxagora, „die, die auf dem Marktplatz *(agorá)* handelt", den Frauen, die sie zusammengerufen hat, die miserable Lage der Stadt aufgezeigt, aus der nur eine völlige Umkehrung der bisherigen Politik helfen kann (v. 105–109):

> Ja, darum noch, bei diesem Morgenrot,
> Beginnen wir das kühne Werk, das Ruder
> Des Staats in unsre Frauenhand zu nehmen,
> Gewillt, allein des Staates Wohl zu fördern:
> Denn jetzt geht's nicht mit Segeln, nicht mir Rudern!

In einer Generalprobe ihres geplanten Auftritts in der Volksversammlung verkündet Praxagora ihr Grundsatzprogramm (v. 170ff.): Alle Macht im Staat soll den Frauen übergeben, der Zustand, der zu Hause schon immer vorherrscht, wo die Frauen gute Verwalterinnen seien, auf die ganze Polis ausgedehnt werden. Vor allem gilt es, den Egoismus zu beseitigen. Denn jeder versuche nur, aus dem Staate Nutzen zu ziehen, ohne etwas für ihn zu leisten. Gründe für die Eignung der Frauen zum politischen Geschäft kennt Praxagora zuhauf: vor allem ihre konservative Lebensführung (v. 221–228) – eine Eigenschaft, die im Vergleich mit der Unbeständigkeit der Männer durchaus positiv zu beurteilen sei (v. 194f.).

Die von Praxagora angesprochene ausweglos scheinende Lage der Stadt wird in der Szene nach dem Auszug der Frauen, die sich in der Kleidung ihrer Männer in die Volksversammlung begeben (v. 311ff.), deutlich vorgeführt. Blepyros, Praxagoras Mann, tritt, da er seine Kleider nicht finden konnte, in Frauenkleidern aus dem Haus. Ohne es zu ahnen, demonstriert er damit den inzwischen vollzogenen Rollentausch im Staat. Während die Frauen in der Maske der Männer die Macht an sich reißen, sitzt er gebückt vor seinem Haus, einem Nachbarn ausführlich sein morgendliches Geschäft beschreibend und laut über Verstopfung jammernd (v. 351–364):

> Nachbar:
>   Du kackst ja ein wahres Brunnenseil! –
>   Ich muß zur Volksversammlung gehn, 's ist Zeit.
>   Hätt ich nur meinen Rock! Es ist mein einz'ger!
> Blepyros:
>   Ich auch, sobald ich fertig bin! – Da stopft
>   Mir eine Holzbirn just den Mastdarm zu.
>   (...)
>   O beim Dionysos, was sitzt die fest! –
>   Was fang ich an? Das ist es nicht allein,
>   Was jetzt mich drückt, denn wenn ich esse, wo
>   Soll denn in Zukunft all der Quark hinaus?
>   Denn jetzt hat mir der birnenförmige Kerl
>   Einmal für allemal das Loch blockiert!
>   Wer holt mir einen Arzt? – Ja, welchen Arzt?
>   Wer wohl versteht sich auf die Kunst von hinten?

Blepyros bestätigt in jeder Hinsicht die Analyse der Männerwirtschaft, die Praxagora zuvor gegeben hat. Nicht um die bevorstehende Volksversammlung oder gar um das Wohl des Staates dreht sich sein Denken, sondern nur um sein Morgengeschäft und dumme Witze. Sein einziges Interesse gilt dem Erwerb der drei Obolen Sitzungsgeld, die ihm wegen seiner hartnäckigen Verstopfung entgangen sind (v. 380). Bezeichnend für seine Haltung ist, daß er, nachdem er durch einen gewissen Chremes über den Umsturz in Kenntnis gesetzt worden ist, den coup d'état gelassen hinnimmt, ja, ihn gar als eine wohltuende Befreiung von dem lästigen morgendlichen Aufstehen ansieht (v. 462ff.). Sorge bereitet ihm lediglich der Gedanke, in Zukunft von den Frauen zum Geschlechtsverkehr genötigt zu werden. (v. 467ff.). Er kommentiert das politische Geschehen aus einer Stammtischperspektive: „Ohne Beischlaf gibt es kein Frühstück – und wenn's nicht geht, ist Diät angesagt!" Sein einziges Interesse ist – ganz der Analyse seiner Frau entsprechend – sein persönliches Wohlergehen.

Nach dem Wiedereinzug der Frauen (sog. Epiparodos, v. 478ff.) legt Praxagora ausführlich die Neuordnung des Staates dar (epirrhematischer Agon, v. 571ff.): Alles wird in Zukunft Gemeingut sein, die Güter werden zusammengelegt, alle sozialen Unterschiede beseitigt (v. 590–610). Die Menschen werden dadurch frei und moralisch besser. Auch die Frauen werden allen gehören (v. 611ff.) – allerdings mit einer gravierenden Einschränkung (v. 617f.):

Stumpfnasige, häßliche Weiber sind stets an die Seite der hübschen gelagert,
Wer die Schöne begehrt, der bequeme sich nur, erst das häßliche Weib zu besteigen.

Als dritten Hauptpunkt handelt Praxagora organisatorische und juristische Belange ab (v. 650ff.). Nach der Durchsetzung der Reformen wird es künftig kein Glücksspiel und keine Verbrechen mehr geben (v. 676ff.); in Athen wird ein wahres Schlaraffenlandleben herrschen (v. 690ff.). Die Rede der Praxagora enthält ein politisches Programm, das sämtliche Bereiche menschlichen Lebens abdeckt und einen völlig gleichmäßigen Glückszustand aller Bürger herbeiführen soll. Sie entwickelt ein utopisches Gegenmodell zur Misere der Gegenwart, wie dies Platon in seinem *Staat (Politeia)* ebenfalls tut. Dabei ist es unerheblich, ob die *Ekklesiazusen* des Aristophanes und die Ideen Platons in irgendeinem unmittelbaren Abhängigkeitsverhältnis zueinander stehen – Klarheit hierüber wird man sich sowieso nicht verschaffen können. Entscheidend ist, daß der Zusammenbruch Athens mit all seinen Folgen offensichtlich eine rege Diskussion über Gegenmodelle zum bestehenden Staat, über andere Verfassungsformen und Reformen auslöste.

Die Folgen der Frauenherrschaft werden in drei Szenenfolgen vorgeführt. Der gesetzestreue Bürger Chremes trennt sich von seinem Hab und Gut, während ein Schlauberger zunächst einmal abwartet, um zu sehen, wie sich alles entwickelt (v. 730ff.). An dem gemeinsamen Essen will er jedoch teilnehmen, während Chremes mit seinem Besitz zuerst zur Agora geht, um sein Hab und Gut abzuliefern. Ein Hauptpunkt des Programms, die Gütergemeinschaft, scheitert demnach schon in ihren Anfängen am menschlichen Egoismus, der sich entgegen Praxagoras These nicht ausrotten läßt.

Der Abstand zwischen der Theorie des Programms und der Realität wird besonders deutlich in der zweiten Szene (v. 877ff.): Die sexuelle Égalité führt zu einer Pervertierung menschlicher Natur, zu einer Vergewaltigung natürlicher Triebe:

Eine alte Frau, aufreizend geschminkt und gekleidet, versucht die vorübergehenden Männer durch laszive Lieder auf sich aufmerksam zu machen. Ein Mädchen, das auf seinen Liebhaber wartet, hält dagegen, so daß sich ein Duett der Unflätigkeiten entwickelt (v. 893–923):

Alte:
> Wer was Gutes will genießen,
> Muß zu mir ins Bett sich legen:
> Denn die Jüngern sind so gut nicht
> Eingeschult wie wir, die Reifen.
> Keine küßt und herzt so innig
> Treu den Freund wie ich, wenn einer
> Mir im Arm liegt!
> Flatterhaft sind all die andern!

Mädchen:
> Schmälre nicht die jungen Mädchen!
> Denn die Wollust blüht allein auf
> Weichen, schwellenden Schenkeln
> Und umhaucht die zarten Äpfel!
> Doch du weißgeschminkte Vettel,
> Taugst doch nur zur Braut des Todes!

Alte:
> Rausfallen soll dir das Loch,
> Und das Polster gleit im besten
> Feuer dir hinunter!
> Find auf deinem Lager eine
> Kalte Schlange und zieh umsonst
> Sie heran, nach Küssen lüstern.

Mädchen:
> (...)
> Alte, ruf doch, ich bitte dich
> Beim Kitzel der Lust, die du dir erhoffst,
> Ruf dir den steifen Orthagoras!
> Denn schon juckt es dich, Arme, es

Auf die jonische Art zu tun!
Auch weißt du, scheint es, wie man lesbisch leckt!

Als der sehnlichst erwartete junge Mann endlich erscheint, werden die Frauen handgreiflich. Das junge Mädchen wird aus dem Feld geschlagen. Doch die Alte wird ihres Erfolgs nicht froh. Zwei andere alte Frauen kommen dazu und erheben ihre Ansprüche. Schließlich schleppen sie den jungen Mann gewaltsam mit sich fort. Nicht einmal der Punkt des Reformprogramms, daß bei völliger Gleichheit kein Streit mehr herrscht, wird eingelöst. Auch in diesem Bereich dominiert Egoismus! Beide Szenen führen vor, daß die menschliche Natur bei den ihr eigenen egoistischen Trieben zur Durchführung gemeinnütziger Vorstellungen ungeeignet ist.

Den Abschluß bildet das gemeinsame Gelage. Eine angetrunkene Magd lädt Praxagoras Mann Blepyros zum Essen ein und stellt ihm eine kulinarische Köstlichkeit in Aussicht (v. 1168–1175):

Austernschneckenlachsmuränen-
Essighonigrahmgekröse-
Butterdrosselnhasenbraten-
Hahnenkammfasanenkälber-
Hirnfedltaubensiruphering-
Lerchentrüffelngefüllte Pasteten!

Doch auch diese Köstlichkeit entpuppt sich als bloßer Ohrenschmaus: In Wahrheit gibt es nur ordinären Erbsenbrei, wie in der Realität sich das schönklingende Programm Praxagoras als bloßes Hirngespinst herausstellt, das sich, da die Natur der Menschen nun einmal so ist, wie Aristophanes es vorführt, in der Wirklichkeit des Alltags nicht umsetzen läßt. So stellt die Utopie der *Ekklesiazusen* kein provozierendes Gegenmodell dar, zu dessen Realisierung der Dichter von der Bühne herab womöglich aufrufen will; vielmehr hilft sie verstehen, warum es um die Gegenwart so schlecht bestellt ist. Gleichzeitig weist die Konzeption der *Ekklesiazusen* zurück auf die Komödie des 5. Jahrhunderts, doch auch schon deutlich auf die unpolitische Komödie des Hellenismus voraus: Die Polis und Mißstände, die im Gemeinwesen vorherrschen, bilden zwar noch wie in den Stücken des 5. Jahrhunderts den Ausgangspunkt der Handlung. Letzten Endes scheitert der Plan der komischen Heldin jedoch am einzelnen, der nur sein privates Wohlergehen zu verwirklichen strebt. Dieses Suchen nach Glück im Privaten beherrscht sowohl die philosophische Diskussion des Hellenismus, die stoische und epikureische Lehre, als auch die Komödien dieser Zeit.

Nichts macht den Unterschied zwischen der Komödie des 5. und der des 4. Jahrhunderts deutlicher als ein Vergleich der *Ekklesiazusen* mit der *Lysistrate*. Wies das Frauenstück des Jahres 411 v. Chr. noch einen starken außen- wie innenpolitischen Appellcharakter auf, schimmert in den *Ekklesiazusen* allenthalben eine von Ironie verbrämte Resignation durch. In der *Lysistrate* wird die Herrschaft der Männer und der demokratische Staat nicht in Frage gestellt, in den *Ekklesiazusen* wird das politische System der aus den Fugen geratenen Gesellschaft kurzerhand über Bord geworfen.

2.7.2 *Plutos (Reichtum)*

Noch deutlicher sticht der Unterschied zur Komödie des 5. Jahrhunderts im letzen erhaltenen Stück des Aristophanes, im *Plutos*, ins Auge. Der Ausgangspunkt der komischen Handlung ist nicht mehr in der Polis Athen, in einem aktuellen Mißstand des Gemeinwesens, zu suchen, sondern er ist ganz und gar allgemeinmenschlicher Natur: Aristophanes entwickelt seine Komödie aus der Feststellung heraus, daß der Reichtum offensichtlich ohne Rücksicht auf moralische oder sonstige Qualitäten verteilt ist.

Ein rechtschaffener armer athenischer Bürger namens Chremylos („der kleine Räusperer") hat aus Verzweiflung über die ungerechte Verteilung des Reichtums das delphische Orakel befragt, ob sein Sohn rechtschaffen wie der Vater, aber arm oder ein reicher Gauner werden solle. Der Gott heißt ihn, den ersten, auf den er nach Verlassen des Tempels treffe, mit sich zu nehmen. Der zerlumpte, blinde Bettler, auf den Chremylos trifft, entpuppt sich als Plutos, der Gott des Reichtums. Chremylos bewegt den Widerstrebenden, sich ihm anzuschließen, und verspricht ihm, ihn von seiner Blindheit zu heilen, damit er künftig den Reichtum gerecht verteilen könne (v. 1–289). Der Sklave des Chremylos wird ausgeschickt, um die anderen Dorfbewohner zusammenzurufen und sie über das Glück seines Herrn zu informieren (Parodos, v. 290ff.). Schon stellen sich Neugierige ein, die vom Reichtum ihres Nachbarn gehört haben. Ein gewisser Blepsidemos vermutet, Chremylos habe sich unrechtmäßig bereichert. Gerade will Chremylos sich mit Plutos in den Asklepiostempel aufmachen, um ihn von seiner Blindheit zu heilen, als ihm Penia, die personifizierte Armut, in den Weg tritt. Dem idealistischen Konzept des Chremylos, daß künftig nur noch die Guten und Rechtschaffenen mit Reichtum gesegnet sein sollten, hält Penia entgegen, daß dies jeden Fortschritt in der Welt beseitigen würde (v. 510–516). Die kulturschaffende Rolle der Armut wurde, wie der pseudoplatonische Dialog *Eryxias* zeigt, in der Sophistik wohl häufig diskutiert.

Wenn der Reichtum fortan, von der Blindheit kuriert, gleichmäßig die
    Güter verteilte,
Da würde von Stund an kein Mensch sich der Kunst noch nützlichen
    Wissens befleißen;
Denn wenn diese beiden beseitigt sind, dann wird sich jeder bedanken,
Zu hämmern, zu schmieden, zu zimmern, zu baun Galeeren und Wagen
    und Räder,
Zu schneidern, zu schustern und Ziegel aus Lehm zu bereiten, zu walken
    und gerben!
Wer pflügte den Acker, wer hackte den Grund, wer streute die Saat der
    Demeter,
Wer rührte die Hand, wenn behaglich er könnt und in müßiger Ruhe
    genießen?

Penias Warnung verhallt ungehört, Plutos wird geheilt. Wie in den Komödien
des 5. Jahrhunderts erscheint eine Reihe von Personen, gerechte wie ungerechte, die von dem Reichtum profitieren möchten. Selbst die Götter bleiben wie in
den *Vögeln* nicht aus: Im Auftrag des Zeus beschwert sich Hermes bei Chremylos, daß die Menschen, da es allen gut gehe, den Göttern keine Opfer mehr
darbrächten. Wenigstens im Schlußteil der Komödie (Exodos, v. 1171ff.) spielt
doch noch einmal die Polis Athen in das Bühnengeschehen hinein. In einer
feierlichen Prozession geleitet Chremylos den Reichtum hinauf auf die Akropolis, in den Tempel der Athena, das alte Schatzhaus der Stadt.

    Von der inhaltlichen Gestaltung, der Entwicklung und Durchführung des
komischen Themas her betrachtet, weist der *Plutos* einige Berührungspunkte
mit den *Ekklesiazusen* auf. Aristophanes läßt den Plan des Chremylos an keiner
Stelle im Stück ausdrücklich scheitern. Wie jedoch in den *Ekklesiazusen* Praxagoras politisches Programm in der Realität wegen der immer gleichen menschlichen Natur Schiffbruch erleiden muß, deutet Aristophanes auch im *Plutos* in
einer vergleichbaren ironischen Art und Weise an, daß gleichmäßig verteilter
Reichtum nicht unbedingt ein Segen für die Gesellschaft ist. Dies kommt vor
allem im Agon, in der Diskussion zwischen Penia und Chremylos, zum Ausdruck. Chremylos ist als ein braver, mit geistigen Gaben allerdings nicht gerade
gesegneter Biedermann und Kleinbürger gezeichnet, der den Ausführungen
Penias nicht folgen und ihnen keine stichhaltigen Gegenargumente entgegen-
halten kann. So weiß er auf die feine Unterscheidung, die Penia zwischen
Bettelei und Armut trifft, eigentlich nichts zu antworten (v. 552–554):

Denn ein Bettler ist der, der gar nichts hat und in Hunger und Kummer
    dahinlebt,

Arm aber, wer mäßig und sparsam ist und sein Leben widmet der Arbeit
Und zum Überfluß freilich es niemals bringt, doch gesichert auch bleibt vor
dem Mangel.

Die Werte, die Penia vertritt, kommen in der Diskussion mehrfach deutlich heraus (v. 557–561, 563f.):

> Ja, spöttle nur, taub für ein ernstes Gespräch, mit Komödienspäßen
>   versuch es
> Zu bestreiten, daß ich an Gestalt wie an Geist weit bessere Männer als
>   Plutos
> Erschaffe! Was triffst du für Leute denn auf der Seite des Reichtums?
>   Gesellen,
> Die das Zipperlein plagt, dickwanstige Herrn mit geschwollenen Wampen
>   und Waden;
> Doch die meinen sind schlank wie die Wespen und straff und im Kampfe
>   den Feinden ein Schrecken!
> (...)
> Auch der Ehrbarkeit muß ich gedenken, und leicht ist die Mühe, den Satz
>   zu beweisen:
> Rechtschaffenheit wohnt bei der Armut nur, bei dem Reichtum Laster und
>   Frevel!

Und was auf Privatleute zutrifft, läßt sich in weit höherem Maße von den Politikern behaupten (v. 567–570): Solange sie noch arm sind, mühen sie sich und
setzen sich nach besten Kräften für das Wohl des Staates ein. Sind sie jedoch
einmal reich, werden sie zu Schurken und Landesverrätern, die sich egoistisch
am gemeinsamen Gut bereichern. Penia vertritt die Ideale der guten alten Zeit:
Anständigkeit, Ehrbarkeit, das rechte Maß (Sophrosyne), Energie und Wehrhaftigkeit im Felde – all die Tugenden also, die in den Komödien des 5. Jahrhunderts den wahren Athener zugeschrieben werden, die die Stadt groß gemacht und tapfer verteidigt hatten. Man denke nur an den Chor der *Wespen*, an
die alten Männer in der *Lysistrate* oder an Aischylos in den *Fröschen*. Penia vertritt demnach genau die Werte, die Chremylos im Prolog, in seinem Lamento
über die ungerechte Verteilung des Reichtums, für sich in Anspruch nimmt:
Fromm und rechtschaffen behauptet er zu sein (v. 28). Daß er nun, nachdem er
unverhofft zu Reichtum gekommen ist, seine Ohren Penias Worten verschließt,
läßt ihn selbst und seine Selbsteinschätzung in einem fragwürdigen Licht erscheinen. Die unmittelbar auf den Agon folgenden Szenen illustrieren deutlich
die Berechtigung von Penias Warnungen. Der von Anfang an nur auf seinen

eigenen Vorteil bedachte Blepsidemos kündigt unverzüglich an, fortan nur noch in Luxus und Schwelgerei leben und keinen Finger mehr rühren zu wollen (v. 613–618), und der Sklave Karion berichtet von den Folgen des Wohlstands in Chremylos' Haus; seine Schilderung läßt immer wieder das Unangebrachte und Übertriebene des neuen Lebensstils im Haus des Kleinbürgers aufblitzen (v. 802–822): Alle Kasten und Kisten sind voller Gold und Silber, man trinkt nur noch den besten Wein, der Herd ist aus Elfenbein, die Sklaven arbeiten nicht mehr, sondern würfeln um Goldmünzen; selbst den Hintern wischt man sich – als Ausdruck des ausgebrochenen Wohlstandes – mit Knoblauch ab. Und nicht ein einzelnes Tier schlachtet sein Herr im Augenblick; nein, es müssen ein Schaf, ein Bock und ein Ferkel sein! Schließlich unterstreicht der Auftritt des Götterboten Hermes (v. 1099ff.), daß es auch um die Frömmigkeit, auf die Chremylos im Prolog doch mit Nachdruck pochte (v. 28), in Athen nicht mehr gut bestellt ist, bringt doch niemand mehr den Göttern Opfer dar. In jeder Szene erhalten Penias Warnungen ein Bestätigung, und außerdem wird der allgemeine Reichtum durch den fragwürdigen Charakter des Wohltäters Chremylos in Frage gestellt.

Noch deutlicher als die kurz zuvor aufgeführten *Ekklesiazusen* unterscheidet sich der *Plutos* von den Komödien des 5. Jahrhunderts und weist sich als eine Komödie des Übergangs zwischen der Alten Komödie und der hellenistischen Komödiendichtung Menanders aus. Der allgemeinmenschlichen Natur des komischen Themas, das seine Wurzeln nicht mehr in der aktuellen politischen Lage Athens hat, entspricht eine durchgängige Verlagerung ins bürgerliche Ambiente, wie es für die hellenistische Komödie bezeichnend wird. So findet man bereits die für die hellenistische Komödie typischen Personen: das Paar Herr und Sklave, Chremylos und Karion, und in der Figur des Sykophanten den typischen Schmarotzer, den wir bei Menander, Plautus und Terenz als den Parasiten wiederfinden werden. Derbe Obszönitäten und harter persönlicher Spott erscheinen nicht mehr in der Dichte, wie wir es aus den früheren Komödien kennen. Ins Auge sticht die Rolle Penias: In den Stücken des 5. Jahrhunderts setzte Aristophanes abstrakte Vorstellungen, metaphorische Redewendungen oder Sprichwörter in Handlung um und führte sie im komischen Spiel in oft unübertrefflicher Weise den Zuschauern deutlich vor Augen – man denke nur an den Friedenswein der *Acharner*, an den Haushalt des Herrn Demos in den *Rittern* oder an die dünne Luft der sophistischen Spekulation der *Wolken*. Im *Plutos* ist Penia eine allegorische Figur, die nicht komisch unterhält, sondern moralisierend predigt. Es wird nicht mehr eine Idee plastisch in komische Handlung überführt, sondern es wird über Ideen und Konzepte diskutiert. Die Rhetorik siegt über die Dramaturgie!

Der Wandel, der sich in der Gattung Komödie und überhaupt im literarischen Leben Athens zwischen dem Ende des Peloponnesischen Kriegs und den ersten Jahren des 4. Jahrhunderts abgespielt hat, läßt sich auch daran erkennen, daß Tragödienparodie (Paratragodia) in den *Ekklesiazusen* und im *Plutos* keine nennenswerte Rolle mehr spielt. Stand in den *Fröschen* noch die Schwestergattung im Mittelpunkt, verlagert sich im *Plutos* das Gewicht zu Gunsten des dionysischen Bruders, des Dithyrambos. In der Parodos (v. 290ff.) parodiert Aristophanes einen beliebten Dithyrambos des Philoxenos mit dem Titel *Der Kyklop oder Galatea*. Um das berühmte Chorstück rankt sich eine Anekdote: Von dem sizilischen Tyrannen Dionysios in die berüchtigten Steinbrüche von Syrakus geschickt – entweder aus Eifersucht oder weil der Dichter sich über die dilettantischen Tragödien des Tyrannen lustig gemacht habe –, habe Philoxenos literarische Rache genommen. In seinem Dithyrambos *Der Kyklop oder Galatea* habe er dem Tyrannen die Rolle des tolpatschigen Kyklopen Polyphem, der Geliebten die Partie der Nymphe Galatea zugeschrieben, sich selbst habe er als den raffinierten Odysseus eingeführt. Wie Timotheos von Milet, Agathon oder Euripides, gehört auch Philoxenos zur Gruppe der literarischen und musikalischen Avantgarde. Die Parodie des Aristophanes belegt, daß er die chorlyrische Form des Dithyrambos aufzubrechen und zu dramatisieren versuchte, indem er Polyphem und Odysseus als Solisten auftreten ließ. Aristoteles erwähnt in der *Politik* (1342 b8), Philoxenos habe seinen Dithyrambos *Die Myser* in der dorischen Melodie komponieren wollen, die normalerweise dem zur Kithara vorgetragenen Sologesang, dem sogenannten Nomos, vorbehalten war, sei aber immer wieder unter dem Zwang der Gattung in die zum Dithyrambos passende ionische Melodie zurückgefallen. Auch diese Nachricht weist auf die literarische Experimentierfreude des Philoxenos hin, auf seinen Versuch, die Gattungen zu mischen. Das musikalische Miniaturdrama mit Ballettcharakter, zu dem sich der Dithyrambos im 4. Jahrhundert entwickelt, droht, die Tragödie als Bezugspunkt der Komödiendichter zu verdrängen.

In dieselbe Richtung weist die Riesenpastete in der Exodos der *Ekklesiazusen* (v. 1168ff.). Unter dem Namen des Philoxenos von Leukas, der vermutlich nicht mit dem berühmten Dithyrambendichter gleichen Namens identisch ist, ist ein in dem erhabenen, chorlyrischen Versmaß der Daktyloepitriten, deren sich Pindar und auch Aischylos gerne bedienten, ein in dithyrambischer Tradition stehendes Gedicht mit dem Titel *Das Gastmahl (Deipnon)* erhalten. Von der Vorspeise bis zum Nachtisch wird ein aufwendiges Gelage beschrieben. Der Text (Fr. 836 PMG) verdeutlicht die Säkularisierung, die die drei dionysischen Gattungen Tragödie, vor allem jedoch Komödie und Dithyrambos zu Beginn des 4. Jahrhunderts durchliefen. Von der dionysischen Festesfreude, wie sie die nur in Bruchstücken erhaltenen Dithyramben Pindars oder die frühen Komödien des Aristophanes – man denke nur an die *Acharner* – ausdrücken, ist nur noch die Beschreibung kulinarischer Genüsse geblieben. So gehören denn auch Essens- und Gelageschilderungen zu den Glanzstücken der Komödienproduktion der folgenden Generation, der Mittleren und Neuen Komödie.

Als ein Stück des Übergangs weist den *Plutos*, aber auch schon die *Ekklesiazusen* die Rolle des Chors aus. Auffallend ist zunächst, daß das traditionelle, ganz dem Chor vorbehaltene Stück der Alten Komödie, die Parabase, in beiden Komödien verschwunden ist (s.o. S. 38). Auflösungserscheinungen des ansonsten festgefügten Bauteils kann man bereits in den *Fröschen* feststellen, das Stück, in dem Aristophanes die sogenannten Anapäste in die große Parodos integriert hatte. Der eigentlich zweiteilige epirrhematische Agon ist auf einen Teil geschrumpft, im *Plutos* fehlt sogar die einleitende Ode. Die Bedeutung des Chors schwindet im Werk des Aristophanes, wie es sich in den *Ekklesiazusen* schon andeutet und im *Plutos* augenfällig ist: Die Parodos ist hier die einzige ausgeführte Chorpartie der Komödie, und die hat nicht einmal mehr einen Bezug zur Handlung, sondern ist eine rein parodische Einlage! Ansonsten findet man in den Handschriften XOPOY-Vermerke, also Hinweise darauf, daß an dieser Stelle ein akttrennendes Intermezzo des Chores vorgesehen war, das mit der Handlung nichts zu tun hatte und aller Wahrscheinlichkeit nach auch nicht vom Dichter selbst stammte (s.o. S. 43). Daß Aristophanes überhaupt diese Parodos für den Chor schrieb, könnte man damit erklären, daß er wenigstens dadurch, daß er eine lockere Beziehung der Parodos mit der Handlung des Prologs herstellt – die Bauern, die den Chor bilden, werden von Karion herbeigerufen, um Chremylos bei der Heilung des Plutos zu assistieren –, eine, wenn auch dürftige, Motivierung der Anwesenheit des Chors in der Orchestra schaffen wollte. In der Neuen Komödie ist die Schwundstufe dieser Motivierung erreicht, wenn die Schauspieler beim ersten Auftritt des Chors auf das Nahen einer anonymen Gruppe bezechter junger Männer hinweisen.

Die Vorstufe dazu liegt in den *Ekklesiazusen* vor: Den Frauen, die den Chor bilden, weist Aristophanes die Rolle einer Nebenfigur zu. Sie sind Praxagoras Verbündete, die komische Heldin handelt stellvertretend für sie. Die Anwesenheit des Chores wird glücklich motiviert, indem sich die Frauen – eine nach der anderen – im Prolog versammeln und an dem Punkt der Handlung, an dem man die Parodos erwartet, in die Volksversammlung ausziehen. So hat der Chor in diesem vorletzten Stück des Aristophanes zwar noch einen sinnvollen Platz in der Handlung, aber er ist nicht mehr als eine eigenständige Gruppe mit eigenen Interessen konzipert, sondern seine Bedeutung ist auf eine Schar von Komplizinnen geschrumpft. Die dramatischen Möglichkeiten, die in den früheren Stücken mit dem Einzug des Chores und seiner Beziehung zum Plan des Protagonisten, mit seiner Charakterisierung und seiner Selbstvorstellung gege-

ben waren, sind verlorengegangen. So ist es bezeichnend, daß eben die Parabase, also der Ort der Selbstdarstellung des Chors, aus der Komödie verschwunden ist.

2.8 Vorgänger und Rivalen des Aristophanes

Zwar hat sich durch Papyrusfunde seit Ende des 19. Jahrhunderts unsere
Kenntnis der anderen Komödienautoren des 5. Jahrhunderts, der Vorgänger
und Zeitgenossen des Aristophanes, erheblich verbessert, zumal in den letzten
15 Jahren die Beschäftigung mit den Komikerfragmenten zum ersten Mal in
der Geschichte der Klassischen Philologie durch die von Rudolf Kassel und
Colin Austin herausgegebene und fast abgeschlossene monumentale Ausgabe
der *Poetae Comici Graeci (PCG)* auf eine wissenschaftlich solide Basis gestellt
worden ist. Trotzdem sind wir noch immer nicht in der Lage, die Handlung der
fragmentarischen Komödien nachzuvollziehen, ohne zu viele Hypothesen zu
wagen, oder literarische Techniken oder Besonderheiten der metrischen und
rhythmischen Komposition herauszuarbeiten.

Bezugspunkt bei all diesen Fragen bleiben stets die elf erhaltenen Komödien des Aristophanes. Die methodische Gefahr liegt auf der Hand: Wenn wir
z.B. Handlungsstrukturen, wie sie aus der aristophanischen Komödie bekannt
sind, als Muster oder Vergleichsmaterial an Fragmente anderer Komödiendichter anlegen, gehen wir stillschweigend davon aus, daß die anderen Komödiendichter wohl wie ihr großer Zeitgenosse geschrieben haben werden. Die
Analyse der Komödien des Aristophanes sollte jedoch eine Warnung sein,
stereotype Handlungsabläufe, Charakterisierungstechniken oder eine sklavische
Abhängigkeit des Dichters von traditionellen Formen und Bauteilen anzu-
nehmen. Liegt doch gerade der Reiz – vor allem für das verwöhnte, theater-
erfahrene athenische Publikum – in dem Spiel, das der Dichter mit traditionellen Inhalten und Bauelementen treibt, wobei die überraschende Wendung
und Durchbrechung der Erwartung, mit der die Zuschauer sich ein Stück ansehen, zu den Grundprinzipien der Kunst des Aristophanes gehören. Das Unerwartete, die stets neuen Einfälle und Ideen der Komödiendichter verbieten es
demnach weitgehend, auf der Basis der Auswahl eines einzigen Dichters Rückschlüsse auf Inhalt und Form der anderen Autoren zu ziehen.

2.8.1 Epicharmos

Fast völlig im dunkeln tappen wir bei dem sizilischen Komödienautor Epicharm, der in der ersten Hälfte des 5. Jahrhunderts wirkte, also in der Zeit, als

in Athen die Komödie in das Programm der Großen Dionysien aufgenommen und als offizielle Gattung der Polis geadelt wurde. Dies ist um so bedauerlicher, als auf Sizilien vermutlich eine von der attischen Komödie unabhängige Form der komischen Dichtung existierte. Titel der Komödien Epicharms – er dürfte etwa 45 Komödien verfaßt haben – lassen den Schluß zu, daß er mythologische Burlesken schrieb, in deren Mittelpunkt vor allem Herakles und Odysseus standen. Wie in der attischen Komödie finden sich auch pluralische Titel wie *Die Inseln, Perser* oder *Sirenen*. Ob man dies allerdings als einen Hinweis auf die Chormaske nehmen kann – man denke an die *Wolken, Wespen* oder *Vögel* des Aristophanes – bleibt ungewiß. Es läßt sich auf der Basis des vorhandenen Materials nicht einmal klären, ob in den Stücken Epicharms überhaupt ein Chor auftrat. Zudem sollten Titel wie die *Frösche* des Aristophanes eine Warnung sein, da der Chor dieser Komödie gerade kein Tierchor ist. Ebenfalls in die falsche Richtung könnte ein Titel wie *Herr und Frau Rede (Lógos und Logína)* des Epicharm verweisen: Vor der Folie des Agons der beiden Logoi in den *Wolken* des Aristophanes liegt die Vermutung nahe, es handele sich um eine Intellektuellenkomödie, in der es um die Errungenschaften der in dieser Zeit in Sizilien langsam entstehenden, mit den Namen Korax und Teisias verbundenen Rhetorik geht. In einigen Fragmenten (145–147 PCG) geht es denn auch um etymologisch-rhetorische Wortklaubereien, wie wir sie aus den *Wolken* kennen. Die Fragmente jedoch, die wir aus *Herr und Frau Rede* besitzen, verweist eher auf einen mythologischen Inhalt. Einige Fragmente weisen philosophischen Inhalt auf (276–278 PCG); es ist allerdings wahrscheinlich, daß diese Texte erst später – unter dem Einfluß der platonischen Philosophie – in die Komödien Epicharms eingefügt wurden. In Fr. 275 dreht sich das Gespräch über den Ursprung der Welt, Fr. 278 und 279 sind eine an einen gewissen Eumaios gerichtet Rede über das, was die Welt im Innersten zusammenhält, und Fr. 277 liest sich geradezu wie ein Auszug aus einem platonischen Dialog:

A. Ist das Flötenspiel ein Ding?

B. Ja, ganz gewiß.

A. Der Mensch – ist er ein Flötenspiel?

B. Auf keinen Fall.

A. Gut, weiter: Was aber ist denn ein Flötenspieler? Was meinst du?
    Ein Mensch? Oder nicht?

B. Natürlich.

A. Verhält es sich nun
    im Hinblick auf das Gute deiner Meinung nach auch so?
    Daß das Gute an und für sich ein Ding ist. Wer es
    Gelernt hat und es weiß, wird nun selbst gut.

Wie zum Beispiel ein Flötenspieler ist, wenn er das Flötenspiel gelernt
   hat,
Oder ein Tänzer, der den Tanz, oder ein Weber, der die Webkunst
   gelernt hat,
Oder alles derartiges auf dieselbe Art, was du willst:
Nicht dasselbe sind die Kunst und der Künstler.

Ein wichtiges Zeugnis zur Frühphase der literarischen Komödie gibt, ohne
allerdings Epicharm beim Namen zu nennen, Aristoteles im 5. Kapitel der *Poetik* (1449 b5). Ursprünglich hätten, schreibt Aristoteles, die sizilischen Komödiendichter damit begonnen, zusammenhängende Handlungen (*mýthoi*, μῦθοι)
zu konzipieren, also – modern gesprochen – komische *plots* zu entwerfen.
Dichter wie Epicharm und sein Zeitgenosse Phormis sind also offensichtlich
daran gegangen, die Komödie aus der volkstümlichen Form der Spottdich-
tung, von der iambischen Form (Aristoteles, *Poetik* c.5, 1449 b8), zur dramatischen Handlung zu machen, die über den speziellen Fall, die Verspottung eines
Individuums, hinausweist und allgemeine Gültigkeit besitzen kann.

Dies muß keineswegs im Widerspruch zu dem stehen, was wir sonst von
der Geschichte der Alten Komödie wissen. Ein Dichter wie Aristophanes be-
zieht zwar seine Inspiration aus dem Leben der Polis, aus aktuellen politischen
Ereignissen. Trotzdem weisen die Komödien einen allgemeingültigen Charakter
auf, da die aus dem Alltag Athens herausgegriffenen Einzelfälle über sich hin-
ausweisen und dadurch eine zeitlose Gültigkeit besitzen. Man denke nur an die
Analyse des Verhaltens der Politikerkaste, wie Aristophanes sie in den *Rittern*
gibt, an die Durchleuchtung der Rolle der Intellektuellen in der Gesellschaft
(*Wolken*), oder das Verhältnis der Geschlechter (*Lysistrate*, *Ekklesiazusen*). In
durchaus vergleichbarer Weise nimmt auch der Historiker Thukydides für sein
dem Peloponnesischen Krieg gewidmetes Werk Allgemeingültigkeit in Anspruch, da die menschliche Natur sich immer gleich bleibe und man deshalb die
Ereignisse der Jahre 431–404 v. Chr. als Musterfälle für spätere, ähnliche
Konstellationen ansehen könne.

2.8.2 Magnes

Von unschätzbarem Wert für die Kenntnis und Beurteilung der Vorgänger des
Aristophanes ist der teilweise polemische Rückblick auf die Gattungsgeschichte, den der Dichter selbst in der Parabase der *Ritter* (v. 520–540) gibt und
in dem er drei Dichter – Magnes, Kratinos und Krates – würdigt:

Wohl weiß er ja, wie es dem Magnes erging, als das Alter ihm bleichte die
  Haare,
Er, welcher so oft im dramatischen Kampf die Palme des Sieges errungen,
Der in jeglichem Ton sich versuchte für euch, mit Lautenklang,
  Vogelgezwitscher,
Mit lydischem Lied, mit Wespengesumm und Gequak aus der Maske der
  Frösche;
Er behagte nicht mehr euch, der Alte, zuletzt – denn anders war's, als er
  jung war –,
Ihr stießt ihn von euch, den ergrauten Mann, weil der beißende Witz ihn
  verlassen.

(*Ritter*, v. 520–525)

Magnes, der erste der drei von Aristophanes gewürdigten Dichter, war der
erfolgreichste Komödienautor in der ersten Hälfte des 5. Jahrhunderts, nachdem 486 v. Chr. die Komödie ihren Platz im Programm der Großen Dionysien
erhalten hatte. Die ihm zugeschriebenen elf Siege an den Dionysien, von denen
sich einer auf 472 v. Chr. datieren läßt – das Jahr, in dem die *Perser* des Aischylos aufgeführt wurden –, hat nach unserem Wissen kein anderer Komödiendichter übertroffen. Aus seinem Werk sind lediglich sieben Verse erhalten. Dies
ist symptomatisch für die Frühphase der Gattung Komödie: Die frühen Dichter wurden allmählich von den großen, klassischen Autoren wie Aristophanes,
Kratinos und Eupolis aus dem Überlieferungsprozeß verdrängt. Ähnlich erging
es dem Sieger des ersten Komödienagons im Jahre 486 v. Chr., Chionides, von
dem auch nur wenige Verse und einige Titel erhalten geblieben sind.

Selbst die Titel, die in den Scholien Magnes zugeschrieben werden – *Lauten-
schlägerinnen*, *Vögel*, *Lyder*, *Gallwespen* und *Frösche* –, sind nicht über jeden Zweifel
erhaben, sondern könnten von dem Erklärer aus Aristophanes' *Rittern* heraus-
gesponnen sein. Aristophanes könnte ebensogut auf den Stil, auf sprachliche
und musikalische Besonderheiten des Magnes wie lydische Melodien oder die
Imitation von Tierlauten durch den Chor oder Solisten oder auf ausgefallene
Chorkostümierungen hinweisen. Auffallend ist, daß er nach Athenaios zwei
Komödien mit dem Titel *Dionysos* verfaßt hat. Dies läßt die Vermutung zu, daß
in der Frühphase der literarischen Komödie die Verwurzelung der Gattung im
Dionysoskult im Stoff der Stücke deutlicher zur Sprache kam. Magnes' Werk
muß in bedeutend größerem Ausmaß, als wir dies von Aristophanes kennen,
durch beißenden, persönlichen Spott geprägt gewesen sein. Dies paßt mit dem
5. Kapitel der *Poetik* zusammen, wo Aristoteles schreibt, daß in Athen die Dichter erst eine Generation nach Epicharm damit begonnen hätten, zusammen-

hängende Handlungen zu konzipieren, und diese Entwicklung mit dem Dichter Krates in Verbindung bringt.

2.8.3 Kratinos

Dann gedacht er wohl auch des Kratinos, der einst, von dem Donner des
    Beifalls begleitet,
Wie ein Waldstrom sich auf das Blachfeld ergoß, Steineichen, Platanen und
    Feinde
Aus dem Boden riß mit der Wurzel und hin sie trug auf rauschenden
    Wogen.
Da gefiel kein Lied bei Gelagen als dies: „O feigenholzsohlige Doro!"
Und: „O Meister im künstlichen Liederbau!" – So stand er wie keiner im
    Flore!
Jetzt hört ihr sein kindisches Lallen, es rührt euch nicht; und ihr seht, wie
    der Leier
Die Wirbel entfallen, die Saiten verstimmt, das Instrument aus den Fugen
Gewichen: so seht ihr ihn wanken umher, den würdigen Alten, wie Konnos,
Mit dem welken Kranz auf der Glatze, vor Durst verschmachtend; wenn
    einer, hätt er es
Verdient, für die Siege, die einst er erfocht, im Prytaneion zu – zechen,
Nicht so zu verkümmern, zu schimmern vielmehr im Theater dem Bakchos
    zur Seite.

                                        (Ritter, v. 526–536)

Im Mittelpunkt des Rückblicks, seiner Bedeutung entsprechend mit der größten Verszahl ausgeführt, steht Kratinos, der Vorgänger und Rivale des Aristophanes, der etwa eine Generation älter als Aristophanes war (* ca. 485 v. Chr.) und seine Karriere als komischer Dichter bereits 455 v. Chr. begonnen hatte. Dementsprechend zwiespältig ist die Würdigung, die Aristophanes ihm angedeihen läßt. Er betont, daß die Werke des Kratinos einen ungeheuren poetischen Schwung besaßen, sich durch Wortgewalt und musikalischen Reichtum auszeichneten, so daß sie sogar bei den Gelagen als Skolia (Trinklieder) gesungen wurden. Doch damit ist es vorbei: Der alte Schwung hat ihn verlassen, der Trunksucht ergeben, wankt die einstige Größe im literarischen Leben der Stadt wie der stets betrunkene Musiklehrer Konnos durch die Straßen. Es wäre Zeit, daß er sich endlich aus dem dionysischen Festbetrieb auf sein wohlverdientes Altenteil zurückzöge, um sich dem Rausch zu ergeben, die Feder aber beiseite legte und Jüngeren Platz machte. Die freche Ankündigung der Parabase sollte in Erfüllung gehen: Aristophanes schlug mit seinen *Rittern* im Jahr 424 v. Chr. tatsächlich den Altmeister der Gattung, der mit seinen *Satyrn* den zweiten Platz belegte, nachdem bereits er im Vorjahr mit seinen *Cheimazomenoi* (*Die Schiffbrüchigen*) den *Acharnern* unterlegen war. Doch Kratinos ließ sich nicht abschreiben: Mit dem Vers „Wer Wasser trinkt, der zeugt wohl nichts Gescheites" (Fr. 203 PCG) aus seiner *Flasche* (*Pytine*) reagiert er ein Jahr später auf die Attacke, mit der ihm der junge Aristophanes zusetzt. Die Revanche glückt: Mit seiner ironischen Selbstdarstellung in der *Flasche*, in der er den Vorwurf des Aristophanes aufnimmt und sich als Gatte der personifizierten Trunksucht hinstellt, gelingt ihm 423 v. Chr. sein letzter großer Erfolg, mit dem er Aristophanes und dessen *Wolken* auf den dritten Platz verwies.

Zwar ist keine Komödie des Kratinos ganz erhalten. Aus den zahlreichen Fragmenten können wir jedoch ersehen, daß sie durch beißenden politischen Spott gekennzeichnet sind, der sich vor allem gegen Perikles und dessen Umgebung richtet. Der führende Staatsmann Athens ist Ziel des Spotts in den *Cheirones* (um 440 v. Chr.), vermutlich wurde er auch in den *Plutoi* und den *Archilochoi* verspottet. Gerade der Titel *Archilochoi* dürfte bezeichnend für die komische Kunst des Kratinos sein, da er sich ausdrücklich zu Archilochos, dem Dichter aus Paros (ca. 680–630 v. Chr.) als geistigen Ahnherrn einer von Spott und Kritik getragenen Komödie bekennt. In zwei Stücken bedient sich Kratinos in seinem Spott gegen Perikles offensichtlich der Mythenparodie und Mythenburleske, in der *Nemesis* („Vergeltung" bzw. als Personifikation „Die Göttin der Vergeltung", 431 v. Chr.) und dem *Dionysalexandros* (430 v. Chr.). Der *Dionysalexandros* ist ein verwickeltes Rollenspiel: Hinter dem Gott des Theaters, Dionysos, der sich als trojanischer Prinz Paris ausgibt, ist Perikles, hinter Helena, der Frau des Spartanerkönigs Menelaos, ist unschwer Perikles' Geliebte Aspasia zu erkennen. Aller Wahrscheinlichkeit nach lassen sich auch hinter den anderen Personen des Dramas und der Handlung Anspielungen auf die aktuelle politische Situation ausmachen.

Im Spiegel der Mythenparodie haben wir eine harte Kritik und Auseinandersetzung mit der perikleischen Kriegspolitik, wie wir sie wieder in den *Acharnern* des Aristophanes antreffen werden. Und wie Aristophanes – z.B. in den *Fröschen*, v. 686f. – nimmt auch Kratinos für sich in Anspruch, durch seine Komödien der Stadt zu nützen. In Fr. 52 aus den *Dionysoi* heißt es, daß derjenige, der der Stadt den besten Rat gebe, im Agon der Komiker siegen möge. Wie Aristophanes scheint auch Kratinos – z.B. in Fr. 256 PCG (aus den *Cheirones*) – den Mißständen der Gegenwart die gute alte Zeit entgegengehalten und sie mit Schlaraffenlandvorstellungen angereichert zu haben (z.B. in den *Plutoi*).

2.8.4 Krates

Zeitgenosse des Kratinos ist der letzte der drei von Aristophanes gewürdigten Dichter, Krates. Aus der Parabase der *Ritter* läßt sich eine besondere Zuneigung und Bewunderung des Aristophanes für seinen Vorgänger heraushören – und dies ohne die Zwischentöne, die bei Kratinos mitklingen, da Krates zur Zeit der Ritter nicht mehr aktiv am komischen Agon teilnahm (*Ritter*, v. 537–540):

> Und Krates sodann, was mußt er von euch nicht ertragen für Launen und
>   Püffe,
> Der oft mit geringem Aufwand euch bewirtet und trockenen Mundes
> Die witzigsten Sachen euch vorgekaut, und ihr ginget zufrieden nach
>   Hause!
> Der hielt sich allein, doch freilich auch: wie? Heut ausgezischt, morgen
>   geduldet!

Im 5. Kapitel der *Poetik* schreibt Aristoteles Krates die für die Gattung wegweisende Neuerung zu, die in Sizilien Epicharm und Phormis durchgeführt hatten: für die Stücke eine komische Fabel, eine durchgängige Handlung zu konzipieren. Dies würde durchaus dazu passen, daß erst einige Jahre nachdem die Komödie mit einem Agon an dem Fest der Polis, an den Großen Dionysien, geadelt worden war, die komischen Dichter daran gingen, ihre Stücke unter dem Einfluß der bereits etablierten Gattung Tragödie an dem übermächtigen Vorbild auszurichten. Von den sechs bekannten Titeln des Krates sind seine *Tiere (Thería)* von besonderem Interesse. In dem Stück scheint er zwei allegorische Figuren eingeführt zu haben, von denen die eine die einfache, schlichte, die andere die luxuriöse Lebensführung vertritt. Wenn sich dies beweisen ließe, würde der Agon im *Plutos* des Aristophanes, der ein ähnliches Thema zum Inhalt hat, seine Einzigartigkeit in der Gattungsgeschichte verlieren. Wenn die Menschen – so der Inhalt der wenigen Fragmente – zur Einfachheit zurückfinden und in vollständiger Übereinstimmung mit der Natur leben, wird die Natur ihrerseits alles zum Wohl der Menschen Erforderliche von sich aus bereitstellen: Töpfe, Pfannen, das Tischlein-deck-dich – alles wird sich von allein einfinden (Fr. 16 PCG). Allerdings gehört zu dieser natürlichen Lebensführung, daß die Menschen sich vegetarisch ernähren. Der Chor der Komödie war wohl aus Tieren gebildet, die die Menschen aufforderten, auf Fleisch als Nahrung zu verzichten (Fr. 19 PCG). Um was es in der Komödie Die *Redner (Rhétores)* im einzelnen ging, läßt sich nicht sagen, da nur ein einziger Vers erhalten ist (Fr. 30 PCG). Man kann jedoch annehmen, daß wie in den *Wolken* des Aristophanes oder auch in den Komödien des Epicharm die Folgen und Auswüchse der modernen Rhetorik aufs Korn genommen wurden. Dieselbe Ungewißheit bleibt bei den *Nachbarn (Geítones)* bestehen: Athenaios (X 428 F) weist darauf hin, daß Krates in der Nachfolge Epicharms Betrunkene auf die Bühne gebracht habe. Man könnte daran anknüpfend vermuten, daß wir in dieser Komödie einen Chor von Angetrunkenen, einen Komos, annehmen können, wie er in der Phase der Neuen Komödie durchgängig eingesetzt wird. Aus der Würdigung des Aristophanes, vor allem aus dem von großer Sympathie für Krates getragenen Ton kann man die Schlußfolgerung ziehen, daß Aristophanes sich in gewisser Weise Krates als Vorbild genommen hat: Nicht auf das bloße Bühnenspektakel kommt es an, sondern auf den feinen Witz und Humor, auf eine ausgefeilte Handlung und ebenso feine Charakterisierung der Bühnenpersonen.

Die tatsächlich gleichaltrigen Komödiendichter spart Aristophanes in seiner Gattungsgeschichte aus naheliegenden Gründen aus: Sind doch Männer wie Eupolis und Pherekrates seine unmittelbaren Rivalen, deren Nennung in der Parabase der *Ritter* einer Anerkennung ihrer Bedeutung gleichgekommen wäre.

2.8.5 Eupolis

Eupolis ist ohne Zweifel der neben Aristophanes und Kratinos wichtigste Autor des 5. Jahrhunderts. Horaz nennt ihn in *Satiren* I 4, 1 in einem Atemzug mit den anderen beiden – *Eupolis atque Cratinus Aristophanesque poetae* –, wobei die Reihung keine Rückschlüsse auf Horazens Wertschätzung zuläßt, sondern aus metrischen Zwängen zu erklären ist. Eupolis dürfte etwas älter als Aristophanes sein; 430/429 v. Chr. nahm er zum ersten Mal am Agon teil. Er starb in jungen Jahren nach 411 v. Chr. Die antike legendenhafte Tradition, wie sie Cicero in einem Brief an seinen Freund Atticus referiert (VI 1, 18), weiß zu berichten, daß Alkibiades ihn aus Haß ertränkt habe, da er ihn in den *Täufern (Báptai*, ca. 416 v. Chr.) als Anhänger obskurer Kultpraktiken verspottet habe. Wahrscheinlicher dürfte die Nachricht sein, er sei im Peloponnesischen Krieg gefallen.

Phantasiereichtum und Anmut sind die Hauptmerkmale, die Eupolis von dem spätantiken Autor und Literaturtheoretiker Platonios zugesprochen werden. Wie für Aristophanes und Kratinos ist der Nährboden der Komödie des Eupolis die athenische Demokratie des 5. Jahrhunderts. Er scheint jedoch in der Behandlung der Themen weniger aggressiv gewesen zu sein. Während Aristophanes in seinen *Wolken* die tieferen Wurzeln für Athens Niedergang in der durch die Sophistik ausgelösten intellektuellen Unsicherheit aufzudecken versucht, scheint Eupolis in seinen *Schmeichlern (Kólakes)* des Jahres 421 v. Chr., in denen er – wie Platon im *Protagoras* – das Treiben der Sophisten im Hause des reichen Kallias zum Thema macht, den persönlichen Spott gegen den reichen Athener und Sophistenfreund in den Mittelpunkt gestellt zu haben, und siegte damit über den *Frieden* des Aristophanes.

Aristophanes wirft Eupolis vor, er sei ihm auf der von ihm eingeschlagenen Bahn des Spotts gegen führende Politiker gefolgt und habe seine Ideen verwässert. Ja, er zeiht ihn geradezu des Plagiats: Indem Eupolis im *Maríkas (Der Strichjunge,* Lenäen 421 v. Chr.) den zweitrangigen Politiker Hyperbolos in den Dreck ziehe, verhunze er seine *Ritter (Wolken,* v. 553f.), in denen er sich mit dem führenden Politiker Kleon, nicht mit der zweiten Garde abgegeben habe.

Durch einen umfangreicheren Papyrusfund können wir uns ein ungefähres Bild von den *Demen (Die Dörfer* [kleinste Verwaltungseinheiten Attikas], 412 v. Chr.) machen: In der militärisch verzweifelten Lage nach dem Scheitern des Sizilischen Expedition macht sich ein Athener namens Pyronides („Feuersohn", „Hitzkopf") in die Unterwelt auf, um die großen Staatsmänner der guten alten Zeit zurückzuholen. Wir treffen auf dieselbe komische Idee in den *Fröschen* des Aristophanes (405 v. Chr.), in denen sich der Gott des Theaters persönlich auf den Weg in die Unterwelt macht und am Ende Aischylos, den Repräsentanten der guten alten Zeit, zur Rettung der Polis zurückbringt. Die Konfrontation zwischen der Vergangenheit und Gegenwart dient in erster Linie natürlich dazu, die Zeit des Sieges über die Perser zu verklären und die Gegenwart als Negativbild davon abzusetzen. Dies kann man vor allem aus einem wohl der Parabase entstammenden Chorstück herauslesen, in dem die Politiker der Gegenwart als üble Kriegsgewinnler verhöhnt werden (Fr. 93 PCG, s.o. S. 86f.).

Mit der großen Politik setzt sich Eupolis auch in den 422 v. Chr. aufgeführten *Städten (Póleis)* auseinander. Vergleichbar den *Demen* ist in den *Poleis* der Chor aus den Vertreterinnen der einzelnen attischen Bundesstädten zusammengesetzt. Das Besondere scheint zu sein, daß der Chor sich – wie in den *Vögeln* des Aristophanes – aus 24 Individuen zusammensetzte, also jeder Choreut eine bestimmte Stadt vertrat. Die komische Idee, die Eupolis seiner Komödie zugrunde legt, ist allerdings bedeutend harmloser als die Konzeption von Aristophanes' Jugendwerk *Die Babylonier.* Waren dort die Bundesstädte als Mühlensklaven dargestellt, die unter Athens Herrschaft leiden, sind sie bei Eupolis Frauen, die verheiratet werden sollen, denen aber aufgrund der Notlage die erforderliche Aussteuer fehlt.

Wie Aristophanes setzt auch Eupolis sich polemisch mit den Auswirkungen des Kriegszustands auf die Moral der Bevölkerung auseinander, vor allem in den *Astráteutoi (Die Ungedienten,* 423 v. Chr.) und den *Taxíarchoi (Obristen,* 427 v.

Chr.), in denen er – wie Aristophanes in den *Acharnern* – den Mißstand des Drückebergertums an den Pranger stellt.

2.8.6 Pherekrates

In dem anonymen Traktat *Über die Komödie* wird Pherekrates, einem etwas älteren Zeitgenossen des Aristophanes, äußerst großer Einfallsreichtum bei der Konzeption seiner Stücke zugeschrieben. Die 288 erhaltenen Fragmente scheinen dies zu bestätigen: Zwei längere Fragmente aus den *Metallés (Die Bergarbeiter,* Fr. 113 PCG) und den *Persern* (Fr. 137) gehören zu den für die Komödie des 5. Jahrhunderts typischen Schilderungen des Schlaraffenlandes, das in der Unterwelt oder im Orient angesiedelt ist. In der Komödie *Myrmekánthropoi (Die Ameisenmenschen)* bevölkert Zeus nach der Sintflut die Erde neu und verwandelt zu diesem Zweck Ameisen in Menschen. Von besonderem Interesse für die Geschichte der griechischen Musik in der zweiten Hälfte des 5. Jahrhunderts v. Chr. ist ein langes Fragment aus dem *Cheiron* (Fr. 155 PCG), in dem sich die personifizierte Musik über die Torturen und Vergewaltigungen beklagt, die sie von den musikalischen und poetischen Avantgardisten wie Philoxenos und Timotheos erdulden mußte. Die 420 v. Chr. aufgeführte Komödie Die *Wilden (Ágrioi)* scheint einer den *Vögeln* des Aristophanes vergleichbaren Konzeption zu folgen: Pherekrates bringt das Schicksal von Menschen auf die Bühne, die beschlossen haben, sich aus der Zivilisation zurückzuziehen und ein Leben außerhalb der Gesellschaft, ohne Regeln und Gesetze zu führen.

2.8.7 Ameipsias, Phrynichos, Telekleides, Hermippos und Platon

Noch dürftiger ist unser Wissen von den anderen Zeitgenossen und Rivalen des Aristophanes. Dies ist um so bedauerlicher, als sie teilweise bei demselben Agon mit einem dem komischen Thema der Aristophanischen Komödie eng verwandten Stück konkurrierten und Aristophanes schlugen. So belegte Ameipsias mit seinem *Konnos* im Jahre 423 v. Chr. vor Kratinos und Aristophanes den ersten Platz. 414 v. Chr. schlug er mit seinen *Schwärmern (Komastaí)* die *Vögel* des Aristophanes. Ameipsias befaßt sich in der Komödie *Konnos,* die ihren Titel von dem Musiklehrer des Sokrates, Konnos, hat, wie Aristophanes in den *Wolken* mit den Auswirkungen der Sophistik und der Person des Sokrates. Phrynichos legt seinem 414 v. Chr. aufgeführten *Menschenfeind (Monótropos)*, mit dem er den dritten Platz im Agon belegte, eine den *Vögeln* vergleichbare Konzeption zugrunde: den Rückzug aus der Gesellschaft aus Ekel wegen des

Treibens der Menschen. So stellt sich der Einsiedler in einem Fragment (19 PCG) als ein Mann vor, der unverheiratet, jähzornig, unzugänglich, ohne ein Lächeln auf den Lippen, ohne ein Wort mit anderen zu wechseln und eigensinnig sein zurückgezogenes Leben führt.

Motive und komische Vorstellungen, die wir gut aus Aristophanes kennen, finden sich durch die Gunst der Überlieferung, vor allem wegen des Interesses des Athenaios an allen Dingen, die mit Essen und Trinken zu tun haben (s.o. S. 11), bei fast allen Komikern, von denen wir genügend Fragmente besitzen. Insbesondere die Schlaraffenlandvorstellung gehört zu den beliebtesten Topoi der Alten Komödie. Ein umfangreiches Fragment besitzen wir aus den *Amphiktyones* – Amphiktyones sind die Mitglieder einer politischen Kultgemeinschaft –, einer Komödie des Telekleides, der mit fünf Dionysien- und drei Lenäensiegen zu den erfolgreichsten Komödiendichtern des 5. Jahrhunderts zählt. Seine Schaffenszeit erstreckt sich von den 40ern bis in die 20er Jahre. In dem 15 Verse umfassenden Fragment schildert ein Redner die gute alte Zeit, in der Friede herrschte, die Menschen im Überfluß lebten und die Flüsse voller Wein und Fleischbrühe waren. Das Brot flog den Hungernden von selbst in den Mund, und die Fische schwammen freiwillig heran, um sich braten zu lassen.

Auch der politische Spott gehörte in mehr oder weniger stark ausgeprägter Form zu den komischen Mitteln, die alle Dichter verwendet haben. Der Peloponnesische Krieg bildet auch hier häufig den Hintergrund, so in einer Komödie des Hermippos, eines etwas älteren Zeitgenossen des Aristophanes, mit dem bezeichnenden Titel *Die Soldatinnen*, in der der Dichter – wie Aristophanes in den *Acharnern* oder Eupolis in den *Ungedienten* – das in Athen grassierende Drückebergertum anprangert. Der Chor der Komödie, so scheint es, war aus effeminierten Drückebergern gebildet, die nach Jahren aus dem Osten, wo sie es sich hatten gutgehen lassen, nach Athen zurückkommen. Der junge Alkibiades gehörte wohl dieser Gruppe an (Hermippos Fr. 54, 7f. PCG). Im politischen Spott noch weiter als Aristophanes und Eupolis ist Platon gegangen, der in derselben Zeit wie Aristophanes seine Stücke aufgeführt hat und nicht mit dem Philosophen zu verwechseln ist. Er nimmt sich die Freiheit, die in seinen Komödien angegriffenen Politiker auch zur Titelfigur zu machen, so im *Peisandros, Hyperbolos* (um 419 v. Chr.) und *Kleophon* (405 v. Chr.). Den Titeln nach zu schließen, hatte Platon, wie es später im 4. Jahrhundert üblich werden sollte, eine Vorliebe für mythologische Stoffe. Er verfaßte einen *Adonis*, eine *Europa*, einen *Mißhandelten Zeus*, einen *Laios* und die *Lange Nacht*, die erste komische Behandlung des Amphitryon-Themas. Gerade das Werk Platons sollte als Warnung dienen, zwischen den Phasen Alte, Mittlere und Neue Komödie zu starke Grenzen zu ziehen, da man eher mit gleitenden Übergängen zu rechnen hat. Literarische Phänomene treten – von Ausnahmen abgesehen – nicht plötzlich in gehäufter Form auf, sondern bilden sich allmählich aus, bevor sie zum Gemeingut einer Epoche werden.

3. Von Aristophanes zu Menander:
Die Mittlere Komödie

3.1 Historische Voraussetzungen

Auch nach dem sog. Antalkidas- oder Königsfrieden des Jahres 387 v. Chr., der unter Vermittlung des persischen Großkönigs eine Aussöhnung zwischen Athen und Sparta nach dem Korinthischen Krieg (395–387 v. Chr.) zustande brachte, sollte die Welt der griechischen Kleinstaaten nicht zur Ruhe kommen. Athen konnte zwar wieder seine Position in Griechenland durch den Zweiten, 60 Bundesstädte umfassenden Seebund ausbauen und durch den im selben Jahr (371 v. Chr.) abgeschlossenen Landfrieden mit Sparta absichern. Doch als aufkeimender Machtfaktor wurde Theben immer bedeutender. 371 v. Chr. unterlagen die Spartaner bei Leuktra in Böotien den Thebanern unter Epaminondas, der sie durch die Anwendung der schiefen Schlachtordnung überraschte. Die erste Niederlage eines spartanischen Heeres in offener Feldschlacht sollte der Beginn von Spartas Niedergang sein, den der abermalige Sieg der Thebaner im Jahre 362 v. Chr. bei Mantineia in Ostarkadien auf der Peloponnes über die Spartaner und die mit ihnen verbündeten Athener besiegelte. Theben mußte seinen militärischen Erfolg bitter bezahlen: Epaminondas, der geniale militärische Führer der Thebaner, verlor in der Schlacht sein Leben. Xenophon analysiert in den letzten Kapiteln seiner *Hellenika* (VII 26f.) die Folgen der Schlacht von Mantineia und die politisch-militärische Situation in Griechenland überhaupt: Es habe weder Sieger noch Besiegte gegeben, obwohl beide Seiten den Sieg für sich in Anspruch genommen hätten. Als Folge dieses Machtgleichgewichts habe in Griechenland noch größere Unruhe und Unsicherheit als zuvor geherrscht.

In das Machtvakuum, das die seit 70 Jahren in ständigem Krieg und Geplänkel lebenden griechischen Staaten, allen voran Sparta und Athen, geschaffen hatten, stieß das von Philipp II. beherrschte Makedonien. Philipp hatte dadurch, daß er die Infrastruktur Makedoniens in einem unglaublichen Ausmaß durch Städtegründungen und Straßenbau binnen kürzester Zeit verbessert und ein straff organisiertes Königreich geschaffen hatte, die erforderlichen Grundlagen für eine erfolgreiche Expansion gelegt. Zunächst dehnte er den makedonischen Herrschaftsbereich in die nordöstlich gelegenen Gebiete bis auf die Chalkidike und die wichtige Stadt Amphipolis aus. Thessalien (352 v. Chr.) und Thrakien (342 v. Chr.) wurden erobert, so daß Makedonien, was weder Athen noch Sparta je gelungen war, zu einer tatsächlichen Großmacht in Griechenland heranwuchs. Die Reaktion der freien griechischen Staaten erfolgte viel zu spät: Die in dem Hellenenbund verbündeten Griechen unterlagen 338 v. Chr. den Makedonen bei Chaironeia in Böotien. Maßgeblichen Anteil am makedonischen Sieg hatte die von Philipps Sohn Alexander befehligte Reiterei. Die Hegemonie der Makedonen in Griechenland war gefestigt. Auch die unter dubiosen Umständen erfolgte Ermordung Philipps im Jahre 336 v. Chr. konnte die makedonische Vormachtstellung nicht erschüttern. Alexander schwang sich rücksichtslos zum Alleinherrscher auf und erstickte jeden Widerstand im Keim: 335 v. Chr. machte er Theben dem Erdboden gleich und versklavte die Einwohner. Das Gemetzel, das die Makedonen und ihre Verbündeten unter den Thebanern veranstalteten, wirkte aufgrund der Schnelligkeit, mit der das Unternehmen durchgeführt wurde, und der Grausamkeit, mit der die Makedonen mit den Besiegten umgingen, wie ein Schock auf die anderen Griechen.

Dem makedonischen Expansionsdrang, vor allem dem Ehrgeiz des jungen Herrschers, waren keine Grenzen gesetzt: Kleinasien und der vordere Orient wurden überrannt; das persische Großreich leistete keinen nennenswerten Widerstand und brach in sich zusammen; makedonisch-griechische Soldaten gelangten bis an die Grenzen der bekannten Welt, bis nach Indien. Dem Gedanken der Weltherrschaft setzte erst der unerwartete Tod Alexanders, der 323 v. Chr. in Babylon an Fieber starb, ein jähes Ende. Die Folge waren jahrzehntelang sich hinziehende Intrigenspiele und militärische Auseinandersetzungen der Thronprätendenten, die sog. Diadochenkämpfe (323–280 v. Chr.).

3.2 Dichter und Themen der Mittleren Komödie

Die in kürzester Zeit erfolgten politischen Umwälzungen hinterließen ihre Spuren in allen Bereichen des öffentlichen wie privaten Lebens der Griechen. Die politische Unsicherheit, vor allem jedoch die Errichtung eines monarchischen Flächenstaates führten zu einer Entmündigung der Bürger, die geradezu gezwungen wurden, sich aus der Politik zurückzuziehen. Dies zeitigte seine Folgen zunächst in den philosophischen Schulen des Hellenismus, den Epikureern und der Stoa. So unterschiedlich Stoa und Epikureismus im einzelnen auch sein mögen, identisch ist ihr Ziel, dem Menschen einen Weg aufzuzeigen, wie er höchstes Glück (*eudaimonía*, εὐδαιμονία) erlangen könne. Bezeichnend für die Zeit, in der diese Lehren entstanden, ist, daß für beide Richtungen das Glück nicht im Licht der Öffentlichkeit, sondern in einem zurückgezogenen Leben gewonnen werden kann. Die Komödie als Spiegel des Lebens trägt der neuen Situation Rechnung: Die aktuelle Politik verliert an Interesse; Spott gegen namhafte Persönlichkeiten ist ohnehin nicht mehr möglich. Typen der Alltagsrealität wie der angeberische Offizier, der *miles gloriosus* der lateinischen Komödie, werden komisch ausgenutzt. Die Unsicherheit des täglichen Lebens findet sich in der an Verwicklungen reichen Komödienhandlung wieder. Doch auch die Literaturtheorie konnte mit den komischen Formen des 5. Jahrhunderts nichts mehr anfangen. Dies verdeutlicht sehr schön eine Passage der *Nikomachischen Ethik* (IV 14), in der Aristoteles über verschiedene Formen des Humors und Witzes und über ihre Grenzen spricht (1128 a4–25):

> Wer im Komischen übertreibt, ist ein Possenreißer (*bomolóchos*, βωμολό-χος) und ordinär. Er sucht um jeden Preis das Komische und strebt mehr danach, Lachen zu erregen, als etwas Schickliches zu sagen und die verspottete Person nicht zu verletzen. (...) Das kann man aus den Dichtern der Alten und Neuen Komödie ersehen. Für jene lag das Komische im Vorbringen unanständiger Dinge (*aischrología*, αἰσχρολογία), für diese eher in den Anspielungen. Und dies macht im Bezug auf die Schicklichkeit keinen kleinen Unterschied.

Auch spätere antike Literaturtheoretiker weisen übereinstimmend darauf hin, daß mit den Autoren des 4. Jahrhunderts eine völlig neue Phase der Gattung Komödie einsetze. Der römische Rhetoriklehrer Quintilian (ca. 35–95 n. Chr.) setzt die Komödie des 5. von der des 4. Jahrhunderts v. Chr. ab (X 1, 66): Die Alte Komödie zeichne sich – so der Römer – vor allem durch das klare Attisch, das die Dichter schrieben, durch ihre Wortfülle und schöpferische Sprachgewalt, gleichzeitig jedoch auch durch die Eleganz und den Schwung ihrer Diktion aus. Als wichtiges, die Komödien des 5. von denen des 4. Jahrhunderts scheidendes Merkmal benennt Quintilian den gegen stadtbekannte Persönlichkeiten gerichteten Spott. Dies betont auch ein sonst unbekannter spätantiker Autor namens Platonios, der den Wechsel in Form und Inhalt der griechischen Komödie durch die politische Veränderungen zwischen dem 5. und 4. Jahrhundert erklärt, die den offenen, aggressiven Spott unmöglich machten.

Die Analyse des *Plutos* des Aristophanes (s.o. S. 148ff.) hat gezeigt, wie der herausragende Autor der klassischen, der Alten Komödie des demokratischen 5. Jahrhunderts wenige Jahre nach seinem wehmütigen Abschied von den literarischen Formen der Polis in den *Fröschen* (s.o. S. 136ff.) sich den neuen, politischen und insbesondere sozialen Verhältnissen anpaßt und sie in seiner Komödie reflektiert. Die Titel der anderen Dichter, die im Jahre 388 v. Chr. mit Aristophanes konkurrierten, verweisen noch deutlicher als der *Plutos* auf die Mittlere Komödie. Mit Ausnahme der *Lakonier* des Nikochares, über deren Inhalt wir keine Aussage machen können, haben die Autoren sich mit mythologischen Stoffen befaßt: Aristodemos inszenierte einen *Admet* – also ein Thema, das wir aus der *Alkestis* des Euripides kennen –, Nikophon einen

Adonis und Alkaios eine *Pasiphae*. Der Witz dieser Stücke muß darin bestanden haben, daß aus den Mythen, vor allem aus ihren tragischen Bearbeitungen bekannte Personen als ganz normale Griechen eingeführt werden, die sich im Athen des 4. Jahrhunderts mit Allerweltsproblemen herumschlagen. Dies kann bedeuten, daß die Heroen bei den zeitgenössischen Philosophen studieren müssen (so in der *Galatea* des Alexis) oder daß sie sich der Literatur – z.B. der Kochbücher des 4. Jahrhunderts – bedienen (im *Linos* des Alexis). Die Quelle der Komik liegt in der Diskrepanz zwischen heroischer Attitüde und Alltag oder gar Trivialität.

Allerdings ist die Form der Mythenburleske und Mythentravestie nicht aus dem Nichts entstanden, sondern wurde bereits von den Autoren des 5. Jahrhunderts vorbereitet. Der Komödiendichter Platon (s.o. S. 164f.) schrieb bereits Komödien mythologischen Inhalts; aber auch im Werk des Aristophanes selbst finden sich Szenen, in denen er die Technik der Mittleren Komödie, Mythos und Alltagsrealität aufeinanderprallen zu lassen, einsetzt: Man denke nur an die *Vögel*, in denen nacheinander die Götterbotin Iris (v. 1202ff.), der Titan Prometheus (v. 1494ff.) und die Göttergesandtschaft, bestehend aus Poseidon, Herakles und dem barbarischen Triballer (v. 1565ff.), auf den komischen Helden treffen, seinem Witz unterliegen und sich von ihm auf derbe, gar unflätige Art und Weise abfertigen lassen müssen. In seiner Komödie *Amphiaraos*, von der nur wenige Verse erhalten sind, scheint sich Aristophanes gar wie Platon, der eine Komödie desselben Titels schrieb, ausschließlich der Mythenparodie oder Mythentravestie gewidmet zu haben. Man kann jedoch annehmen, daß Aristophanes sich in dieser Komödie unter parodischen Gesichtspunkten mit tragischen Bearbeitungen des Amphiaraos-Mythos – Sophokles, Kleophon und vermutlich Karkinos schrieben Tragödien mit dem Titel *Amphiaraos* – auseinandersetzte. Aus dem Zusammenprall von zwei ganz und gar unvereinbaren Bereichen schöpft auch das Satyrspiel seine Komik: In ihm trifft die Welt der Götter und Heroen, die die Handlung der kurz zuvor aufgeführten drei Tragödien bestimmte, auf die animalische, dionysisch beseelte Welt der Satyrn und ihres Vaters Papposilen, die mit ihrer Großmäuligkeit und Feigheit das Pathos der heroischen Welt untergraben.

Daß die mythologische Komödie zu *der* komischen Form der ersten Hälfte des 4. Jahrhunderts wurde, liegt nicht allein in einem durch die politische und soziale Situation bedingten Eskapismus begründet. Die *Ekklesiazusen* und der *Plutos* des Aristophanes zeigen, daß sich durchaus andere als mythologische Themen finden ließen. Vielmehr hängt die Beliebtheit der Form vor allem damit zusammen, daß im Jahre 386 v. Chr. durch Volksbeschluß die Wiederaufführung alter Tragödien möglich und als Folge dieser politischen Entscheidung Euripides zum meistgespielten Tragiker wurde. Daß sich die euripideischen Tragödien komisch-satirisch auswerten lassen, beweisen die Parodien des Aristophanes von den *Acharnern* bis zu den *Fröschen*. Dem Zeitgeist des 4. Jahrhunderts v. Chr. kam jedoch Euripides aus mehreren Gründen entgegen: Wie Aristophanes in den *Fröschen* betont (v. 959ff.), ist Euripides ein Vorreiter für den Wandel des Atheners vom Verantwortung tragenden Polis-Bürger zum Privatmann. Dies läßt sich z.b. an der Charakterisierung Elektras in dem gleichnamigen Stück des Euripides, das Aischylos' *Choephoren* wiederaufnimmt, deutlich ablesen. Elektra lebt als Frau eines verarmten Adligen auf dem Land, geplagt von den Sorgen des täglichen Lebens (v. 404ff.). Aigisthos wird als jovialer, vertrauensseliger Gastgeber dargestellt, der nichtsahnend seine Mörder freundlich einlädt (v. 774ff.), Klytaimestra schließlich – ganz im Gegensatz zur *Elektra* des Sophokles (v. 622) – als eine Frau, die ihre Tat längst bereut hat und sich mit ihrer Tochter aussöhnen will (v. 1057, 1106, 1123)

Sodann läßt sich die das euripideische Spätwerk prägende Struktur von Anagnorisis (Wiedererkennung) und Intrigen für komische Zwecke ausnutzen, wie dies bereits Aristophanes in den *Thesmophoriazusen* des Jahres 411 v. Chr. getan hat (s.o. S. 131f.). Und schließlich wartet das komische Potential mancher Tragödienszene des Euripides nur darauf, satirisch-grotesk übersteigert zu werden.

Der *Ion* des Euripides ist das Paradebeispiel für alle drei Ansatzpunkte der Komödiendichter der Mittleren Komödie. Die Verbürgerlichung, die Anagnorisis-Intrigen-Handlung und die latente Komik prägen dieses Stück: Die Handlung des *Ion* ist in der attischen Frühgeschichte angesiedelt. Kreusa, die Tochter des attischen Königs Erechtheus, empfängt von dem Gott Apollon einen Sohn, den sie kurz nach der Geburt aussetzt. Das Kind wird in Delphi von der Apollonpriesterin aufgezogen und erhält den Namen Ion. Später heiratet Kreusa einen gewissen Xuthos. Die Ehe bleibt kinderlos. So begibt sich das Ehepaar nach Delphi, um von Apollon ein Orakel wegen der sie plagenden Kinderlosigkeit einzuholen. An diesem Punkt setzt die verwickelte Handlung ein, die eine doppelte Anagnorisis – eine falsche und eine richtige – aufweist: Apollon will, wie sein göttlicher Bruder Hermes im Prolog mit leichtem Tadel in der Stimme verkündet, seine Vaterschaft verheimlichen und gibt Xuthos das Orakel, der erste, auf den er treffe, sei sein Sohn. Xuthos begegnet dem Tempeldiener Ion und schließt ihn als seinen Sohn in die Arme. Verbittert faßt darauf Kreusa, die nichts von dem Orakel weiß, den Entschluß, den vermeintlichen Sohn des Xuthos zu vergiften. Der Anschlag scheitert, und nun will Ion an Kreusa Rache nehmen. Doch im letzten Augenblick kann es – mit Hilfe der Priesterin und Athena als dea ex machina – zur richtigen Anagnorisis von Mutter und Sohn kommen.

Auch im Aufführungstechnischen hinterließ Euripides seine Spuren: Der Chor, wie schon der *Plutos* zeigt, verliert seine Bedeutung als Mitspieler; er wird zum bloßen Szenentrenner degradiert. Die Glanzpartien bleiben, wie dies schon bei Euripides angelegt ist, den professionellen Schauspielern vorbehalten. So finden sich in der Mittleren Komödie zahlreiche in anapästischen Dimetern gehaltene Passagen, die von den Schauspielern rezitiert oder gesungen wurden. Die Themen sind zumeist Essen und Trinken. Man kann darin eine Säkularisierung der dionysischen Festesfreude sehen, wie sie noch in vielen Komödien des Aristophanes – z.b. in der Exodos des *Friedens* – vorherrscht. Eine zweite, den Bühnenstars auf den Leib geschriebene Besonderheit sind lange Abschnitte in iambischen Trimetern oder trochäischen, katalektischen Tetrametern. Durch den tragischen Rhythmus ohne die Freiheiten des Komödienverses auf der einen und die pathetisch-erhabene Sprachform auf der anderen Seite, die durch die Tragödien des Euripides oder durch dithyrambische Dichtungen beeinflußt ist, kommt es zu einer komischen Spannung zwischen der Rolle des Vortragenden, eines Koches zum Beispiel, und der Form und dem Inhalt seiner Rede.

Als Beispiel für diese Glanzpartien mag ein langes Fragment aus der Komödie *Neottís* des Anaxilas (Mitte 4. Jahrhundert v. Chr.) dienen, in dem er berühmt-berüchtigte Hetären mit mythischen Ungeheuern vergleicht (Fr. 22 PCG):

Nur ein Sterblicher, der jemals eine Buhlerin geliebt,
Weiß zu sagen, was auf Erden ist das schändlichste Geschlecht.
Kann ein unnahbarer Drache, kann Chimairas Feuerglut,
Kann die Sphinx, die Hydra, Löwin, der Harpyien schnelle Schar
An Verruchtheit übertreffen diese gottverhaßte Brut?
Ausgeschlossen – die Hetären überbieten alle weit.
Laßt sie einzeln uns betrachten, da ist Plangon gleich zunächst,
Die so gut wie die Chimaira die Barbaren rings verheert.
Einer doch, ein Ritter, raubte ihr das Leben neuerdings,
Denn er ging aus ihrem Hause mit dem ganzen Hausgerät.
Mit der Hydra hat zu schaffen, wer es mit Sinope hält,
Alt ist sie, doch die Gnathaina wuchs schon neben ihr heran,
Daß, wer mit der ersten fertig, fällt anheim gehäufter Not.
Und der Skylla scheint zu weichen Nannion in keinem Stück,
Hat sie nicht schon zwei Gefährten umgebracht und angelt nun
Nach dem dritten? Aber dieser kam mit seinem Kahn davon.
Und daneben spielet Phryne die Charybdis meisterlich,
Hat den Schiffer eingefangen und verschlungen samt dem Schiff.

Ist Theano nicht vergleichbar 'ner Sirene, die gerupft?
Mädchenhaft sind Blick und Stimme, doch die Beine spatzenhaft!
Thebens Sphinx kann man benennen eine jede Buhlerin,
Denn sie redet niemals einfach, nein, in Rätseln immerfort,
Von der Liebe, von der Freundschaft, von der echten Zuneigung.
Dann sagt sie: „Ich möchte haben mit vier Füßen einen Stuhl",
Dann „ein Becken mit drei Füßen, mit zwei Füßen eine Magd".
Und wer das durchschaute, wandert eilig fort wie Oidipus.
Tut, als ob er sie nicht kenne, rettet sich mit Müh und Not.
Aber wer auf Liebe rechnet, den nimmt sie dann schleunigst hoch
Und entführt ihn in die Lüfte. – Kurz und gut, kein Ungetüm
Gibt's, das soviel Unheil stiften könnte, wie die Buhlerin.
(Übersetzung A. Körte, *Griechische Komödie*, S. 67)

Eine andere Besonderheit der Mittleren Komödie, die ihre Entsprechungen im gleichzeitigen Dithyrambos hat, sticht ins Auge: Zum vorliterarischen dionysischen Stil zählten offensichtlich Rätsel, in denen Gegenstände, die für den Dionysoskult typisch sind, vor allem Musikinstrumente wie der Aulos oder das Becken, in Rätseln umschrieben wurden. Beispiele dafür lassen sich im Satyrspiel nachweisen, das seine bakchischen Wurzeln offener als die anderen dionysischen Gattungen zur Schau stellt.

Im 4. Jahrhundert zeichnet sich in der chorlyrischen Gattung Dithyrambos eine interessante Entwicklung ab: Je mehr die dionysischen Wurzeln verschüttet werden, je mehr sich die Gattung vom Kult emanzipiert und zum Spielfeld der poetisch-musikalischen Avantgarde wird, desto häufiger finden sich Anspielungen auf den Dionysos-Kult. Die Dichter versuchten offenbar, durch derartige gleichsam literarische Reminiszenzen ihren Werken den kultischen Hintergrund zu verschaffen, der ihnen im Bewußtsein des Publikums immer mehr abhanden kam. So treffen wir in den Komödien des 4. Jahrhunderts auf Passagen im Rätselstil, wie man sie aus dem klassischen Satyrspiel des 5. Jahrhunderts kennt: Alexis umschreibt den Schlaf in seiner Komödie *Hypnos (Der Schlaf)* folgendermaßen (Fr. 242, 1–5 PCG, Übersetzung von J. W. von Goethe):

Nicht sterblich, nicht unsterblich, aber von Natur
Gebildet also, daß er nicht nach Menschenart,
Nach Götterweise lebe, sondern stets aufs neu
Geboren werde, wechselweis zum Untergang;
Gesehn von keinem, aber doch bekannt,
Vorzüglich Kindern, die er sich besonders liebt.

Antiphanes verhüllt den Begriff „Brief" in seiner Komödie *Sappho* (Fr. 194, 1–5 PCG) in folgendem Rätsel (ebenfalls in Goethes Übersetzung):

Es gibt ein weiblich Wesen,
Im Busen trägt es Kinder,
Geboren stumm, doch schwatzhaft,
Die über Erd und Meere
Nach Lust sich unterhalten
Und aller Welt verständlich,
Nur nicht dem nahen Hörer
Im mindesten vernehmlich.

Die Komödiendichter des 4. Jahrhunderts zeichnen sich durch eine ungeheuere Produktivität aus. So soll Alexis 245, Eubulos 104 und Antiphanes gar 365 oder – was wahrscheinlicher ist – 280 Stücke geschrieben haben. Man kann dies wohl damit erklären, daß, wie im Schauspielwesen, sich auch in der Dichtkunst eine Professionalisierung durchsetzte und Männer wie Antiphanes eben von Beruf Dichter waren. Gleichzeitig mag eine gewisse Internationalisierung im Dichtergewerbe im Verlauf des 4. Jahrhunderts eingetreten sein: Die Dichter schrieben nicht mehr nur für Athen, sondern auch für andere Städte – vor allem für den griechischen Kulturraum Süditaliens, die Magna Graecia.

3.2.1 Alexis

Schon allein durch sein langes Leben verbindet Alexis, der um 375 v. Chr. wohl im süditalienischen Thurioi geboren wurde und erst nach 275 v. Chr. starb, die beiden Phasen der griechischen Komödie des 4. und 3. Jahrhunderts v. Chr., die Mittlere und Neue Komödie. Dies wird durch die biographische Notiz unterstrichen, die ihn zum Lehrer Menanders macht, der zum Hauptvertreter der Neuen Komödie wurde. Alexis war als Komödiendichter äußerst produktiv: Von seinem ursprünglich 245 Stücke umfassenden Werk sind immerhin 340 Fragmente und 140 Titel erhalten. Aus den Fragmenten läßt sich ersehen, daß er sich teilweise noch auf den Bahnen der Alten Komödie eines Aristophanes bewegt, teilweise jedoch bereits auf die Neue Komödie Menanders voraus-weist: So finden wir bei ihm einen Chor, der wie bei Aristophanes von einem Schauspieler angeredet wird (Fr. 239 PCG), aber auch schon das aus Menander bekannte handlungsunabhängige Chorintermezzo (Fr. 112 PCG). Der ko-mische Typus des Parasiten, wie wir ihn in fast jeder Komödie Menanders und der römischen Komödiendichter Plautus und Terenz antreffen, tritt schon bei

Alexis auf. Ja, er schrieb sogar eine ausschließlich diesem Typus gewidmete Komödie mit dem Titel *Der Parasit*, aus der wenige Verse – gleichsam eine Definition des komischen Typs – erhalten sind (Fr. 183 PCG):

> Die jungen Leute nennen ihn zum Spott den Parasit!
> Er aber macht sich nichts daraus – und Telephos
> Stopft, ohne einen Ton zu reden bei der Gasterei,
> Was nur erreichbar ist, in sich hinein (...)
>
> (Übersetzung G. Goldschmidt)

Schließlich weist seine Komödie *Agonís* (um 330 v. Chr.) bereits die für Menander typische, durch Euripides beeinflußte Handlungsführung auf: eine Liebesgeschichte mit Intrige und Wiedererkennung (Anagnorisis). Interessant ist ein kurzes Fragment, in dem die menschliche Natur mit dem Heranreifen eines guten Weines verglichen wird (Fr. 46 PCG):

> Dem Weine gleicht die menschliche Natur. Es muß
> Der junge Wein erst gären, bis er nicht mehr braust.
> Beim Mann verdampft die Tollheit, die ihn erst beherrscht.
> Der Wein muß trinkbar werden und für alle angenehm.
> Er soll sich setzen – ruhig werde erst der Mann!
>
> (Übersetzung G. Goldschmidt)

Um einen Eindruck von dem für die Mittlere Komödie typischen, mit seiner Kunst renommierenden Koch zu vermitteln, sei ein längeres Bruchstück (Fr. 115 PCG) zitiert:

> Beim alten Nereus nahm ich Austern erst in Augenschein,
> Die Meertang angezogen hatten, und sodann
> Bereitete Seeigel ich – das ist fürwahr
> Ein rechter Auftakt zu dem angenehmen Mahl,
> Das einer wie im Prytaneion fein verspeist.
> Dann ging ich auf den Markt, es lagen kleine Fischchen da.
> Die zitterten vor Furcht. Ich sagte ihnen: „Mut!
> Euch tu ich nichts zu Leide!" Denn ich kaufte nur
> Den großen blauen Seefisch und den Rochen, der
> Uns zucken läßt, wenn man ihn anfaßt; eine Frau
> Mit zarten Fingern rühr' nicht an den Dorn! Sodann
> Legt' in die Pfanne ich die Weibchen von dem Fisch,
> Der tief im Meertang lebt – und Schollen noch dazu,

Dann einen Seekrebs, einen Barsch: das machte ich
Noch bunter als ein Pfau ist. Briet dann das Fleisch,
Sott Schweinefüßchen, Rüssel, Ohren guten Muts.
Nun noch ein Leberchen, in Brösel eingehüllt,
Weil es sich schämt, daß es so schwarzblau ist von Blut.
Dies rührt ein Koch nicht an. All dieses wird nun fein
Und weise von mir zubereitet, daß die Speisenden
Mit Wonne ihre Zähne schlagen ein. Ich bin
Bereit zu zeigen unentgeldlich jedermann,
Wie man ein leckres Mahl zustande bringt!

(Übersetzung G. Goldschmidt)

3.2.2 Eubulos, Antiphanes, Anaxandrides und Araros

Etwa eine Generation jünger als Aristophanes ist Eubulos (ca. 400 – nach 355
v. Chr.), neben Alexis der wichtigste Vertreter der sog. Mittleren Komödie.
Titel des Eubulos wie der *Bordellbesitzer* (*Pornoboskós*), der *Schuster* (*Skyteús*), die
Kranzverkäuferinnen (*Stephanopólides*) oder die *Ammen* (*Títthai*) zeigen ein zu-
nehmendes Interesse an dem Leben der einfachen Leute, wie wir dies auch in
der zeitgenössischen Kunst wiederfinden: Sklaven aus exotischen Ländern und
Krüppel, Zwerge und Bettler, die ungeschminkte Darstellung alter Leute und
spielender Kinder werden zu beliebten Motiven der bildenden Kunst dieser
Jahre. 28 von 57 belegten Titeln des Eubulos verweisen auf mythologische
Stoffe und auf Tragödienparodie.

Antiphanes ist der produktivste Dichter des 4. Jahrhunderts, von dessen
Werk wir immerhin noch 134 Titel kennen und über 330 Fragmente besitzen.
Er inszenierte zum ersten Mal um 385 v. Chr. eine Komödie und gewann in
der Folge 13 Siege. Wie Eubulos bevorzugte er mythologische Stoffe, er scheint
jedoch auch Vertreter bestimmter Berufe zu Titelhelden gemacht zu haben
(z.B. *Der Bauer*, *Agroíkos*). Das lange Fragmente aus seiner *Poíesis* (*Dichtung,* Fr.
189 PCG, s.o. S. 27) belegt, daß die euripideische Tragödie eine ständige
Herausforderung für die Dichter der komischen Bühne darstellte und die Autoren dieser Jahre dabei waren, bestimmte komische Typen herauszubilden.

Anaxandrides, dessen Wirksamkeit sich bis in die 40er Jahre des 4. Jahrhunderts erstreckte, spiegelt schon allein in den 41 Titeln, die von seinem
Oeuvre erhalten sind, die Übergangsphase zwischen der Komödie des Aristophanes und Menander wider. Einige Titel wie *Die Städte* und *Die Jäger* scheinen
auf die Alte Komödie zurückzuverweisen und legen die Präsenz eines Chores
nahe, wie wir ihn aus dem 5. Jahrhundert kennen, andere wie *Anchises* und

Protesilaos, also mythologische Themen, sind dagegen typisch für das 4. Jahrhundert. Bezeichnend für die größer gewordene Welt des 4. Jahrhunderts ist ein Fragment aus seinen *Städten (Poleis)*, in der er einen Griechen einen Kulturvergleich mit Ägypten anstellen läßt (Fr. 40 PCG):

> Ich könnte kaum in Wettstreit treten wohl mit euch;
> Denn weder im Charakter noch auch den Gesetzen nach
> Sind wir einander ähnlich! Nein, verschieden sind
> Wir ganz und gar! Denn du verehrst den Stier, doch ich
> Bring' Göttern Opfer. Dir erscheinet stets der Aal
> Der größte Dämon in der Welt zu sein; ich halte ihn
> Nur für den besten Leckerbissen. Du verzehrst
> Kein Schwein, derweilen mich sein fettes Fleisch ergötzt!
> Den Hund verehrst du, doch ich schlage ihn, sooft
> Ich ihn ertappe, wenn er mich bestiehlt. Uns ist's
> Gesetz, daß Priester unversehrt in allen Gliedern sind,
> Bei euch sind sie verschnitten. – Wenn du eine Katze siehst,
> Der's schlecht ergeht, so jammerst du. Ich aber schlag sie tot
> Und zieh das Fell ihr ab in Seelenruh. Bei euch
> Gilt jede Maus etwas: wir legen ihnen Gift!
>
> (Übersetzung G. Goldschmidt)

Hingewiesen werden muß in diesem Zusammenhang schließlich auch auf den Sohn des Aristophanes, Araros, der nach dem byzantinischen Lexikon *Suda* sieben Komödien, den Titeln nach vorwiegend mythologischen Inhalts, verfaßt hat. Erhalten sind aus diesem Werk leider nur 21 Fragmente, die keine Aussage darüber zulassen, ob der Sohn in der Kunst der Komödie seinem großen Vater das Wasser reichen konnte. Erwähnenswert ist jedoch, daß auch sich in der Komödien-, wie in der zeitgleichen Tragödienproduktion, Schriftstellerdynastien etablierten. Man denke nur an Sophokles und seinen Sohn Iophon oder an Euripides und seinen Neffen gleichen Namens.

4. Menander und die Neue Komödie

4.1 Leben und Werk

Dum fallax servus, durus pater, improba lena
vivent et meretrix blanda, Menandros erit.

Solange es den verschlagenen Sklaven, den harten Vater, die skrupellose
   Kupplerin
Und die schmeichlerische Dirne gibt, so lange wird's auch Menander geben.

Die Voraussage, die Ovid in seinen *Liebesgedichten* (*Amores* I 15, 17f.), in der er
die Klassiker der griechischen und römischen Literatur Revue passieren und die
Reihe mit seinem eigenen Werk als Höhepunkt enden läßt, zum Nachleben des
großen Komödiendichters des Hellenismus gibt, hätte sich beinahe nicht erfüllt: Abgesehen von einer Vielzahl von aus dem Zusammenhang gerissenen
Versen moralisierenden oder sentenziösen Inhalts, den sog. *Gnomen (Sentenzen)*
Menanders, die dazu noch mit zahlreichem unechten Material durchsetzt sind,
war von dem Werk Menanders nichts erhalten (s.o. S. 13). Das wohl berühm-
teste Zitat aus einer Menander-Komödie, der *Thais*, deren Titelheldin eine
Hetäre war, findet sich in Paulus' *1. Korintherbrief* (15, 33 = Fr. 165 PCG):
„Schlechter Umgang verdirbt einen guten Charakter." Man wußte zwar, daß die
römischen Komödiendichter Plautus und Terenz unter anderem Menanders
Stücke als Vorlagen benutzten und daß Menander somit als Ahnherr des europäischen Lustspiels zu gelten hat; wie seine Komödien und die Stücke seiner
Zeitgenossen Philemon, Diphilos und Apollodoros von Karystos im einzelnen
aussahen, lag jedoch im dunkeln. Daß der von der antiken Literaturkritik hoch-
geschätzte Autor – stellvertretend sei nur auf Quintilian (X 1, 69) hingewiesen,
der Menanders Darstellungskraft, seine Erfindungen, Sprachgewalt und Charakterisierungskunst hervorhebt – die Klippen des jahrhundertelangen Überlie-
ferungsprozesses nicht überwinden konnte, scheint paradox. Die Erklärung
mag darin liegen, daß die Komödien des Plautus und Terenz die komische
Tradition beherrschten und man in den Sentenzen Menanders das Wesentliche
aus seinem Werk zu besitzen meinte.

Die die deutsche Klassik beherrschende Griechenbegeisterung und die damit verbundene Abwertung der ‚abgeleiteten', unselbständigen lateinischen
Kultur und Literatur ließen die Enttäuschung über den Verlust Menanders
wachsen. G. E. Lessing schreibt im 100. Stück der *Hamburgischen Dramaturgie*
den überraschenden Schluß von Terenzens *Adelphen* (*Brüdern*), in dem entgegen

der Charakterisierung im restlichen Stück der liberale Micio derb verspottet wird, dem Eingriff des römischen Komödiendichters zu. Seine Ausführungen schließt er mit einem apodiktischen Urteil über die Fähigkeit der lateinischen Autoren, das bis heute immer wieder – bewußt oder unbewußt – die Diskussion über das Verhältnis der römischen zur griechischen Literatur prägt:

> Es ist nicht unmöglich, daß ein römischer Dichter nicht einmal etwas besser könne gemacht haben, als ein griechischer. Aber der bloßen Möglichkeit wegen, möchte ich es gern in keinem Falle glauben.

Goethe – in seinen Gesprächen mit Eckermann – bricht geradezu in einen Lobpreis auf Menanders literarische Qualitäten aus und stellt ihn auf eine Stufe mit Molière.

> Goethe sprach mit hoher Begeisterung über Menander. „Nächst dem Sophokles", sagte er, „kenne ich keinen, der mir so lieb wäre. Er ist durchaus rein, edel, groß und heiter, seine Anmut ist unerrcichbar. Daß wir so wenig von ihm besitzen, ist allerdings zu bedauern, allein auch das Wenige ist unschätzbar und für begabte Menschen viel daraus zu lernen." (12.5.1825)

> „Von Menander kenne ich nur wenige Bruchstücke; aber diese geben mir von ihm gleichfalls eine so hohe Idee, daß ich diesen großen Griechen für den einzigen Menschen halte, der mit Molière wäre zu vergleichen gewesen." (28.3.1827)

Die Situation änderte sich auf sensationelle Weise durch Papyrusfunde am Ende des 19. und zu Beginn des 20. Jahrhunderts. Durch sie wurden der Chorlyriker Bakchylides, der Lyriker und Dithyrambiker Timotheos, der hellenistische Mimendichter Herodas und *Der Staat der Athener* des Aristoteles entdeckt; auch größere Bruchstücke von Komödien Menanders konnte man aus dem Sand Ägyptens bergen: 1897 fand man 87 Verse aus dem *Georgós (Der Bauer)*. Es folgte 1905 die Edition G. Lefèbvres, der Bruchstücke einer antiken Gesamtausgabe von Menanders Stücken herausgab: *Héros (Der Halbgott)*, immerhin gut zwei Drittel der *Epitrépontes (Das Schiedsgericht)*, Teile aus der *Perikeiroméne (Die ringsum Geschorene)* und der *Samía (Das Mädchen aus Samos)*. Im Jahr 1906 folgten 120 Verse des *Sikyónios (Der Mann aus Sikyon)*. Weitere Funde in den Jahren 1913 und 1935 (*Theophoruméne, Die Gottbegeisterte*) rundeten das Bild ab. Doch erst im Jahr 1958 wurde eine vollständige Komödie entdeckt: die von V. Martin herausgegebene, 969 Verse umfassende Komödie *Dýskolos (Der Schwierige)*, die auf einem Papyrus der privaten Bibliotheca Bodmeriana in

Coligny bei Genf erhalten war. 1969 wurden zwei weitere Stücke – ebenfalls aus der Bodmer-Sammlung – publiziert: die fast vollständige *Samía* (*Das Mädchen aus Samos*) und ca. zwei Drittel des *Schildes* (*Aspís*). Ergänzt wurden diese Funde in den Jahren 1964/65 durch weitere Verse aus dem *Sikyónios* und dem *Misúmenos* (*Der Verhaßte*), und vor allem im Jahre 1968 durch knapp 60 lesbare Verse aus dem *Dis Exapatón* (*Der doppelte Betrüger*), die der englische Gräzist und Papyrologe E. W. Handley aus 13 Papyrusfetzchen zusammengesetzt und identifiziert hatte. Der Fund stellte eine wissenschaftliche Sensation dar, da nun zum ersten Mal wenigstens Bruchstücke der Vorlage einer römischen Komödie, der Verse 494–562 der *Bacchides* des Plautus, lesbar waren und man tatsächlich, wenn auch auf einer recht schmalen Textbasis, die Arbeitsweise, mit der der römische Komödiendichter an das griechische Original herangegangen war, wenigstens in Ansätzen nachvollziehen konnte.

Wie es scheint, orientierte sich Plautus zwar an der Grobstruktur der griechischen Komödie; im einzelnen nahm er sich jedoch größte Freiheiten heraus, angefangen bei der Umbenennung der handelnden Personen bis hin zu strukturellen Änderungen, vielleicht sogar Eingriffen in den Handlungsablauf. Und man kann zuversichtlich sein, daß die Funde nicht abreißen: Vor wenigen Jahren wurden in einer syrischen spätantiken Handschrift um die 200 Verse des *Dýskolos* und etwa dieselbe Zahl aus einer nicht identifizierbaren Komödie Menanders entdeckt. Doch all die Funde sollen nicht vergessen lassen, daß wir nur ca. 5% von Menanders Komödien besitzen.

Bei der Rekonstruktion von Menanders Biographie sind wir auf einige wenige Daten und Fakten angewiesen, die nicht dem Bereich des Anekdotischen angehören. Die amtliche Theaterchronik Athens, die Didaskalien, notiert für das Jahr 342/341 v. Chr., in dem ein gewisser Sosigenes Archon war: Im Tragödienagon belegte Astydamas vor Euaretos und Aphareus den ersten Platz, als klassische, ‚alte‘ Tragödie wurde die *Iphigenie* des Euripides aufgeführt, und dem wohlhabenden Bürger Diopeithes aus dem attischen Demos Kephisia wurde ein Sohn namens Menander geboren. Wie so häufig versiegen – abgesehen von einigen dürren Zahlen – die Informationen zu Menanders Leben. Nur soviel läßt sich mit einiger Sicherheit rekonstruieren: Als sehr junger Mann – im Jahre 325/324 v. Chr. – debütierte er als Komödiendichter, das Handwerk des Komikers soll er bei dem erfolgreichen Alexis (s.o. S. 173ff.) gelernt haben. Bereits 322/321 oder 321/320 v. Chr. errang er seinen ersten Sieg an den Lenäen mit dem *Zorn* (*Orgé*), 317/316 v. Chr. war er wiederum an den Lenäen mit dem *Dýskolos* erfolgreich, auf den im folgenden Jahr ein Dionysiensieg folgte. Bei der Datierung stehen wir auf sehr unsicherem Boden. Für den *Heníochos* (*Wagenlenker*) ist das Jahr 312 v. Chr. wahrscheinlich, 311 v. Chr. für das *Paidíon* (*Kind*) und 301 v. Chr. für die *Ímbrioi* (*Leute von der*

Insel Imbros). Gestorben ist Menander schon 292/291 oder 291/290 v. Chr.: Er soll beim Schwimmen im Piräus ertrunken sein – so die obskure Notiz in einem Ovid-Scholion (Fr. *23 PCG).

Obwohl er nur gerade 50 Jahre alt wurde, hat Menander ein umfangreiches Werk hinterlassen. Von den 105 oder gar 109 Komödien, die er geschrieben hat, sind immerhin 96 Titel bekannt. Ähnlich wie der Tragiker Euripides war er jedoch zu seinen Lebzeiten vom Erfolg nicht besonders verwöhnt – insgesamt errang er bei Lenäen und Dionysien nur acht Siege – und sollte erst, wie der römische Literaturtheoretiker Quintilian konstatiert (III 7, 18), bei der Nachwelt die verdiente Anerkennung finden.

Die mageren biographischen Daten erhalten allerdings bedeutend mehr Aussagekraft, wenn man sie vor dem Hintergrund der politischen Ereignisse liest, die in Menanders Lebenszeit fallen: Sein Debüt als Komödiendichter im Jahre 325/324 und sein erster Triumph an den Lenäen 322/321 v. Chr. umranken das Todesjahr Alexanders des Großen. Im Jahr der Aufführung des *Dýskolos* (317/316 v. Chr.) kam in Athen Demetrios von Phaleron an die Macht. Wie Menander ein Schüler des Philosophen Theophrast, sorgte er in Athen nach den Wirren der Diadochenkämpfe für eine Zeit der Ruhe. Menander scheint ihm nahegestanden zu haben. So bedeutete die Eroberung der Stadt durch Demetrios Poliorketes, den Sohn des erfolgreichen makedonischen Generals Antigonos, der in Athen geradezu enthusiastisch als Befreier gefeiert wurde – zu seinen Ehren benannte man gar die Dionysien in Demetrien um – im Jahre 307 v. Chr. für ihn wohl eine gewisse Gefahr. Doch auch die folgenden Jahre ließen keinen Stillstand im Wechsel der Machthaber eintreten: Bereits 301/300 v. Chr. bemächtigte sich der General Lachares Athens, das er jedoch schon 295/294 v. Chr. wieder an Demetrios Poliorketes verlor.

Die Wirren der Zeit, der ständige Wechsel der Regierenden mit den damit verbundenen Gefährdungen für Leib und Leben der Bürger haben ihre unverkennbaren Spuren im Werk Menanders hinterlassen – allerdings in ganz anderer Art, als die an Unruhen auch nicht gerade armen Jahre des Peloponnesischen Kriegs die Alte Komödie prägten: Zentral ist für Menanders Stücke der Zufall, die Tyche, die das Leben der Menschen in unerwarteter Weise in Unordnung bringt. Zentral wird – wie in der Philosophie seines Altersgenossen Epikur, mit dem Menander gut bekannt war – der private Lebensraum, in den sich die Menschen aus dem Getriebe der Politik immer mehr zurückzuziehen versuchen.

4.2 Komische Charakterstudien

4.2.1 *Der Schwierige* (*Dýskolos*)

Die Komödie, die Menander mit knapp 25 Jahren verfaßte, verweist gleich zu Beginn auf den Einfluß, den die euripideische Tragödie auf die Komödienproduktion des 4. Jahrhunderts ausübte. Wie im *Ion* der Gott Hermes den Zuschauer in die an Intrigen und Verwicklungen reiche Handlung einführt, eröffnet den *Dyskolos* der ländliche Gott Pan, um dem Zuschauer zunächst, um die glückliche Formulierung E. W. Handleys zu gebrauchen, in einer Art „verbaler Szenenmalerei" („verbal scene painting") den Ort der Handlung (das attische Dorf Phyle) und den Bühnenhintergrund zu erklären (das Haus des schwierigen Knemon auf der einen und das seines Stiefsohnes Gorgias auf der anderen Seite mit der Nymphengrotte, aus der Pan heraustritt, in der Mitte). Die Vorgeschichte und der derzeitige Stand der Dinge werden dargelegt: Knemon hat verbittert und allen Menschen abgeneigt ein karges Leben auf seinem Bauernhof gefristet. Trotz seiner Menschenfeindlichkeit heiratet der Griesgram eine Witwe, die bereits einen kleinen Sohn namens Gorgias aus erster Ehe hat. Die Ehe sollte nicht glücklich verlaufen: Zwar gebar ihm seine Frau ein Töchterchen; da das Leben mit dem alten Griesgram jedoch unerträglich wurde, zog sie zu ihrem Sohn Gorgias, die Tochter blieb beim Vater zurück. Das Mädchen ist inzwischen herangewachsen, verehrt die Nymphen stets in frommer Scheu, so daß Pan als ihr Schutzpatron sich veranlaßt sieht, für sie zu sorgen (v. 39–44):

> und so füge ich es, daß
> Ein junger Mann von feiner Art aus reichem Haus (Sostratos),
> Sohn eines Vaters (Kallippides), dem die besten Äcker hier
> Gehören, auszieht auf die Jagd mit einem Knecht (Pyrrhias)
> Und dabei, wie von ungefähr, dann hierher kommt
> Und sich unsterblich in das schöne Kind (Myrrhine) verliebt.
>
> (Übersetzung Max Treu)

Der Prolog Pans verdeutlicht, daß im Zentrum der Handlung der Charakter des mürrischen alten Knemon steht. Da jedoch Knemon als dem Vater des Mädchens das entscheidende Wort in der sich anbahnenden, durch Pan in die Wege geleiteten Liebesbeziehung zufällt, ist es klar, daß Charakterzeichnung und Liebeshandlung eng miteinander verbunden sind.

Ein kurzer Überblick über die Handlung verdeutlicht dies: Wie von Pan angekündigt, hat sich der verwöhnte, aber durchaus nicht unsympathische Sostratos in Myrrhine, die Tochter Knemons, verliebt. Als alle Versuche, mit dem Alten ins Gespräch zu kommen, an dessen aggressiver Widerborstigkeit scheitern (1. Akt). Schließlich gelingt es Sostratos, Gorgias, den anfänglich mißtrauischen Stiefbruder Myrrhines, für seine Sache zu gewinnen. Gorgias erklärt sich bereit, Knemon behutsam darauf hinzulenken, der Heirat zwischen seiner Tochter und Sostratos zuzustimmen. Um beim Alten einen recht guten Eindruck zu hinterlassen, soll Sostratos unterdessen, als Bauer verkleidet, das Feld hacken. Die bisher geradlinig verlaufende Handlung wird nun retardiert: Die Mutter des Sostratos plant, mit großem Gefolge in der Nymphengrotte ein Opfermahl abzuhalten (2. Akt). Knemon fühlt sich durch den Betrieb, vor allem durch den aufdringlichen Koch Sikon, derart belästigt, daß er sich völlig außer sich in sein Haus zurückzieht. Doch auch hier soll er keine Ruhe finden: Seine Magd Simiche hat tatsächlich eine Hacke samt Wassereimer in die Zisterne fallen lassen, so daß der Alte, laut zeternd, sich genötigt sieht, das Gerät aus dem Brunnen zu bergen, bei der Aktion jedoch selbst hineinstürzt (3. Akt). Gorgias und Sostratos retten ihn, und das Unerwartete tritt ein, wobei die inhaltliche Überraschung durch eine szenische ergänzt wird: Auf dem Ekkyklema wird der Alte aus dem Haus heraus-, danach – in Vers 758 nach einer wahrscheinlichen Ergänzung des an dieser Stelle lückenhaften Papyrus – wieder hineingerollt. Menander setzt die Maschine der tragischen Bühne wirkungsvoll dazu ein, um dem Lamento des Knemon den passenden tragischen Rahmen zu verleihen und den Zuschauer auf den unerwarteten Sinneswandel des mürrischen Alten vorzubereiten. Die für die Handlung zentrale Bedeutung der Verse 708ff., in denen Knemon sein Wesen deutet, wird auch dadurch unterstrichen, daß die Schauspieler, von Flötenspiel begleitet, ins pathetische Rezitativ übergehen und vom Sprechvers, dem iambischen Trimeter, zum katalektischen trochäischen Tetrameter wechseln (v. 710–747):

(Aber da ich nun so hilflos,) zög' ich lieber vor (den Tod)
(Als ein solches Weiterleben). Niemand könnte mich von euch
Darin schwankend machen: selber gebt doch zu, ich habe recht.
's war ja wohl ein großer Fehler, daß ich wollte, ganz auf mich
Selbst gestellt mein Leben führen, niemandem verpflichtet sein.
Doch nun seh ich: unvermutet kann es rasch zu Ende gehn,
Und ein Fehlschluß war es, find ich, daß ich früher so gedacht.
(an Myrrhine, seine Tochter, gewandt)
Eine Frau braucht stets zur Seite als Beschützer ihren Mann!
Doch mich machte, beim Hephaistos, all das Treiben so verstockt,
Das ich sah in jedem Leben: nur Berechnung und die Gier
Nach Gewinn und eig'nem Vorteil. Niemand, dacht' ich, wäre je
Einem andren Menschen wirklich und von Herzen gut. Das war's,

Was so engstirnig mich machte! Doch das Gegenteil bewies
Gorgias durch eine Handlung, die nur Edelmut vollbringt:
Mich, der ihm die Tür nie auftat, ja, das Haus ihm gar verbot,
Nie und nirgends und in keiner Weise ihm behilflich war,
Nicht ihn grüßte und kein Wort sprach, rettet' er trotzdem sogleich.
(...)
Laß mich, Kind, nun niedersitzen. – Reden, mehr als nötig ist,
Halte ich für überflüssig unter Männern. – Nur noch eins:
Laß dir ein paar Worte sagen übers Leben allgemein:
Wären alle guten Willens, dann bestünde kein Gericht,
Und man sperrte nicht die Menschen ins Gefängnis, und es gäb
Keine Kriege: jeder hätte auch am wenigen genug.
Doch vielleicht beherzigt ihr das eher: handelt dann danach!
Denn gewiß, der alte Griesgram kommt euch nimmer in die Quer.

(Übersetzung Max Treu)

Als Ergebnis seiner Einsicht will er sich auf sein Altenteil zurückziehen, überträgt Gorgias das Nutzungsrecht seines Besitzes und gibt der Heirat von Sostratos und Myrrhine seinen Segen (4. Akt). So hat die Handlung der Komödie
bereits am Ende des 4. Akts eine an und für sich zufriedenstellende Lösung gefunden: Knemon hat das Verfehlte seines Verhaltens eingesehen, ohne allerdings die letzte Konsequenz aus dieser Einsicht zu ziehen und in die Gesellschaft zurückzukehren; Sostratos sieht sich am Ziel seiner Wünsche. Da man
nach den Regeln des attischen Theaters jedoch mit einem weiteren Akt rechnen
muß, kann der Zuschauer nach dem Chorintermezzo noch auf Überraschungen
gespannt sein – und erlebt diese auch gleich zwei davon: Zunächst will Sostratos, um sich für die Hilfe, die ihm von Gorgias zuteil wurde, erkenntlich zu
zeigen, von seinem Vater die Einwilligung erhalten, daß Gorgias seine
Schwester heiraten dürfe. Da Kallippides zunächst von der Aussicht, zur armen
Schwiegertochter noch einen armen Schwiegersohn zu bekommen, nicht gerade begeistert ist, holt Sostratos zu einer von Allgemeinplätzen strotzenden
Rede aus (v. 797–812):

Aha, das Geld, der unbeständige Besitz!
Behüt es, gib nur niemandem davon was ab,
Wenn du genau weißt, daß es immer, alle Zeit
In deiner Hand bleibt! Doch worüber du der Herr
Nicht bist, was nicht von dir stammt, sondern nur vom Glück,
– ach, Vater – gönn das andren Menschen ebenfalls!
Es könnte jemand anders, der es nicht verdient,

Vom Glück all das erhalten, was jetzt du besitzt.
Solange es in deiner Hand ist, solltest du
Verwenden es zu guten Zwecken, meine ich,
Aushelfen allen und, soviele du nur kannst,
Zu Wohlstand bringen mit dem Geld, das dein. Es bleibt
Ein sichres Kapital das: kommst du selbst in Not,
Strömt, was du ausgabst, dir von dorther alles zu.
Viel mehr wert ist ein guter Freund, der zu uns hält,
Als unsichtbare Schätze, die du gern verscharrst.

(Übersetzung Max Treu)

Der Vater gibt sich angesichts der Sentenzen seines Sohnes (v. 817) geschlagen und seine Einwilligung zur Hochzeit seiner Tochter mit Gorgias. Doch auch damit hat die Komödie ihr Ziel noch nicht erreicht. Wiederum kündigt der Wechsel des Metrums zu katalektischen iambischen Tetrametern, der Übergang in das von Flötenspiel begleitete Rezitativ eine Steigerung an: Der Sklave Getas und der Koch Sikon wollen dem Alten eine Heilbehandlung zukommen lassen, um ihm seinen üblen Charakter auszutreiben. Andernfalls schwant ihnen Schlimmes, falls sie künftig mit dem Scheusal zusammenwohnen sollen. Während die anderen drinnen feiern, drangsalieren die beiden den hilflosen Alten, so daß dem am Ende nichts anderes übrig bleibt, als sich doch am Fest zu beteiligen. So gleicht der Schluß des *Dyskolos* durchaus den Komödien des 5. Jahrhunderts, in denen – wie in den *Acharnern*, dem *Frieden* oder den *Vögeln* des Aristophanes – die Exodos in einem Fest gipfelt.

Die Handlung der Komödie entwickelt sich, wie der kurze Überblick deutlich gemacht haben dürfte, ganz aus dem Charakter des Schwierigen. Dieser Typus findet sich in der Geschichte der Gattung Komödie auch schon vor Menander. In der *Lysistrate* des Aristophanes singt der Chor der alten Männer über einen gewissen Melanion, der sich aus Haß über die Frauen in die Wildnis zurückgezogen habe, um dort ein Leben in Einsamkeit und Bedürfnislosigkeit zu fristen (v. 781ff.). Die alten Frauen halten dagegen und erzählen die Geschichte von Timon (v. 805–820):

Ich will euch ein Märchen erzählen als ein Gegenbeispiel zu Melanion:
Ein gewisser Timon war gar wild, unnahbar, bissig,
Hat 'ne Dornenhecke nicht ums Gesicht nur,
Ein Erinyensprößling.
Dieser Timon hauste,
Da ihn Haß erfüllte,
Im bekannten Turme

Und verfluchte tausendmal die niederträcht'gen Männer.
Ja, so haßte jener ganz wie wir die niederträcht'gen
Männer, doch den Frauen war in Liebe er zugetan!

Dieser Timon ist der literarische Prototyp des Misanthropen. Phrynichos, der
im Jahre 414 v. Chr. hinter den Vögeln des Aristophanes mit seinem *Einsiedler*
(*Monótropos*) den dritten Platz belegte, formt seinen Helden nach dem Vorbild
Timons (Fr. 19/20 PCG):

Mein Name ist Einsiedler,
Ich führe mein Leben nach Art des Timon,
Unverheiratet, ungebunden, jähzornig, unzugänglich,
Ohne ein Lächeln auf den Lippen, ohne mich mit jemandem zu
unterhalten, voller Eigensinn
Als alter Mann ohne Kinder, ohne Frau (...)

Das Thema des Rückzugs aus der Gesellschaft, das auch den Ausgangspunkt
der *Vögel* des Aristophanes oder der *Wilden* (*Ágrioi*) des Pherekrates bildet, erfreut sich auch in der Zeit der Mittleren Komödie großer Beliebtheit. Antiphanes verfaßte einen *Timon,* Anaxilas wie Phrynichos einen *Monotropos.* Die
lange Rede, die Knemon nach seinem Brunnensturz hält (vor allem v. 718–
721), stellt ihn ganz in die komische Tradition des Menschenfeindes, der aus
Überdruß über die Schlechtigkeit der Welt sich ganz aus ihr zurückzieht und
seinen Mitmenschen nur noch mit Abscheu begegnet. Und wie Timon scheint
er dem weiblichen Geschlecht nicht ganz abhold zu sein, da er ja geheiratet hat.
    Eine zweite literarische Wurzel des *Dyskolos* Menanders ist sicherlich in dem
Interesse des 4. Jahrhunderts an menschlichen, vor allem deformierten Charak-
terzügen zu sehen, wie es die *Charakterstudien* des Aristoteles-Schülers Theophrast zum Ausdruck bringen. In 30 Skizzen beschreibt Theophrast bestimmte
Typen, wie sie uns durchaus auch aus der Komödie bekannt sind, etwa den
Schwätzer, den Trunkenbold, den Habgierigen. Ein Schwieriger oder Misan-
throp fehlt in der Sammlung. Deswegen jedoch eine Beeinflussung Menanders
von seiten seines Lehrers auszuschließen, ist verfehlt. Man sollte eher annehmen, daß der Komödiendichter mit seiner dramatischen Fallstudie eine Lücke
im Büchlein des Theophrast zu schließen versuchte. Er entwirft das Bild eines
Menschen, der aufgrund der Erfahrung, die er mit der egoistischen Gesellschaft gemacht hat, sich aus ihr zurückzieht und sie mit seinem Haß verfolgt.
Durch die Rettungstat des Gorgias eines Besseren belehrt – ist doch wenigstens
ein einziger Mensch anders geartet als all die anderen –, übergibt er dieser einen
Person seinen ganzen Besitz samt der Tochter. Philosophisch gesprochen: Er

entäußert sich nun aller Äußerlichkeiten oder, um die Terminologie der stoischen Lehre zu verwenden, aller *adiáphora* (ἀδιάφορα), aller für das Glück irrelevanten Dinge, um sich fortan völlig auf sich selbst zurückzuziehen. Seine Rückkehr in die Gesellschaft am Schluß der Komödie erfolgt denn auch nicht aus vernünftiger Einsicht, sondern unter Zwang, da er dem lästigen Treiben des Sklaven und Kochs ein Ende setzen will. Wie ein sophokleischer Held, wie Aias oder Antigone, ruht er in seinem immer gleichen Wesen und scheitert, wobei – der Gattung entsprechend – das Scheitern sich in Knemons erzwungener Teilnahme an den Festlichkeiten der Familienangehörigen ausdrückt.

Daß Knemon scheitern muß, liegt, wie er selbst in aller Klarheit sieht, in seinem Streben nach zu großer Unabhängigkeit von anderen, nach zu großer Autarkie begründet (v. 714f.):

> 's war ja wohl ein großer Fehler, daß ich wollte, ganz auf mich
> Selbst gestellt (*autark*), mein Leben führen, niemandem verpflichtet sein.
>
> (Übersetzung Max Treu)

Der Begriff der Autarkie, den Knemon im Munde führt, verweist auf den grundlegenden ethischen Text des 4. Jahrhunderts v. Chr., auf die *Nikomachische Ethik* des Aristoteles. Im 9. Buch erörtert Aristoteles ausführlich das Dilemma, das sich durch den Gegensatz zwischen dem philosophischen Autarkie-Ideal und dem hohen Wert der Freundschaft und der Rolle des Menschen als Gemeinschaftswesen (*zóon politikón*, ζῷον πολιτικόν) auftut. Eigentlich müßte der vollkommenste Mensch derjenige sein, der, auf keine fremde Hilfe angewiesen, unabhängig und aus eigener Kraft sein Leben führt. Denn wenn der vollkommenste Mensch, der Weise also, Gott gleichen soll und wenn Gott per definitionem absolut und völlig autark ist, muß notwendigerweise auch ein Mensch, der vollkommen werden will, Autarkie anstreben. Daraus ergibt sich jedoch für den Staats- und Gesellschaftstheoretiker Aristoteles das Problem, welche Funktion die menschliche Gesellschaft ausübt. Bereits Sophisten des 5. Jahrhunderts v. Chr. wie Protagoras hatten die Gesellschaft als eine Notgemeinschaft erklärt, die sich aus dem Schutzbedürfnis der Individuen bildete. Aristoteles nimmt jedoch an, daß das Streben der Menschen, sich in Gesellschaftsformen zusammenzuschließen, eine der menschlichen Natur innewohnende Konstante sei, so daß für ihn die sophistische Erklärung ausscheidet. Er löst das Problem durch folgenden Beweisgang: Die vollkommenste Tätigkeit ist ohne Zweifel die Reflexion des Geistes auf und über sich selbst. Damit ist die theoretische Voraussetzung erfüllt, daß der Geist kein Objekt besitzen darf, das höher und bedeutender ist als er selbst; gleichzeitig wird der popularphilosophischen Maxime „Erkenne dich selbst" Genüge getan. Nur Gott als reines Geistwesen kann jedoch ständig und mühelos diese selbstbezügliche Reflexion vornehmen; der Mensch ist aufgrund seiner Körper-Geist-Natur dazu nicht in der Lage. Allerdings gibt es für den Menschen doch einen Weg zur Selbsterkenntnis: Er kann sich im Spiegel eines ihm gleichenden oder gleichgesinnten Menschen, eines Freundes, selbst erkennen. Dieser Gedankengang ermöglicht sowohl die Rettung der menschlichen Gemeinschaft als auch der Freundschaft. Zwar sind Freundschaft und Gesellschaft immer noch aus einem Defizit heraus entstanden, aber nicht aus der bloßen Not und Schutzlosigkeit, sondern aus einer erkenntnistheoretischen, ethischen Notwendigkeit heraus.

Vor der Folie von Aristoteles' Überlegungen erhalten der Charakter und das Verhalten des Knemons eine tiefere Bedeutung: Knemon strebt nach dem Ideal der Autarkie, der vollkommenen Unabhängigkeit, und scheitert damit kläglich. In der Handlung wird dies durch den Brunnensturz veranschaulicht. Sicherlich hat bei dieser Szene der Brunnensturz des Protophilosophen Thales Pate gestanden: Wie der Naturphilosoph aus Milet durch seinen Sturz aus den Betrachtungen der Sternenbahnen in die Realität geholt wird (s.o. S. 109), stürzt Knemon jäh aus den hohen Idealen der Autarkie. Doch anstatt sich nach seiner Rettung im Spiegel des Gorgias und Sostratos selbst zu erkennen, lehnt er es weiterhin ab, sich ‚resozialisieren‘ zu lassen, zum Gemeinschaftswesen zu werden. Als einem extremen Charakter fehlt ihm wie Aias oder Antigone in Sophokles' Tragödien jedes vernünftige Maß, jede Ausgeglichenheit, die Mitte zwischen Extremen (*méson*, μέσον) der aristotelischen Ethik und Tugendlehre. Wie Aias in der Tragödie des Sophokles das Adelsideal der Ehre absolut setzt und damit scheitert, so ergeht es Knemon mit dem Absolutheitsanspruch, mit dem er seine Autarkie verficht. Die burleske, derbe Schlußszene, in der ihm von den Sklaven übel mitgespielt wird, ist denn auch eine weitere Stufe seines Scheiterns: Da ihm die Einsicht fehlt, muß er sich in seiner Schwäche dem Zwang, den andere auf ihn ausüben, fügen.

4.2.2 Der Schild (Aspis)

Ein ganz und gar deformierter Charakter, dem jedes Maß im aristotelischen Sinne abgeht, steht auch im Mittelpunkt der ebenfalls vermutlich dem Frühwerk Menanders zuzuordnenden Komödie *Der Schild (Aspis)*: der alte, habgierige Geizkragen Smikrines. Bereits vor der Veröffentlichung des Papyrus 26 (B) der Sammlung Bodmer im Jahre 1969 waren schon 85 Verse der Komödie bekannt, ohne daß man sie der *Aspis* hätte zuweisen können. In der Menander-Übersetzung von Günther Goldschmidt (1949) sind die Verse als „Fragment einer unbestimmbaren Komödie" aufgeführt. Die Handlungsskizze, die Goldschmidt dort auf S. 125 entwirft, sollte eine methodische Warnung sein, da Neufunde selbst die mit größtem Scharfsinn durchgeführten Rekonstruktionen als verfehlt herausstellen können. Mehr oder weniger lesbar sind 544 Verse, zu denen noch einige Zitate bei anderen Autoren hinzukommen, also ungefähr zwei Drittel der Komödie. Der 1. und 2. Akt sind fast komplett, der dritte in größeren Passagen, Akt 4 und 5 dagegen kaum erhalten.

Mit schwerer Beute und dem zerbeulten Schild seines Herrn beladen, erscheint der Sklave Daos, laut den Tod seines Herrn Kleostratos beklagend, der als Soldat in Kleinasien sein Leben gelassen habe. Smikrines, der Onkel des Kleostratos, ein alter habgieriger Geizhals, tritt hinzu. Mehr als die traurige Geschichte, die Daos zu erzählen hat, interessiert ihn die Beute, in deren Besitz er sich schon als nächster Verwandter des Gefallenen wähnt. Doch daraus wird nichts werden, wie die Göttin des Schicksals, Tyche, verkündet, nachdem Daos und Smikrines abgetreten sind (v. 97–148). Wie in der *Perikeiromene* hat Menander auch in der *Aspis* den Expositionsmonolog in die zweite Szene verlagert, um den Zuschauer zunächst mit einer noch unklaren Ausgangslage zu konfrontieren, mit einem dramaturgischen Rätsel, das sich erst allmählich auflöst. Er wendet damit eine dramaturgische Technik an, die auch Aristophanes bevorzugt (besonders deutlich in den *Rittern*, *Wespen* und *Vögeln*). Kleostratos – so Tyche – lebt und wird bald zurückkehren. Im folgenden charakterisiert die Göttin ausführlich den alten Smikrines (v. 115–121):

Der Alte, der sich alles grad berichten ließ,
Das ist der ältere Bruder seines (des Kleostratos) Vaters,
Jedoch an Bosheit überspielt er alle Menschen
Bei weitem. Weder kennt er die Verwandten
Noch Freunde. Auch hat ihm im ganzen Leben
Noch keine Schlechtigkeit was ausgemacht – er will
Nur immer alles haben. Das alleine kennt er.
Er lebt allein und hat nur eine alte Magd.

(Übersetzung Kurt und Ursula Treu)

Ganz anders ist dagegen der andere Onkel des Kleostratos, Chairestratos, ein reicher, gutmütiger Herr. In dessen Obhut ließ Kleostratos vor seiner Abreise seine Schwester zurück. Chairestratos plant die Heirat seiner Nichte mit Chaireas, seinem Stiefsohn. Die für diesen Tag geplante Hochzeit droht zu scheitern, da Smikrines, als der ältere der beiden Brüder, nach dem vermeintlichen Tod des Kleostratos derjenige ist, der nach attischem Recht entweder das Mädchen selbst heiraten oder sie mit einem anderen verheiraten darf. Chairestratos appelliert vergeblich an Smikrines, das Maß zu wahren (v. 257). So kann nur eine raffinierte Intrige dem Mädchen Rettung bringen. Da Chairestratos ohnehin unter Melancholie leide (v. 306), sei es ein leichtes, Smikrines weiß zu machen, daß sein armer Bruder die schlechten Nachrichten nicht überleben werde, sondern im Sterben liege (v. 329ff.). Dann werde Smikrines aufgrund seiner Habgier die Schwester des Kleostratos sicherlich in Ruhe lassen und sich seiner anderen, bedeutend reicheren Nichte, der Tochter des Chairestratos, annehmen. Die List gelingt. In einem Potpourri von Tragödienversen informiert Daos Smikrines über den Zustand seines Bruders, der seinerseits begierig den (falschen) Arzt, der aus dem Haus tritt, über den Gesundheitszustand des Chairestratos aushorcht (v. 432ff.). In einer köstlichen Szene gibt der Arzt seine Diagnose. Er bedient sich des dorischen Dialekts, da Ärzte häufig aus dem dorisch sprechenden Sizilien oder von der Insel Kos kamen. Obwohl der Text an dieser Stelle nur lückenhaft erhalten ist, dürfte die Komik der Doktor-Szene deutlich werden, in der Menander den medizinischen Jargon, die medizinische Fachsprache parodiert und gleichzeitig Smikrines, der dem Tod seines Bruders geradezu entgegenfiebert, von seiner übelsten Seite zeigt:

Arzt:
.... ihm die Gallä
.... in der akuten Krisä.
Smikrines:
.... das versteh ich wohl.
Arzt:
.... seine Nervän, glaube ich.
Es ist Usus unsrer Profession, den Namän
Phrenitis dem zu gebän.
Smikrines:
Ich verstehe. Und?
Gibt's also keine Hoffnung mehr auf Rettung?
Arzt:
Äs geht zu Endä – soll ich nicht mit läären Wortän
dich tröstän.
Smikrines:
Tröste nicht, sag mir die Wahrheit.
Arzt:
Nicht läbensfähig mähr ist där Patiänt.
Ärbrächen tut är Gallä. Es verdunkält
sein Augä sich. Vorm Munde hat är Schaum.
Är hat das hippokratische Gesicht.

(Übersetzung Kurt und Ursula Treu)

Für Akt 4 und 5 läßt sich mit aller Vorsicht folgende Handlung rekonstruieren: Sostratos kehrt zurück (v. 490ff.). Der Hochzeit des Chaireas und seiner Schwester legt er keine Steine in den Weg. Smikrines kümmert dies, wie erwartet, wenig, da er nunmehr die reiche Tochter seines verstorbenen Bruders Chairestratos heiraten kann. Doch als Chairestratos von den Toten aufersteht und Kleostratos seine Tochter zur Frau gibt, bleibt ihm nur Spott und Hohn, während im Haus – wie im *Dyskolos* – eine Doppelhochzeit gefeiert wird (v. 521ff.).

Ohne Zweifel ist der von unbändiger Habgier getriebene Smikrines ein in weit höherem Maße deformierter Charakter als Knemon im *Dyskolos*. Doch selbst bei dieser negativen Gestalt vermeidet Menander eine allzu krasse Schwarz-Weiß-Malerei. Vielmehr lotet er behutsam die seelischen Abgründe aus, die sich hinter einem Menschen wie Smikrines auftun: Smikrines leidet unter dem Ruf, ein habgieriger Geizhals zu sein (v. 149–153), trotzdem läßt ihn das ständige Mißtrauen, das er gegen jedermann hegt, nicht los (v. 153–158). Er fühlt sich von seinem reicheren Bruder wie ein Bastard behandelt, fühlt sich übergangen und in seinen Rechtsansprüchen verletzt, da ihm als ältestem Familienmitglied die Verfügungsgewalt über seine Nichte von Rechts wegen zusteht (v. 172–180):

> Der älteste der Familie bin ich, werd betrogen,
> Muß sehen, wie mein Bruder immer reicher wird
> (...)
> Er hält nicht Maß, behandelt mich grad so, als sei ich
> Ein Sklave oder Bastard nur, und er
> Vermählt das Mädchen mit, ich weiß nicht wem,
> Und sagt mir nichts und fragt mich nicht darum,
> Wo mir's genauso zusteht, da er Onkel ist
> Wie ich.
>
> (Übersetzung Kurt und Ursula Treu)

Doch auch im Leben des Chairestratos gibt es nicht nur eitel Sonnenschein. Auch er leidet: Er leidet an der ganzen Welt, leidet am Wesen seines Bruders und ist von einer tiefen Melancholie befallen (v. 305–308). Was Smikrines fehlt, ist das rechte Maß. Er selbst macht dies seinem Bruder zum Vorwurf (v. 175), Chairestratos seinerseits weist Smikrines darauf hin, daß er mit seinem Vorhaben, die Nichte zu heiraten, kein maßvolles Verhalten an den Tag lege (v. 257). Der Hintergrund der aristotelischen Ethik ist unüberhörbar! Doch wie Menander bei der Entfaltung seiner Personen es vermeidet, allzu offensichtliche negative oder positive, einschichtige Charaktere entstehen zu lassen, so

gelingt es ihm auch, seine Personen nicht als bloße Repräsentanten einer be-
stimmten Theorie oder einer bestimmten Lebenshaltung zu zeigen. Zwar ist
Smikrines auf der einen Seite tatsächlich ein Mann, der ohne Rücksicht auf
Menschlichkeit seine Recht durchsetzen will, Chairestratos auf der anderen
Seite vertritt tatsächlich die Position des Augenmaßes, der Humanität, hinter
der noch so berechtigte andere Ansprüche zurückzutreten haben.

Die Kunst Menanders besteht darin, daß die Vertreter dieser gegen-
sätzlichen Positionen keine blutleeren Hülsen bleiben, die – wie die beiden
Logoi in den *Wolken* des Aristophanes – nur dazu eingeführt werden, um
Theorien auf der Bühne hör- und sichtbar werden zu lassen, sondern daß sie
Menschen mit Fehlern und Qualitäten, mit Gefühlen und Hoffnungen sind.

4.3 Die Schwierigkeiten der menschlichen Kommunikation

4.3.1 *Das Mädchen aus Samos (Samía)*

Die *Samia*, von der 737 Verse, also gut vier Fünftel erhalten sind, ist wohl – wie
der *Dyskolos* – ein Jugendwerk Menanders. Im Gegensatz zum eher ruhigen
Handlungsablauf des *Dyskolos* ist die *Samia* eine an Verwicklungen reiche Komödie, deren Kern ein ungewollt sich anbahnender Vater-Sohn-Konflikt ist.
Demeas, ein wohlhabender Athener, hat ein außerordentlich herzliches Ver-
hältnis zu seinem Adoptivsohn Moschion. Er hat Chrysis, ein freigeborenes
Mädchen von der Insel Samos, als Geliebte in sein Haus genommen. Moschion hat ein Verhältnis mit Plangon, der Tochter des rechtschaffenen, aber ar-
men Nachbarn Nikeratos. In Abwesenheit der alten Herren, die sich auf einer
Reise in den Norden befinden, bringen beide Frauen, Chrysis und Plangon, ein
Kind auf die Welt. Das Kind der Chrysis stirbt kurz nach der Geburt. In ihrer
Großmut nimmt Chrysis das Kind Moschions und Plangons als ihr eigenes an,
um den Fehltritt der vorehelichen Beziehung der beiden jungen Leute zu verbergen. Auf ihrer Reise haben die beiden Alten verabredet, die Heirat von
Moschion und Plangon voranzutreiben. Alles scheint sich in Wohlgefallen aufzulösen. Doch da wird Demeas zufällig Zeuge eines Gesprächs, das ihn zu der
Schlußfolgerung führt, Moschion sei der Vater von Chrysis' Kind und habe ihn
arg hintergangen. Voller Wut jagt er Chrysis aus dem Haus, die bei Nikeratos
Unterschlupf findet. Das Mißverständnis klärt sich auf, der Heirat von Moschion und Plangon scheint zum zweiten Mal nichts im Wege zu stehen. Doch
nun – zu Beginn des 5. Akts – ist es Moschion, der den Gekränkten spielt. Er
ist außer sich über die Unterstellungen seines Ziehvaters; ja, wenn er nicht
durch sein Versprechen Plangon gegenüber gebunden wäre, würde er alles

hinter sich lassen und sich geradewegs als Söldner verdingen. Um dem Vater jedoch zu demonstrieren, wie verfehlt der gegen ihn gerichtete Verdacht war, will er ihn zumindest durch die Ankündigung einen Schreck einjagen, er werde als Söldner nach Nah- oder Fernost ziehen (v. 616–640). Nun endlich platzt dem gutmütigen Demeas der Kragen, und er liest Moschion gehörig die Leviten (v. 695–711). Der Bedeutung seiner Rede angemessen, wechselt er von dem normalen Sprechvers des attischen Dramas, dem iambischen Trimeter, in den katalektischen trochäischen Tetrameter und damit ins Rezitativ:

> Moschion,
> Daß du zornig bist, versteh ich, und ich halt es dir zugut,
> Wenn's dich kränkt, daß ich zu Unrecht dich so bös verdächtigt hab.
> Doch bedenke auch das andre, trotz der Bitterkeit: ich bin
> Doch dein Vater, und ich nahm dich schon als kleines Kind zu mir,
> Und ich zog dich auf. Wenn dir das Leben angenehm verlief,
> So verdankst du mir's. Deswegen hättest du's ertragen solln,
> Daß ich dich einmal betrübte, auf dich nehmen wie ein Sohn
> Meinen Vorwurf. Ja, ich habe dich beschuldigt ohne Grund.
> Ohne Wissen fehl ich, raste – aber denke auch daran:
> Wie ich auch die andern kränkte, Rücksicht nahm ich stets auf dich.
> In der eignen Brust bewahrt ich, was zu wissen ich geglaubt,
> Und die schadenfrohe Feinde ließ ich davon nichts erfahrn.
> Aber du bringst meinen Fehler jetzt ans Licht und holst dazu
> Zeugen dir für meine Torheit. Ach, das hab ich nicht verdient.
> Denk, Moschion, nicht an diesen einen einz'gen Lebenstag,
> Wo ich falsch gehandelt habe, und vergiß die frühern nicht!
> Sagen könnt ich viel, doch laß ich's, denn du weißt, es wär nicht schön,
> Folgt dem Vater man nur zögernd. Tut man's willig, ist es gut.

(Übersetzung Kurt und Ursula Treu)

Nachdem das Verhältnis zwischen Vater und Sohn endlich geklärt und der Kosmos der Familie wiederhergestellt ist, steht der Hochzeit von Moschion und Plangon nichts mehr im Wege.

Ein Blick auf die Struktur des *Dyskolos* verdeutlicht, daß es der Dramaturgie Menanders entspricht, im 4. Akt – nach der Peripetie am Ende des 3. oder Beginn des 4. Akts – die Handlung zu einem scheinbaren Ende zu führen, um danach zu Beginn des 5. Akts mit einer überraschenden Wendung aufzuwarten. Daß diese Dramaturgie der Überraschungen Philologen bei ihren Rekonstruktionsversuchen der lückenhaft überlieferten Komödien Menanders zwangsweise in die Irre führen muß, belegt ein Blick in die von G. Goldschmidt 1949 herausgegebene Menander-Ausgabe, in der er zum Schluß der *Samia* schreibt, der zu diesem Zeitpunkt noch nicht entdeckt war (dort S. 99):

> Hier bricht unser Manuskript ab. Johannes van Leeuwen hat den Schluß sehr plausibel rekonstruiert: es stellt sich heraus, daß Moschion und Chrysis Geschwister sind, beide von edler Abkunft und athenischen Geblüts. So kann denn auch Demeas die Chrysis heiraten, und das Stück schließt mit einer Doppelhochzeit.

Wie im *Dyskolos* entwickelt sich auch in der *Samia* die Handlung, vor allem die Verwicklungen und Verwirrungen der zwischenmenschlichen Beziehungen, ganz aus dem Charakter der dramatis personae, in der *Samia* aus dem *trópos* (τρόπος, „Charakterzug", v. 6) der Protagonisten Demeas und Moschion.

War es im *Dyskolos* Knemons Misanthropie und sein Streben nach völliger Autarkie, ist es in der *Samia* die allzu große Rücksichtsnahme, mit der Demeas und Moschion einander begegnen. Menander verweist durch sprachliche Signale auf diesen die Handlung prägenden Wesenszug, indem er seine Protagonisten bestimmte Lieblingswörter im Mund führen läßt, durch die sie sich selbst in ihrer charakterlichen Schwäche bloßstellen. Im *Dyskolos* war es das Wort „Masse" (*óchlos*, ὄχλος), mit dem Knemon an passender wie unpassender Stelle seine Mitmenschen tituliert, selbst wenn es nur zwei oder drei Personen sind; in der *Samia* ist es das Wort „Rücksicht" (*aischýne*, αἰσχύνη und Sinnverwandtes). Bereits der Prolog, in dem Moschion den Zuschauern (v. 5) die Vorgeschichte darlegt, macht dies ganz deutlich. Moschion sieht ein, daß er durch seine voreheliche Beziehung zu Plangon einen Fehler begangen hat und seinem Vater Kummer bereiten wird (v. 2f.). Dieser seinerseits verbirgt vor ihm aus Rücksicht und Scham seine Beziehung zu dem samischen Mädchen (v. 20–23). Ihn plagen genau dieselben Skrupel (v. 47f.):

> Das Weitere sag ich ungern, doch – ich schäme mich.
> Es hilft ja nichts, und dennoch schäm ich mich.
>
> (Übersetzung Kurt und Ursula Treu)

Aus dieser gegenseitigen Rücksichtsnahme und aus falsch verstandener Scham kommt es zu keiner Aussprache zwischen Vater und Sohn, so daß sich die Mißverständnisse anbahnen und es beinahe zu einem schlimmen Ende zu kommen droht. Schein, Scheinwissen und mangelnde Kommunikation bringen das, was von allen als richtig anerkannt und gewünscht ist, die Hochzeit der beiden jungen Leute, beinahe zum Scheitern. Diese Handlungskonstellation weist zurück auf das Spätwerk des Euripides und auf die erkenntnistheoretische Diskussion des 5. Jahrhunderts, wie sie uns in der Schrift des Sophisten Gorgias *Über das Nichtseiende* greifbar ist. Gorgias beweist seine These in drei Schritten: 1. Es gibt nichts. 2. Wenn es doch etwas gäbe, könnten wir es nicht (richtig) wahrnehmen. 3. Und selbst wenn wir in der Lage wären, etwas wahrzunehmen, könnten wir es einem anderen nicht mitteilen. Gerade den zweiten und dritten Punkt des Beweisganges könnte man als Ausgangspunkt mancher euripideischer Tragödie und eben auch der *Samia* Menanders ansehen.

Dies wird vor allem deutlich, wenn man die *Samia* mit der euripideischen Tragödie vergleicht, die man in vielen Einzelheiten als Vorläuferin und Wegbereiterin der Neuen Komödie ansehen kann, mit dem *Ion*. Die Ausgangslage ist in beiden Dramen vergleichbar. Ziel der Handlung ist es, ein menschliches Schicksal, das der Plangon bzw. des Ion, in die richtige Bahn zu lenken. Im *Ion* verkündet Hermes, daß sein Bruder Apollon, der Vater Ions, vorhabe, seinen Sohn dem athenischen König Xuthos, der Ions Mutter Kreusa geheiratet hat, als eigenes Kind durch einen Orakelspruch unterzuschieben. In der *Samia* scheint durch die Übereinkunft der Väter, ihre Kinder zu verheiraten, jedes Problem beseitigt. Doch in beiden Stücken droht dieses schlüssige und unproblematisch scheinende Ende am menschlichen Eigensinn und der menschlichen Rachsucht zu scheitern.

Um nicht alles im Chaos enden zu lassen, löst Euripides die verworrenen Handlungsfäden durch Athena als dea ex machina, die durch ihr Machtwort alles klärt. In der *Samia* erscheint dagegen kein Gott, um die zu scheitern drohenden menschlichen Pläne und Absichten zu einem guten Ende zu führen. Bei Menander sind es die Menschen selbst, die zur Klärung beitragen müssen. Demeas rückt seinem zimperlichen Ziehsohn, der den Beleidigten spielt, den Kopf zurecht, indem er selbst zum ersten Mal in seinem Leben die Charaktereigenschaft der Rücksichtnahme und Zurückhaltung überwindet. Wie im *Dyskolos* das allzu große Autarkiestreben Knemons zu seinem abgrundtiefen Menschenhaß führte, erweisen sich in der *Samia* die rücksichtsvollen Umgangsformen von Vater und Sohn als charakterliches Defizit, das jegliche Kommunikation verhindert und in Moschions Verhalten geradezu an Blasiertheit grenzt.

Vor dem Hintergrund der aristotelischen Ethik und Tugendlehre bilden *Samia* und *Dyskolos* geradezu zwei sich ergänzende Darstellungen menschlicher Verhaltensweisen: Die Autarkie und Misanthropie Knemons ist das eine Extrem, die allzu große Freundlichkeit von Demeas und Moschion das andere, der Idealzustand läge in der Mitte.

4.4. Vom komischen Typus zum Charakter

4.4.1 *Die Geschorene* (*Perikeiroméne*)

Von der *Geschorenen*, einer ebenfalls dem Frühwerk Menanders zuzurechnenden Komödie, sind zwar nur 448 Verse, also etwa die Hälfte erhalten. Trotzdem läßt sich die Handlungsführung des Stücks recht gut nachvollziehen:

Vor Jahren hatte der reiche Kaufmann Pataikos bei der Geburt von Zwillingen, eines Mädchens und eines Jungen, seine Frau verloren. Da ihm zu allem Unglück auch noch der Verlust seines stattlichen Vermögens drohte, hatte er die Kinder aussetzen lassen. Eine arme Frau findet sie und übergibt den Jungen namens Moschion einer reichen, kinderlosen Städterin namens Myrrhine; Glykera, das Mädchen, zieht sie selbst auf. Kaum ist Glykera herangewachsen, überläßt die Ziehmutter sie einem jungen Offizier namens Polemon als Geliebte. Moschion und Glykera wohnen nebeneinander. So trifft es sich, daß Moschion Glykera eines abends auf der Straße begegnet. Er verliebt sich auf den ersten Blick unsterblich in das schöne Mädchen, umarmt und küßt sie. Glykera läßt es ohne weiteres geschehen. Denn im Gegensatz zu Moschion ist sie in ihr Schicksal eingeweiht. Polemon, der Zeuge der Szene wird, ist außer sich. In der Meinung, von seiner Konkubine betrogen zu werden, läßt er ihr als Zeichen der Schande die Haare scheren (daher der Titel der Komödie). In ihrer Bedrängnis findet Glykera durch Vermittlung ihrer Sklavin Doris Unterschlupf bei Moschions Ziehmutter Myrrhine und weiht sie in den wahren Sachverhalt ein (1. Akt). Moschion, von seinem Sklaven über die unerwartete und erfreuliche Wendung informiert, wähnt sich wider Erwarten schnell und unproblematisch am Ziel seiner Wünsche. Ja, er schreibt die Anwesenheit Glykeras sich selbst, seiner unwiderstehlichen Anziehungskraft, zu. Polemons Diener Sosias wird Zeuge der Geschehnisse und macht unverzüglich seinem Herrn Meldung (2. Akt). Polemon will in seiner Enttäuschung die Sache gewaltsam lösen und Myrrhines Haus stürmen. Er trifft jedoch, bevor es zu Gewalttaten kommen kann, auf den alten Pataikos, der ihn beschwichtigt (3. Akt). Alles nähert sich einem guten Ende, als, wie es aufgrund der Handlungskonstellation gar nicht anders möglich ist, Pataikos durch Wiedererkennungszeichen (Gnorismata) plötzlich seine ausgesetzte Tochter in Glykera wiederfindet. Moschion, der alles belauscht, zieht die naheliegenden Schlußfolgerungen, so daß der Vater seine verlorenen Kinder in die Arme schließen kann (4. Akt).

Nun muß nur noch die Liebeshandlung einem happy end entgegengeführt werden: Polemon ist verzweifelt, da er der Meinung ist, Glykera habe ihn nie wirklich, sondern nur gezwungenermaßen geliebt. Aber er täuscht sich. Durch die Vermittlung von Glykeras Vertrauten Doris erfährt er, daß sie ihn tatsächlich liebte. So steht einer Heirat von Polemon und Glykera nichts mehr im Wege, und auch für Moschion wendet sich alles zum Guten, da sich für ihn die Tochter eines gewissen Philinos als Frau findet.

Der kurze Handlungsüberblick verdeutlicht, daß Menander in der Grobstruktur seines Stücks ganz dem durch die euripideische Tragödie geprägten Handlungsmuster folgt, wie es besonders deutlich im *Ion* vorliegt.

Trotz des lückenhaften Erhaltungszustandes der *Perikeiromene* läßt sich Menanders Kunst in der Dramaturgie und Charakterzeichnung nachvollziehen. So beginnt die Komödie, ohne daß der Zuschauer, wie dies z.b. im *Dyskolos* der Fall ist, durch einen Prolog über die Vorgeschichte informiert ist, mit Moschions und Glykeras Umarmung und Polemons Wutausbruch. Erst in der zweiten Szene des ersten Akts wird der Zuschauer durch einen Prolog in die Vorgeschichte eingeweiht. Sinnigerweise legt Agnoia, die Göttin der Unwissenheit, die Vorgeschichte dar, ist doch die Handlung der Komödie vor allem durch das mangelnde oder fehlerhafte Wissen der Personen bestimmt (v. 121–171). Sie ist es, die wie Pan im *Dyskolos* die Handlungsfäden in den Händen hält, um Glykera eine ihrer tatsächlichen Herkunft entsprechende Zukunft zu verschaffen.

In der Charakterisierung der Personen der Komödie spielt Menander offensichtlich mit den Erwartungen, mit denen der Zuschauer des ausgehenden 4. Jahrhunderts sich eine Komödie ansah. Wir haben die für die Neue Komödie typische Personenkonstellation: den jungen, verliebten Mann, das junge Mädchen, das durch widrige Umstände in eine unwürdige Stellung als Hetäre geraten ist, den Offizier und die Sklaven, die Vermittlerdienste leisten. Doch im Verlauf der Handlung zeigt es sich, daß der Charakter der dramatis personae nicht stereotyp gezeichnet ist und ganz und gar nicht dem traditionellen Muster entspricht. Polemon fügt sich eher unwillig in die Rolle des *miles gloriosus*, und als Pataikos ihn zurechtweist, zeigt er sich ohne weiteres einsichtig. Er erweist sich also als das genaue Gegenteil des aufschneiderischen Offiziers. Ganz anders steht es dagegen mit Moschion. Von Anfang an ist er als nicht besonders sympathisch gezeichnet. Er hält sich für einen unwiderstehlichen Frauenhelden (2. Akt), und als Polemon die Belagerung von Myrrhines Haus abbricht, schreibt er dies allein seinen strategischen Qualitäten zu, schlüpft also in die Rolle des mit nicht vorhandenen militärischen Glanzleistungen renommierenden *miles gloriosus* (v. 526–531). Die Dramaturgie der Überraschungen, wie sie *Dyskolos* und *Samia* aufweisen, erhält in der *Perikeiromene* somit eine eindrucksvolle Erweiterung durch eine Charakterzeichnung, die aus Typen und Rollenmustern vielschichtige Persönlichkeiten entstehen läßt.

4.4.2 Der Mann aus Sikyon (Sikyónios)

Dieselbe Vielschichtigkeit der Charaktere, eine vergleichbare dramaturgische Konzeption und dasselbe Spiel mit den vertrauten Rollenmustern läßt sich auch in dem *Mann aus Sikyon (Sikyonios)* nachweisen, dessen Entstehungszeit unbekannt ist. 1964 – nach der Publikation der Kartonage einer ägyptischen Mumienverkleidung mit Komödienversen – konnte man bereits seit 1906 bekannte Menander-Verse dem *Sikyonios* zuweisen, so daß nun etwa 400 Verse, als ungefähr ein Drittel der Komödie, ein Teil des Prologs, das Ende des 3. und einige Teile des 4. und 5. Akts, erhalten sind. Der Erhaltungszustand ist allerdings so schlecht, daß eine Rekonstruktion Schwierigkeiten bereitet.

Mit aller gebotenen Vorsicht läßt sich folgende Handlung nachzeichnen: Ein athenisches Mädchen namens Philumene („die Geliebte") und ihr Sklaven Dromon fallen Seeräubern in die Hände und werden auf einem Markt im kleinasiatischen Karien an einen reichen Offizier aus Sikyon namens Stratophanes verkauft (v. 1–15). Dieser verliebt sich in das hübsche Mädchen. Zusammen mit ihr, Dromon, seinem Sklaven Pyrrhias und dem Parasiten Theron reist er vermutlich nach Eleusis, um über die Abstammung des Mädchens und seine eigene Herkunft Aufschluß zu erhalten, da seine Mutter ihm kurz vor ihrem Tod anvertraut hatte, daß er als kleines Kind von seinem Vater, einem Athener, zur Adoption nach Sikyon gegeben worden sei. Die Lage wird kompliziert: Ein junger Athener namens Moschion verliebt sich ebenfalls in Philumene und wirbt um sie. Doch alles klärt sich nach dem üblichen Anagnorisis-Schema auf: Stratophanes findet seinen Vater, einen gewissen Smikrines, sein Rivale Moschion entpuppt sich als sein Bruder. Durch den Schmarotzer Theron wird dann auch noch der Vater Philumenes, Kichesias, entdeckt, so daß – wie so häufig bei Menander – nach der Auflösung der Irrungen und Wirrungen das Stück mit einer Doppelhochzeit endet: Stratophanes heiratet Philumene und Theron seine Geliebte Malthake.

Trotz des dürftigen Erhaltungszustandes der Komödie läßt sich an den wenigen gut lesbaren Stellen dieselbe, gegen den festen komischen Typus gerichtete Umkehrung des Rollenverhaltens der dramatis personae feststellen. Stratophanes – aufgrund seines Namens („der im Heer Glänzende") und seines Berufes der Typus des *miles gloriosus* – entpuppt sich als ein ernsthafter, verantwortungsbewußter Mann. Moschion dagegen ist ein verweichlichter Schürzenjäger ohne ernsthafte Absichten (v. 200ff.), der, selbst als sich Stratophanes als sein Bruder erwiesen hat, diesem die Heirat mit Philumene nicht so recht gönnt, wie sein Selbstgespräch verdeutlicht (v. 397–405):

Jetzt, Moschion, darfst du nicht einmal mehr
Das Mädchen anschaun. Moschion, nun werde stark!
So zart und lieblich wie sie ist – was hilft's?
Dein Bruder ist's, der Hochzeit macht, er hat das Glück.
Soll ich ihm etwa dazu gratulieren?
Brautführer spielen? Leute, das wär stark!

(Übersetzung Kurt und Ursula Treu)

4.4.3 *Das Schiedsgericht (Epitrépontes)*

Wohl dem Spätwerk Menanders zuzurechnen ist das *Schiedsgericht (Epitrepontes)*, von dem gut zwei Drittel erhalten sind. Verloren sind ein Teil des 1. Aktes und der Schluß, der 3. und 4. Akt sind nur lückenhaft überliefert.

Nach der Rückkehr von einer Auslandsreise muß der junge Athener Charisios von seinem Sklaven Onesimos erfahren, daß seine Frau Pamphile in seiner Abwesenheit ein Kind zur Welt gebracht habe und es habe aussetzen lassen. Empört beschließt Charisios, sein Haus nicht mehr zu betreten. Er zieht zu seinem Freund Chairestratos, engagiert eine Harfenspielerin namens Habrotonon und feiert rauschende Feste. Seinen Schwiegervater Smikrines, der den Anlaß von Charisios' Verhalten nicht kennt, bringt das natürlich gegen ihn auf. Der erhaltene Text setzt mit einer Schimpfkanonade des Smikrines gegen seinen Schwiegersohn ein. Mehr als seine Treulosigkeit scheint ihn seine Verschwendungssucht zu erregen (v. 127–129):

> Er sitzt beim Wein, dem allerteuersten, der Mensch!
> Das bringt mich aus dem Häuschen, eben das! Vom Rausch,
> Den er sich antrinkt, red' ich nicht: zu ähnlich sind
> Sich Treulossein und Trunk (...)
>
> (Übersetzung Kurt und Ursula Treu)

So will er dem Wüstling die stattliche Mitgift seiner Tochter abnehmen. Die Handlung des zweiten Akts gibt der Komödie den Titel: Laut streitend, treffen ein Hirte namens Daos und Syriskos, ein Köhler und Sklave des Chairestratos, mit seiner Frau, die ein Baby in den Armen hält, auf den alten Smikrines. Smikrines erfährt, daß Daos das ausgesetzte Kind gefunden und es Syriskos anvertraut habe. Der Streit habe sich daran entfacht, daß Daos die Schmuckgegenstände, die dem Kind beigegeben waren, behalten wolle, während Syriskos im Namen des Kindes darauf Anspruch erhebe. Dem Zuschauer wird sofort klar, um wen es sich bei dem Säugling handelt, zumal Menander in den Versen

303f. augenzwinkernd darauf hinweist, daß die Schmuckstücke natürlich die obligatorischen Wiedererkennungszeichen (Gnorismata) sind. Nicht genug damit: Syriskos zeigt seine Mythen- und Tragödienkenntnisse – „hör die Tragiker, dann wirst / dies alles du verstehn" (v. 325f.) – und holt zu einer langen Geschichte über das Schicksal von Pelias und Neleus aus, den Söhnen des Poseidon, deren Herkunft auch nur durch die mitgegebenen Gnorismata geklärt werden konnte. Kurzerhand fällt Smikrines seinen Schiedsspruch zugunsten von Syriskos und seiner Frau. Zufällig trifft nun Charisios' Sklave Onesimos auf die Streithähne und hört, wie Syriskos den Ring beschreibt (v. 387–390). Onesimos erkennt den Ring als Eigentum seines Herrn, den dieser einst im Rausch verloren habe (v. 406f.), und nimmt ihn dem Zeter und Mordio schreienden Syriskos ab. Der dritte Akt bringt weitere Klärung, aber auch weitere Verwirrung: Onesimos hat es nicht über sich gebracht, den Ring seinem Herrn zu zeigen, da dieser dadurch als Vater des Findelkindes identifiziert würde (v. 451–457):

Beim Tauropolienfest verlor er ihn einmal:
Nächtliche Feier – Frauen! Und nach dem Gesetz
Der Logik einer Jungfrau Vergewaltigung!
Und sie gebar das Kind und hat es ausgesetzt.
Wenn einer nun die Jungfrau findet, und der Ring
Ihr vorgewiesen wird, dann wär der offene Beweis
Erbracht. So aber herrschen nur Verdächtigung
Und Aufruhr!

(Übersetzung Kurt und Ursula Treu)

Für Habrotonon, die zufällig Zeugin des Gesprächs von Onesimos und Syriskos wird, ist das Tauropolienfest ein Stichwort: Sie weiß von einem ähnlichen Ereignis, das sich am letztjährigen Fest ereignet hat. An den Namen des Mädchens könne sie sich zwar nicht erinnern, sie würde sie aber ohne Schwierigkeiten wiedererkennen. Um sich Sicherheit darüber zu verschaffen, ob Charisios tatsächlich der Vater des Findelkindes ist, fädeln Daos und Habrotonon eine Intrige ein. Habrotonon nimmt den Ring an sich, um vorzugeben, sie selbst sei das Opfer der Vergewaltigung. Bei einer Feier im Haus des Chairestratos konfrontiert sie – soviel läßt sich rekonstruieren – Charisios in aller Öffentlichkeit damit, daß er der Vater ihres Kindes sei. Smikrines, der von der Schandtat seines Schwiegersohnes Wind bekommen hat, versucht zu Beginn des 4. Akts ohne Erfolg, seine Tochter zu überreden, wieder zu ihm zu ziehen. Zufällig trifft Habrotonon auf Pamphile und erkennt sie als das Vergewaltigungsopfer des letztjährigen Tauropolienfestes wieder, Pamphile ihrerseits erkennt ihr Kind, das Habrotonon im Arm trägt, und erfährt, daß ihr eigener Mann, Charisios, der Vater ist (v. 871). Im Haus wollen die Frauen alles weitere klären. Angekündigt von seinem Sklaven Onesimos, der sich über den Zustand seines Herrn Sorgen macht (v. 878ff.), erscheint Charisios, sich laut mit Selbstvorwürfen marternd (v. 908–914):

> Fehlerlos war ich, nur auf Ruhm bedacht. Nur den Begriff
> Des Schönen und des Schimpflichen erwägend! In
> Der Lebensführung unantastbar, tadellos.
> Wie gut hat mich ergriffen völlig nach Gebühr
> Mein innrer Dämon, und der läßt erkennen mich,
> Was für ein Mensch ich bin: „O dreimal Unglückseliger,
> Gewaltig aufgeblasen bist du, eitler Narr!
> Das Unglück deiner Frau erträgst du nicht, das sie
> Doch selber nicht verschuldete."
>
> (Übersetzung Kurt und Ursula Treu)

Die Angelegenheit wird schnell aufgeklärt. Die Einzelheiten lassen sich, da der Text sehr lückenhaft erhalten ist, leider nicht nachvollziehen. Es bleibt noch – dies geschieht im 5. Akt – Smikrines, den einzigen, der noch nicht die Wahrheit kennt, über die glückliche Wendung aufzuklären.

Die *Epitrepontes* sind ohne Zweifel ein Meisterwerk Menanders. In ihnen verbindet er in unübertrefflicher Weise Themen und komische Techniken seiner Kunst zu einer spannungsreichen Einheit. Auf den ersten Blick liegt der Komödie das durch und durch typische Handlungsmuster der durch Euripides beeinflußten Neuen Komödie zugrunde: Ein ausgesetztes Kind, versehen mit den erforderlichen Wiedererkennungszeichen (Gnorismata), wird von einem Hirten gefunden und an Kindes Statt angenommen. Diesen Handlungsstrang reichert Menander mit einer ebenfalls typischen Konstellation an, die wir aus der *Samia* kennen: Die Geburt eines vermeintlich unehelichen Kindes bringt den Kosmos einer gutbürgerlichen Familie durcheinander – und dies nur deshalb, weil die Betroffenen aus falsch verstandener Scham (*aischýne*, αἰσχύνη) nicht miteinander sprechen.

Menanders dramatische Kunst besticht in den *Epitrepontes* dadurch, daß er die beiden Handlungsstränge miteinander verknüpft und in derselben Person zusammenlaufen läßt: in Charisios, der nicht das Opfer eines Seitensprungs seiner Frau, sondern selbst der Täter ist. Man könnte geradezu sagen, daß Menander seiner Komödie die Struktur des sophokleischen *König Oidipus* zugrunde legt, sie aber einem der Gattung Komödie entsprechenden guten Ende entgegenführt. Eine kleine Beobachtung deutet dahin: Wie im *König Oidipus* das Wort

„Dreiweg" (v. 716), an dem König Laios den Tod gefunden hat, den tragischen Erkenntnisprozeß des Oidipus auslöst (v. 754ff.), so ist in den *Epitrepontes* „Tauropolien" (v. 451) das Stichwort, das Charisios, das vermeintliche Opfer, als Täter herausstellt.

Auf den ersten Blick scheint sich die Handlung dieser Komödie Menanders nicht so sehr aus den Charakteren der am Geschehen beteiligten Personen heraus zu entwickeln, wie dies sonst der Fall ist – allerdings nur auf den ersten Blick. Gerade gegen Ende des Stücks häufen sich die Hinweise darauf, daß auch in den *Epitrepontes* das Wesen (*trópos*, τρόπος) der Menschen von zentraler Bedeutung ist. So enthüllt Charisios selbst sein charakterliches Defizit, seine allzu große Selbstachtung und seinen Dünkel, der ihn die Fehler nur bei anderen, nicht aber bei sich selbst suchen ließ. In den Versen 908ff. läßt er sein bisheriges, ohne Fehl und Tadel geführtes, nur dem guten Ruf verpflichtetes Leben Revue passieren.

Und gegen Ende des Stücks faßt der Sklave Onesimos, die epikureische Theologie als Argumentationsstütze bemühend, Menanders Vorstellung vom Charakter der Menschen als der letzten, ihr Handeln und Denken prägende Instanz in Worte, die gleichsam das Motto für Menanders Komödien insgesamt sein könnten (v. 1092–1106):

Onesimos:
   Im Ganzen gibt es
   An Städten etwa tausend. Dreißigtausend
   Bewohner jedesmal. Und jeden einzelnen
   Vernichten oder retten da die Götter?
Smikrines:
   Wie? Du meinst damit,
   das Leben wäre für die Götter eine Last!
Onesimos:
   „So kümmern sich die Götter nicht um uns?"
   Sagst du. – Sie geben jedem seine Art (*trópos*, τρόπος)
   Als Leiter. Der, als aufmerksamer Wächter,
   Bestraft uns, wenn wir Böses an ihm tun,
   Dem andern hilft er. Dies ist unser Gott,
   Der schuld ist, wenn's dem einen gut ergeht,
   Dem andern schlecht. Ihn stimme gnädig, tue nichts,
   Was töricht oder dumm, damit dir's wohl ergeh.
Smikrines:
   So macht, du Lästermaul, jetzt meine Art (*trópos*, τρόπος)
   Was Dummes wohl?

Onesimos:
  Sie ruiniert dich!
  (...)
  Götter! Dieser Mensch setzt
  Das Schlechte als notwendig hier voraus: wer sonst
  Als der Charakter (*trópos*, τρόπος) richtet diesen Mann zugrund?
  (Auf der Basis der Übersetzungen von
  K. und U. Treu und G. Goldschmidt)

Gerade im Vergleich von *Samia* und *Epitrepontes* fällt ein Licht auf die Bedeutung der Sklaven und Hetären in Menanders Komödien. In beiden Komödien sind es Hetären – Chrysis in der *Samia* und Habrotonon in den *Epitrepontes* –, die sich nicht vom bloßen Eigennutz leiten lassen, sondern durch ihren selbstlosen Einsatz ein gutes Ende erst ermöglichen. Dasselbe gilt auch für den Köhler Syriskos, der sich für die Zukunft des Findelkinds einsetzt, indem er um die Schmuckstücke, die Gnorismata, kämpft. Menander gelingt es, gerade bei diesen stereotypen Rollen hinter der Oberfläche eine von der sozialen Schicht und Herkunft unabhängige Humanität durchscheinen zu lassen, durch die Sklaven und Hetären sich oft den Protagonisten aus gehobenem Stand als überlegen erweisen.

4.5 Kleinere Bruchstücke

4.5.1 *Der Mann, den sie haßte* (*Misúmenos*)

Von den nur bruchstückhaft erhaltenen Komödien sind Handlung und Charakterisierung des *Misumenos* noch am ehesten rekonstruierbar. Der Text ist auf acht Papyri erhalten, die zwischen 1910 und 1968 publiziert wurden: Ein Offizier namens Thrasonides hat neben anderen Beutestücken auch ein Mädchen aus bürgerlichem Hause namens Krateia aus Zypern mitgebracht, in die er sich unsterblich verliebt. Er verzichtet in seiner grenzenlosen Liebe darauf, sein Recht als ihr Herr und Besitzer einzufordern, sondern hofft auf Gegenliebe von seiten der jungen Frau. Diese jedoch haßt ihren Herrn, da sie der irrigen Meinung ist, Thrasonides sei der Mörder ihres Bruders, sieht sie doch das Schwert in seinem Besitz, durch das ihr Bruder den Tod gefunden hat. Die für das Verständnis der Handlung notwendige Information wird wohl – wie in der *Aspis* – von einer Prologgottheit (vielleicht von Nyx, der Nacht) erst nachträglich gegeben, so daß der Zuschauer zunächst noch mit Erstaunen die lange Rede des Thrasonides (A1-A15) zu hören bekommt – eine komische Variante der vor allem aus der römischen Elegie bekannten Klage des ausgesperrten Liebhabers (sog. Paraklausithyron), das aber auch schon in den *Ekklesiazusen* des Aristophanes vorliegt (v. 938ff.):

O Nacht, du hast an Liebesdingen größten Teil
Von allen Göttern, und man spricht in dir davon
Am meisten und von Sorgen, die die Liebe bringt.
Hast du wohl einen elenderen Menschen je
Gesehen? Einen unglücksel'gern Liebenden?
Vor meiner eignen Türe steh ich nun
Und gehe auf der Gasse auf und ab
Vom Abend bis zu deiner Mitte, und ich sollte
In Ruh nun schlafen können und die Liebste haben.
Sie ist in meinem Hause, und ich könnte es
Und will es auch, verliebt so rasend wie nur je
Ein Mann – doch tu ich's nicht. Nein, lieber stehe ich
Zur Winterszeit hier unter freiem Himmel
Und zittere vor Frist und sprech zu dir.

(Übersetzung Kurt und Ursula Treu)

In seiner Verzweiflung will sich Thrasonides in sein eigenes Schwert stürzen, sein treuer Sklave Getas kann ihn gerade noch davon zurückhalten. Das Schwert wird dann im Haus des Kleinias deponiert (vgl. v. 276). Vom 2. Akt sind nur wenige verstümmelte Verse erhalten. Soviel steht fest: Demeas, Krateias Vater, ist auf der Suche nach seiner Tochter zufällig nach Athen gekommen, wo die Komödie – soweit wir dies erschließen können – spielt (v. 32). Vom Nachbarn des Thrasonides namens Kleinias erfährt er von der Anwesenheit eines Mädchens, das Krateia heißt (v. 40ff.). Im 3. Akt kommt es, wie auch immer, zur Anagnorisis von Vater und Tochter (v. 212). Ihr Gespräch verfestigt die Vermutung, daß Thrasonides tatsächlich der Mörder von Krateias Bruder ist (v. 245ff.). Thrasonides, der nichts von dem schweren Verdacht weiß, der auf ihm lastet, hofft, von Demeas Krateias Hand zu erhalten (v. 259ff.). Im 4. Akt muß es zum Aufeinandertreffen von Demeas und Thrasonides gekommen sein, ohne daß der Offizier mit seiner Bitte Erfolg hat, wie seine verzweifelte Klage (v. 360ff.) nahelegt. Doch alles klärt sich auf – wohl durch die tatkräftige Mithilfe des Sklaven Getas (v. 429ff.).

Zwar ist die Rekonstruktion wie immer bei einem derart verstümmelten Text mit aller Vorsicht zu betrachten. Es läßt sich jedoch immerhin so viel festhalten, daß Menander in der Charakterisierung des Protagonisten Thrasonides gegen das Rollencliché des bramarbasierenden Offiziers anschreibt und

ihn als einen rücksichtsvollen, zartfühlenden jungen Mann erscheinen läßt.
Ebenso dürfte Getas nicht die Rolle des verschlagenen, auf seinen Vorteil
bedachten Sklaven gehabt haben; vielmehr scheint er, von Sorge um seinen
jungen Herrn getrieben, nur zu dessen Bestem zu agieren.

4.5.2 Der Bauer (Georgós)

Lediglich 87 Verse des ersten Akts sind aus dem *Bauern* erhalten. Als Ausgangslage der Komödie läßt sich rekonstruieren: Ein junger, reicher Mann – sein
Name kann auf dem Papyrus nicht entziffert werden – hat das arme Nachbars-
mädchen Hedeia verführt und will sie, da sie ein Kind erwartet, auch bald heiraten. Zurück von einer Geschäftsreise nach Korinth, sieht er sich einer ausweglosen, geradezu tragischen Situation ausgesetzt: Sein Vater hat in seiner Abwesenheit beschlossen, ihn mit seiner Halbschwester zu verheiraten. Aus Angst
vor Gorgias, dem rechtschaffenen Bruder Hedeias, getraut er sich nicht einmal,
bei Hedeia anzuklopfen, da er ihm seine Zwangslage kaum verständlich
machen könnte. So ist sein einziges Ziel – und dies dürfte das Gerüst der komischen Handlung sein –, einen Weg zu finden, wie er die ihm vom Vater zu-
gedachte Braut los werden kann (v. 1–21). Daß er nicht den Mut aufbringt, mit
Hedeia zu sprechen, führt im folgenden zu Verwirrungen und Mißverständ-
nissen, da Myrrhine, Hedeias Mutter, natürlich annehmen muß, daß der junge
Mann aus freien Stücken seine Halbschwester heiraten will und so billigend
Hedeias Entehrung in Kauf nimmt. Eine weitere Verwicklung bahnt sich an:
Der Sklave Daos berichtet, daß der reiche alte Bauer Kleainetos, den Gorgias
nach einem Arbeitsunfall rührend gepflegt hat, zum Dank Hedeia heiraten will
(v. 35ff.). Wie die sich anbahnenden Irrungen und Wirrungen sich letztlich
auflösen, muß im dunkeln bleiben. Der Text bricht bereits nach wenigen, kaum
lesbaren Versen zu Beginn des zweiten Aktes ab. Vermutlich fällt dem groß-
zügigen, humanen Kleainetos im weiteren Verlauf der Handlung eine entscheidende Rolle als Schlichter und Vermittler zu – dies legt auch die Tatsache
nahe, daß das Stück nach ihm benannt ist –, vielleicht entpuppt er sich gar als
Vater von Gorgias und Hedeia, so daß am Ende – wie so häufig bei Menander
– das komische Spiel in einer Doppelhochzeit (oder gar einer dreifachen?)
enden kann: Der junge Reiche heiratet Hedeia, die nun gar keine so schlechte
Partie mehr darstellt; Kleainetos heiratet Myrrhine, die Mutter seiner Kinder;
und Gorgias kann, damit auch jeder versorgt und zufrieden ist, die
Halbschwester seines neuen Schwagers ehelichen.

4.5.3 Der Halbgott (*Héros*)

Ebenfalls im ländlichen Raum, in dem attischen Dorf Ptelea, spielt der *Heros*, von dem auf Papyrus knapp 100 Verse erhalten sind. Glücklicherweise ist wie beim *Dyskolos* auch die antike Inhaltsangabe (Hypothesis) überliefert, so daß sich die Handlung wenigstens in ihrer Grobstruktur einigermaßen nachvollziehen läßt. Das Stück hat seinen Titel nach einem wohl lokalen Halbgott, der in einem auf die Eingangsszene folgenden Prolog die Vorgeschichte erzählt. Vor Jahren hatte Myrrhine Laches geheiratet, ohne zu wissen, daß ihr Mann der Vater ihrer Zwillinge ist. Wie Pamphile in den *Epitrepontes* war auch sie vor der Ehe Opfer einer Vergewaltigung geworden; der Täter war, ohne daß die Beteiligten dies wußten, ihr künftiger Ehemann. Die Zwillinge wurden einem Freigelassenen, einem Hirten, übergeben. Dieser war – Jahre später – gezwungen, von dem reichen Laches Geld zu leihen. Zur Tilgung der Schulden mußte er notgedrungen seine Ziehkinder dem Laches überlassen. Das Schicksal Myrrhines wiederholt sich: Plangon, ihre Tochter, wird von dem reichen Nachbarn Pheidias vergewaltigt und wird schwanger. Gleichzeitig verliebt sich ein Mitsklave namens Daos in das Mädchen. Um seine Ansprüche auf Plangon zu erhärten, gibt er sich als Vater von Plangons Kind aus. Daos scheint eine der von Menander mit besonderer Sympathie gezeichneten Sklavenfiguren zu sein: Er liebt Plangon von Herzen und ist, um sie zu decken, bereit, die Vaterschaft auf sich zu nehmen. Wie Menander die Lösung der verworrenen Handlungsfäden herbeiführt, muß ungeklärt bleiben.

4.5.4 Der Schmeichler (*Kólax*)

132 recht verstümmelte Verse sowie einige Zitate bei spätantiken Autoren sind die Reste, die von dem *Schmeichler (Kolax)* erhalten sind. Es ist kaum möglich, die Handlung nachzuzeichnen, und es ist auch keine Hilfe bei einer Rekonstruktion, daß Terenz im Prolog seines *Eunuchus* (v. 30–32) behauptet, er habe aus dieser Komödie Menanders die Rolle des schmeichlerischen Parasiten und des bramarbasierenden Soldaten übernommen. Auf der Basis der lesbaren Verse ergibt sich folgende Ausgangssituation, die auf eine Eifersuchtskomödie schließen läßt: Der junge Pheidias wird von seinem reichen Vater knapp gehalten (v. 1–18), so daß ihm die nötigen Mittel fehlen, um bei der von ihm geliebten Hetäre eine Chance zu haben. So muß er mit ansehen, wie der reiche Söldner Bias ihn bei dem Mädchen auszustechen droht. Ein Parasit versucht sich bei Pheidias einzuschmeicheln, indem er ihn in platten Sentenzen darüber auf-

klärt, wie man zu Reichtum kommt, und dazu noch in einer Art ‚Registerarie‘ die erotischen Glanztaten seines Herrn zum Besten gibt (Fr. 4):

Korone, Chrysis, Antikyra, Ischas und
Nannarion hast du gehabt, die schöne.

(Übersetzung Kurt und Ursula Treu)

Trotz der eindringlichen Warnungen seines treuen Sklaven (v. 85ff.) wird sich Pheidias wohl zunächst in die Fänge des Parasiten begeben haben, bevor er nach verwickelten Umwegen am Ziel seiner Wünsche anlangt. Die Anweisungen eines Koches an seinen Gehilfen könnten das abschließende Festmahl einleiten (Fr. 1).

4.5.5 Das Gespenst (Phásma)

Knapp 100 Verse auf Papyri sind aus dem Gespenst erhalten. Zusätzliche Information findet sich bei dem römischen Grammatiker Donat (4. Jahrhundert n. Chr.), der in seinem Kommentar zum Prolog von Terenzens Eunuchus eine kurze Inhaltsangabe im Stile einer Hypothesis gibt: Die Stiefmutter des jungen Pheidias hatte vor Jahren durch eine Vergewaltigung ein Kind empfangen. Sie ließ das Mädchen heimlich im Nachbarhaus großziehen. Um die Tochter so oft wie möglich sehen zu können, hatte sie die Wand zwischen den beiden Häusern durchbrechen lassen und den Durchbruch als Hauskapelle getarnt. Als Pheidias zufällig das Mädchen erblickt, glaubt er zunächst, ein Gespenst vor sich zu haben. Doch er deckt die Wahrheit auf, verliebt sich in das Mädchen, und am Ende kommt es zur Hochzeit der beiden jungen Leute. Wie und auf welchen Umwegen die Handlung zum happy end geführt wird, bleibt im dunkeln.

4.6 Zeitgenossen und Rivalen Menanders

4.6.1 Philemon

Nicht viel jünger als Alexis (s.o. S. 173ff.), vermutlich ebenfalls aus dem griechischen Kulturraum Unteritaliens stammend und ähnlich langlebig, gehört Philemon (368/360–267/263 v. Chr.) doch, sofern die Fragmente ein zuverlässiges Urteil erlauben, bereits der Phase der Neuen Komödie an. Dies wird dadurch bestätigt, daß er mehrfach Menander, den Hauptvertreter der Neuen

Komödie, im Wettkampf der Komödiendichter bezwang. Bis zum Ende seines langen Lebens war Philemon produktiv: Erhalten sind immerhin 194 Fragmente, und von seinen etwa 100 Komödien sind 64 Titel bekannt. Philemon scheint einen gnomischen Stil bevorzugt zu haben; viele Fragmente weisen einen ausgesprochen moralisierenden Ton auf – so Fr. 22 PCG: „auch ein Sklave ist ein Mensch", Fr. 97: „gerecht ist nicht der, der kein Unrecht tut, sondern der es nicht tun will, obwohl er dazu in der Lage wäre", oder das umfangreiche Fr. 74 PCG, in dem jemand über das höchste Glück der Menschen räsoniert:

Die Philosophen suchen, wie ich hab' gehört –
Und wenden viel Zeit darauf – das höchste Gut.
Doch keiner fand je, was es wirklich ist. Der eine nennt's
Die Tugend, und ein andrer den Verstand; doch meint
Man alles andre als das höchste Gut. Ich fand es jetzt,
Da auf dem Lande ich verweilte und im Erdreich grub:
Es ist der Friede! Liebster Zeus, welch Liebreiz ziert
Und welche Menschenliebe diese Göttin doch!
Hochzeiten, Feste und Verwandte, Kinder gibt
Und Freunde, Reichtum, Nahrung und Gesundheit sie!
Fehlt alles dies, so stirbt, was die Gemeinsamkeit
Im Leben aller Lebenden bewirkt.

(Übersetzung G. Goldschmidt)

Offensichtlich verstand es Philemon, eine feine Charakterzeichnung mit wirksamer Situationskomik zu verbinden. Der römische Komiker Plautus nahm sich drei seiner Stücke als Vorlage für seine Bearbeitungen: *Mercator* (*Kaufmann*), *Trinummus* (*Dreigroschenkomödie*) und eventuell die *Mostellaria* (*Gespensterkomödie*) gehen auf Philemon zurück.

4.6.2 Diphilos

Ungefähr 20 Jahre älter als Menander ist Diphilos (360/350 – Beginn des 3. Jahrhunderts v. Chr.), und wie Menander scheint auch er zu seinen Lebzeiten nicht vom Erfolg verwöhnt worden zu sein. Lediglich dreimal war er bei den Lenäen erfolgreich. „Diphilos stellt einen ganz anderen poetischen Typus dar und steht den Molière, Beaumarchais und Scribe, ja selbst Iffland, Kotzebue und Sudermann näher als den gründlicheren Geistern vom Schlage Menanders, Lessings und Ibsens, die aus der Komödie eine subtile und sublime Kunstform machten." Diese Charakterisierung, die W. H. Friedrich in *Euripides und Diphilos* (S. 232) dem Diphilos zuteil werden läßt, kann man an den erhaltenen Fragmenten nicht nachvollziehen. Vielmehr muß man sich, was sich inzwischen als methodisch äußerst problematisch herausgestellt hat, an die Analyse und Interpretation der auf Diphilos-Stücke zurückgehenden plautinischen Komödien (*Rudens, Casina* und vermutlich *Vidularia*) halten. Die Vorliebe des Plautus für Diphilos mag jedoch darauf hinweisen, daß er nicht so sehr auf die Charakterisierung seiner handelnden Personen und die Motivierung ihrer Handlungen bedacht war, sondern den theatralischen Effekt und eine turbulente Bühnenhandlung bevorzugte. Aus Titeln wie *Danaiden, Hekate, Herakles, Theseus* oder *Peliaden* kann man schließen, daß Diphilos noch die in der Mittleren Komödie beliebte mythologische Spielform pflegte. Ein ungleiches Brüderpaar – eines der beliebtesten Themen der griechisch-römischen Komödie, angefangen bei den *Daitales,* Aristophanes' Jugendwerk, bis zu den auf Menander zurückgehenden *Adelphen* des Terenz – dürfte im Mittelpunkt seiner *Adelphen* gestanden haben. Natürlich fehlt auch nicht das für die Neue Komödie typische Personal, wie der mit seiner Kunst sich brüstende Koch. Ein besonderer Vertreter dieser Gattung hält in Fr. 17 PCG eine Rede, in der er darüber aufklärt, daß ein Meister seines Faches wie er sich in der Zubereitung der Speisen nach der Herkunft der Gäste richte. Der Dichterin Sappho von Lesbos widmet Diphilos wie schon andere vor ihm (Ameipsias, Antiphanes) eine ganze Komödie, in der er sie in anachronistischer Weise mit Archilochos von Paros und Hipponax zusammentreffen läßt (Fr. 70/71 PCG).

4.6.3 Apollodoros von Karystos

Bereits im 3. Jahrhundert tätig war Apollodoros von Karystos. Zum ersten Mal nahm er am komischen Agon im Jahre 285 v. Chr. teil. Mit 47 Stücken, die ihm von dem byzantinischen Lexikon *Suda* zugeschrieben werden, errang er immerhin fünf Siege. Erhalten ist von seinem Werk recht wenig: Lediglich 32 Fragmente können ihm mit Sicherheit zugewiesen werden. Seine Bedeutung für die Literaturgeschichte der griechisch-römischen Literatur besteht darin, daß Terenz sich für seinen *Phormio* und seine *Hecyra* den *Epidikazomenos* und die *Hecyra* Apollodors als Vorlage nahm. Die Wahl Terenzens verweist darauf, daß Apollodor Komödien aus dem Geiste Menanders schrieb, seinen Stücken also eine wohldurchdachte Handlung und feine Charakterisierung seiner Personen zugrundelegte.

5. Rückblick und Ausblick

Wie in dieser Darstellung der griechischen Komödie Aristophanes und Menander die beiden Eckpfeiler bilden, konzentrierte sich auch schon die literarische Kritik und die Literaturgeschichtsschreibung der griechisch-römischen Antike auf diese beiden großen Namen, wobei Menander an Beliebtheit bald Aristophanes übertreffen sollte – sowohl unter ethisch-moralischen als auch unter ästhetischen Gesichtspunkten. Bereits der alexandrinische Philologe Aristophanes von Byzanz stellte die Weichen hin zu einer größeren Beliebtheit Menanders, wenn er ihn im Rang gleich nach Homer stellt und seine lebenswahre Kunst bewundernd preist: „Menander und das Leben, wer von euch hat den anderen nachgeahmt?"

Auch der direkte Vergleich zwischen den beiden Komikern sollte nicht zum Vorteil des Aristophanes ausschlagen: Plutarch kritisiert in einem nur in einer gekürzten Fassung erhaltenen Vergleich von Menander und Aristophanes vor allem die stilistische Unausgeglichenheit, die Sprünge zwischen verschiedenen Stilebenen, die Aristophanes vornimmt, und lobt den ausgeglichenen Stil sowie die Charakterisierungskunst Menanders:

> So eigen dem Aristophanes ein pöbelhaftes, theatralisches und banausenhaftes Vokabular ist, so fremd ist es dem Menandros. Denn nur der Ungebildete und ein Plebejer läßt sich vom Redestil jenes einfangen, ein gebildeter Mann aber wird abgestoßen. (...) In seinem Wortschatz ist das Tragische, das Komische, Hochtrabende, Niedrige, das Dunkle, die Gemeinplätze, der Schwulst und die Gespreiztheit, die Geschwätzigkeit und eine Possenhaftigkeit, die Brechreiz hervorrufen, bunt durcheinander enthalten. Und weil sein Stil so große Diskrepanzen und Ungleichheiten aufweist, so wird er auch nicht jeder Personengattung gerecht und gibt ihr nicht das ihr Eigentümliche: ich meine zum Beispiel einem König die Erhabenheit, einem Redner die Macht des Wortes (...) nein, vielmehr legt er den Personen seiner Stücke wie durchs Los, was sie sagen sollen, in den Mund, und man möchte kaum erkennen, wer eigentlich die Dialogperson sein soll. Dagegen ist die Diktion des Menander derart ausgeglichen und stimmt bei aller Mischung so in sich überein, daß, obwohl sie durch die verschiedensten Seelenbewegungen und Sitten aller Art geführt und den mannigfaltigen Personen angepaßt wird, sie dennoch nur als eine einzige, in völliger Einheit, erscheint und ihre Geschlossenheit in den Worten des täglichen Lebens, in gewohnten und gebräuchlichen Vokabeln bewahrt.
>
> (Übersetzung G. Goldschmidt)

Was Aristophanes in besonderem Maße auszeichnet, die Vielfalt der Stilebenen und der Perspektiven, die Sprachgewalt, die nicht vor gewagten Wortprägungen zurückschreckt, seine sich nicht um die Einheit des Ortes, der Zeit und der Charaktere kümmernde, überschäumende Phantasie: All dies sollte ihm in den folgenden Jahrhunderten zum Nachteil ausschlagen. Daß elf seiner Komödien erhalten sind, verdankt er wohl vor allem dem antiquarischen Interesse der Spätantike, die in seinen Stücken eine Fundgrube für die klassische Epoche Athens im 5. Jahrhundert v. Chr. sah und vor allem sein reines Attisch bewunderte. Menander dagegen wurde gerade seine Beliebtheit zum Verhängnis. Für den lateinisch sprechenden Westen Europas war er durch Plautus und Terenz als Bühnenautor ersetzt, sein sentenzenreicher Stil verleitete Autoren der Spätantike dazu, das Wichtigste aus seinen Komödien, also seine Sentenzen, zu exzerpieren, wodurch die Notwendigkeit, die gesamten Stücke zu tradieren, mehr und mehr entfiel. So kam es zu einem Paradox der Überlieferungs- und Literaturgeschichte: Der geschätzte Menander hatte durch seine Themen, Stoffe und Dramaturgie in einem entscheidenden Maße die Tradition des europäischen Lustspiels geprägt, war aber bis zu den sensationellen Papyrusfunden am Ende des 19. und im 20. Jahrhundert als Dramatiker eine unbekannte Größe, während das Werk des Aristophanes, der auf die Entwicklung der europäischen Komödie keinen nennenswerten Einfluß ausübte, in immerhin elf erhaltenen Komödien lesbar war. Die Aufführung der aristophanischen *Wolken* im Theatrum Academicum von Straßburg (1613) in deutscher Übersetzung von Isaak Fröreisen mit einem belehrenden Epilog, der Zuschauer solle aus dem Brand von Sokrates „Denkerei" Charakterstärke lernen, und Nicodemus Frischlins lateinische Übersetzung der *Acharner, Ritter, Wolken, Frösche* und des *Plutos* (Frankfurt am Main, 1586) waren eine kurze Episode in der Aristophanes-Rezeption.

Eine Neubewertung des Aristophanes setzt allmählich – ausgelöst durch Chr. M. Wielands Übersetzungen der *Acharner, Ritter, Wolken* und *Vögel* (ab 1794) – zu Beginn des 19. Jahrhunderts ein. Noch Goethe, der zwar durchaus die dramatische, scharf umreißende Kunst des Aristophanes zu schätzen wußte (so in einem Brief an Schiller vom 8. April 1797) und in seiner Bearbeitung der aristophanischen *Vögel* (1780) voller Respekt vom „ungezognen Liebling der Grazien" spricht, äußert sich an anderer Stelle – ganz in der von Plutarch begründeten Tradition der Ablehnung – despektierlich über den „Hanswurst" Aristophanes (Tagebucheintrag vom 22. November 1831). Erst die Romantiker entdeckten Aristophanes als ästhetische Herausforderung, die Literaten und Gelehrten des Vormärz als politisches Vorbild. Bahnbrechend in dieser Richtung einer Neubewertung des Aristophanes ist Friedrich Schlegels Abhandlung *Vom ästhetischen Werte der griechischen Komödie* aus dem Jahre 1794.

Schlegel sieht in den Komödien des Aristophanes das Ideal des Komischen verwirklicht:

(Die Komödie des Aristophanes) ist eins der wichtigsten Dokumente für die Theorie der Kunst; denn in der ganzen Geschichte der Kunst sind ihre Schönheiten einzig, und vielleicht eben deshalb allgemein verkannt. Es ist schwer, nicht ungerecht gegen sie zu sein; sie nur zu verstehen, erfordert eine vollendete Kenntnis der Griechen; und mit unbestechlicher Strenge ihre wirklichen Vergehungen von dem abzusondern, was nur uns beleidigt, erfordert einen Geschmack, der über alle fremde Einflüsse erhaben, auf das Schöne allein gerichtet ist.

Den Nährboden für die genialen Komödien des Aristophanes sieht Schlegel in der grenzenlosen, politischen, bürgerlichen Freiheit, die zu jener Zeit in Athen herrschte. Und da die Dichter der Alten Komödie für das Volk schrieben, bedienten sie sich auch, was immer wieder Anstoß erregte, der Sprache des Volkes:

Es ist uns anstößig, daß die Griechische Komödie zu dem Volk in seiner Sprache redet; wir verlangen, daß die Kunst vornehm sei. Aber die Freude und die Schönheit ist kein Privilegium der Gelehrten, der Adligen und Reichen; sie ist ein heiliges Eigentum der Menschheit. Die Griechen ehrten das Volk; und es ist nicht die kleinste Vortrefflichkeit der Griechischen Muse, daß sie auch dem ungebildeten Verstande, dem gemeinen Manne die höchste Schönheit verständlich zu machen wußte.

Die Romantiker griffen Schlegels Anregung auf und unternahmen den nicht langlebigen Versuch, eine deutsche aristophanische Komödie den Rührstücken eines Iffland oder Kotzebue entgegenzustellen. In Tiecks *Der gestiefelte Kater* (1797) läßt sich allenthalben der aristophanische Einfluß mit Händen greifen: Ein fiktives Publikum ist in die Inszenierung miteinbezogen, das die Haupthandlung mit bösen Bemerkungen kommentiert; wie Trygaios im *Frieden*, unterhält sich zu Beginn des dritten Akts der Dichter mit dem Maschinisten, der den Vorhang zu früh aufgezogen hat; in einer Art Parabase muß der Hanswurst als Sprachrohr des Dichters das Publikum beruhigen. Die Illusion wird ständig durchbrochen, die Spielebenen gehen munter durcheinander, und die dramatis personae fallen immer wieder aus der Rolle. Ebenso kurzlebig war A. von Platens Wiederbelebungsversuch der aristophanischen Komödie mit seinen Stücken *Die verhängnisvolle Gabel* (1826) und *Der romantische Ödipus* (1827), in denen er mit aristophanischer Sprachkunst und Metrenvielfalt zu einer sich an der Euripides-Kritik des Aristophanes orientierenden beißenden literarischen Satire gegen das zeitgenössische Schicksalsdrama ausholt und jeden Akt in *Die verhängnisvolle Gabel* mit einer das Publikum belehrenden Parabase in katalektischen trochäischen Tetrametern abschließt (Ende Akt 1):

> Wißt ihr etwa, liebe Christen, was man Parabase heißt,
> Und was hier der Dichter seiner Akte jedem angeschweißt?
> Sollt' es keiner wissen, jetzo kann es lernen jeder Thor:
> Dies ist eine Parabase, was ich eben trage vor.
> Scheint sie euch geschwätzig – laßt sie! Denn es ist ein alter Brauch:
> Gerne plaudern ja die Basen, und die Parabasen auch.

Wichtiger für die aufkommende Beliebtheit des Aristophanes war die Rolle als politischer Dichter, als Volksdichter, die Schlegel ihm zuschrieb. Aristophanes-Übersetzungen schießen aus dem Boden. Eröffnet wird der Reigen durch Johann Heinrich Voß 1821. Die politische Brisanz des Aristophanes wird vor allem in der Vorrede deutlich, die der Schwabe Ludwig Seeger, ein überzeugter Demokrat, seiner von 1845 bis 1848 erschienen Übersetzung voranstellte:

> Der hellenische Geist hat seine Mission in Deutschland noch nicht erfüllt, Dichter, die so durch und durch politisch sind, wie die griechischen, ein Aeschylos, der nicht blos Perser schreibt, sondern auch gegen die Perser (bei Marathon und Salamis) ficht, ein Aristophanes, der wie dieser von ihm hochverehrte Heros sich aufs thätigste an den inneren und äußeren Geschicken seines Vaterlandes oft mit eigner Lebensgefahr betheiligt, solche Männer des begeisterten Wortes und der begeisterten That müssen unseren Bücher- und Stubenmenschen vorgeführt, ihre Werke müssen dem deutschen Volk in seiner Sprache ans Herz gelegt werden, damit es wenigstens – noch erröthe.
>
> (*Epistel an einen Freund als Vorwort*, Bd. 1, 18f.)

Auch Heinrich Heine (*Deutschland, ein Wintermärchen*, Caput XXVII) versteht Aristophanes, den wirklichen Aristophanes, nicht den, an dem das konservative Publikum sich erfreut, als politischen Dichter:

> Die Frösche sind auch vortrefflich. Man gibt
> in deutscher Übersetzung
> sie jetzt auf der Bühne von Berlin
> zu königlicher Ergetzung.

(...)
Der König liebt das Stück. Jedoch
wär der Autor noch am Leben,
ich riete ihm nicht, sich in Person
nach Preußen zu begeben.

Dem wirklichen Aristophanes,
dem ginge es schlecht, dem Armen;
wir würden ihn bald begleitet sehn
mit Chören von Gendarmen.

Die Vorzüge des Aristophanes, die Phantastik der Dramaturgie und die politische Dimension seiner Komödien, die das 19. Jahrhundert wiederentdeckte, bestimmen noch heute den Eindruck, den ein Theaterbesucher von dem großen Komödiendichter des 5. Jahrhunderts mitnimmt. Krieg und Frieden, das Verhältnis der Geschlechter, die Rolle der Intellektuellen in der Gesellschaft und die Funktion, die Dichtung in ihr ausüben soll, die gerechte Verteilung des Reichtums, das Verhalten der Politikerkaste: Die Themen der aristophanischen Komödien scheinen unerschöpflich und von einer bisweilen geradezu erschreckenden Aktualität. Doch verhinderte der kritische, subversive Charakter der aristophanischen Komödien seine Rückkehr auf die Bühnen bis in die Zeit nach dem 2. Weltkrieg. M. Reinhardts Inszenierung der *Lysistrate* (mit einem Prolog von H. von Hofmansthal) in Berlin (1908) und L. Feuchtwangers *Friede. Ein burleskes Spiel. Nach den Acharnern und der Eirene des Aristophanes* (1918), H. Blümners ebenfalls 1918 geschriebenes Stück *Krieg und Frieden. Mit einem Nachspiel: Die Befreiung der Friedensgöttin (nach den Acharner und der Eirene des Aristophanes)* oder Erich Kästners nach dem 2. Weltkrieg entstandene Bearbeitung der *Acharner* blieben Ausnahmen. Erst P. Hacks Bearbeitung des aristophanischen *Friedens* (1962), in der die politische Dimension der Alten Komödie ernstgenommen wird, löste eine wahre Welle von Aristophanes-Inszenierungen aus – zu den beliebtesten Stücken zählen die *Vögel* und vor allem wegen der Verbindung von Pazifismus und Feminismus die *Lysistrate* – so in E. Frieds „an einigen Stellen sehr frei bearbeiteten" Übersetzung (1985) oder in R. Königs Comic-Version (1987). Menander dagegen beherrscht immer wieder, wenn das Laserlicht der modernen Papyrologie einige Verse oder sogar größere Partien Menanders lesbar gemacht hat, das Feuilleton der Zeitungen und die wissenschaftliche Diskussion, auf die Bühne der Moderne ist er nicht mehr zurückgekehrt.

Literaturhinweise

Es ist nicht beabsichtigt, eine auch nur annähernd vollständige Bibliographie zur griechischen Komödie zu geben. Die folgenden Literaturangaben sollen lediglich die Möglichkeit bieten, sich mit den in dem vorliegenden Buch besprochenen Problemen eingehender zu befassen.

1. Ausgaben

Aristophanes

F. W. Hall, W. M. Geldart, 2 Bde., Oxford ²1906/7 (Diese Ausgabe wird 2007 ersetzt durch eine neue Edition von N. G. Wilson.)

V. Coulon, 5 Bde., Paris 1923–1930 (mit franz. Übers. v. H. van Daele)

Menander

A. Körte, A. Thierfelder, 2 Bde., Leipzig 1957. ²1959

F. H. Sandbach, Oxford 1972, 1990 (erweiterte und durchgesehene Ausgabe)

R. Kassel, C. Austin, Menander. Testimonia et Fragmenta apud scriptores servata, Berlin, New York 1998 (PCG VI 2)

Fragmente

R. Kassel, C. Austin, Poetae Comici Graeci (PCG). Berlin, New York 1983ff.

Scholien

Scholia in Aristophanem edidit edendave curavit W. J. W. Koster, Groningen 1975ff. (von mehreren Herausgebern betreute monumentale Ausgabe sämtlicher Scholien)

Fragmentausgaben anderer Autoren

D. Page, Poetae Melici Graeci (PMG), Oxford 1962

Pindarus. Pars II: Fragmenta, Indices. Ed. H. Maehler, Leipzig 1989

2. Übersetzungen

Aristophanes

Die Übersetzungen aus Aristophanes sind durchgängig der von H.-J. Newiger und P. Rau herausgegebenen Übersetzung L. Seegers entnommen:

Antike Komödien: Aristophanes. Übersetzung L. Seeger. Hrsg. v. H.-J. Newiger und P. Rau. München 1968

Menander

Menander und die fragmentarischen Dichter der Mittleren und Neuen Komödie werden nach folgenden Übersetzungen zitiert:

Menander. Die Komödien und Fragmente. Eingeleitet u. übertragen v. G. Goldschmidt. Zürich 1949
Menander. Dyskolos. Griechisch u. deutsch. Hrsg. v. M. Treu. München 1960
Menander. Stücke. Übersetzt v. Kurt u. Ursula Treu. Leipzig 1975

Homer

Homer wird in der klassischen Übersetzung von J. H. Voß wiedergegeben:

Homer, Ilias und Odyssee. In der Übertragung von Johann Heinrich Voß, mit einem Nachwort von W. H. Friedrich, München 1957

Sonstige Autoren

Sämtliche anderen Übersetzungen antiker Autoren stammen vom Verfasser.

3. Kommentare in Auswahl

Aristophanes

Zum Gesamtwerk
J. van Leeuwen, 11 Bde., Leiden 1893–1906
B. B. Rogers, 11 Bde., London 1902–1916
A. H. Sommerstein, 11 Bde. und Index-Band, Warminster 1980–2002 (mit englischer Übersetzung und Erläuterungen)

Zu den einzelnen Komödien
Acharner
W. J. M. Starkie, London 1909 (Amsterdam 1968), S. D. Olson, Oxford 2002

Ritter
R. A. Neil, Cambridge 1901 (Hildesheim 1966)

Wolken
W . J. M. Starkie, London 1911 (Amsterdam 1966)
K. J. Dover, Oxford 1968
G. Guidorizzi, Fondazione Lorenzo Valla, 1996 (mit ital. Übers.)

Wespen
W. J. M. Starkie, London 1897 (Amsterdam 1968)
D. M. MacDowell, Oxford 1971

Frieden
M. Platnauer, Oxford 1964
S. D. Olson, Oxford 1998

Vögel
G. Zanetto, Fondazione Lorenzo Valla, 1987 (mit ital. Übers.)
N. Dunbar, Oxford 1995

Lysistrate
U. v. Wilamowitz-Moellendorff, Berlin 1927
J. Henderson, Oxford 1987

Thesmophoriazusen
C. Prato, Fondazione Lorenzo Valla, 2001
C. Austin, S. D. Olson, Oxford 2004

Frösche
W. B. Stanford, London ²1963
L. Radermacher, Wien ²1954,
D. Del Corno, Fondazione Lorenzo Valla, 1985 (mit ital. Übers.)
K. J. Dover, Oxford 1993

Ekklesiazusen
R. G. Ussher, Oxford 1973
M. Vetta, Fondazione Lorenzo Valla, 1989 (mit ital. Übers.)

Alexis
G. W. Arnott, Oxford 1996

Eubulos
R. L. Hunter, Cambridge 1983

Menander

Zum Gesamtwerk

A. W. Gomme, F. H. Sandbach, Menander. A Commentary, Oxford 1973

Einzelne Komödien

Aspis

D. C. Beroutsos, Göttingen 2005 (bisher zu v. 1–298)

Aspis, Samia

C. Austin, Berlin 1969/70

Dyskolos

E. W. Handley, London 1965
S. Ireland, Warminster 1995

Epitrepontes

U. v. Wilamowitz-Moellendorff, Berlin 1925
F. Sisti, Genova 1991

Misumenos

F. Sisti, Genova 1985

Phasma

A. Barbieri, Bologna 2001

Perikeiromene

M. Lamagna, Napoli 1994

Samia

J. Thomson, Kopenhagen 1977
D. Bain, Warminster 1983
M. Lamagna, Napoli 1994

Sikyonios

A. M. Belardinelli, Bari 1994

4. Weiterführende Literatur

Überlieferungsgeschichte

N. Dunbar, Aristophanes. Birds, Oxford 1995, 19–51

H. Erbse, Überlieferungsgeschichte der griechischen klassischen und hellenistischen Literatur. In: Die Textüberlieferung der antiken Literatur und der Bibel, München 1975, 207–284

F. Montana (Hrsg.), Interpretazioni antiche di Aristofane, Sarzana 2005

E. Pöhlmann, Einführung in die Überlieferungsgeschichte und in die Textkritik der antiken Literatur: Bd. 1, Darmstadt 1994 (ausführliche Bibliographie auf S. 147–157)

R. Parkinson, St. Quirke, Papyrus, London 1995 (British Museum)

L. D. Reynolds, N. G. Wilson, Scribes and scholars. A guide to the transmission of Greek and Latin literature, Oxford ³1991

R. Tosi, Studi sulla tradizione indiretta dei classici greci, Bologna 1988

E. Turner, Greek papyri: an introduction, Oxford 1980

Aufführungsbedingungen, institutioneller Rahmen

H. D. Blume, Einführung in das antike Theaterwesen, Darmstadt ³1991

E. Csapo, W. J. Slater, The context of ancient drama, Ann Arbor 1995

H.-J. Newiger, Drama und Theater, in: Ders., Drama und Theater. Ausgewählte Schriften zum griechischen Drama, Stuttgart 1996, 13–69

Ders., Ekkyklema und Mechané in der Inszenierung des griechischen Dramas, ebd. 96–106

A. Pickard-Cambridge, The dramatic festivals of Athens, Oxford ²1968 (1988)

E. Simon, Das antike Theater, Heidelberg 1972

Bauformen der Alten Komödie

Th. Gelzer, Der epirrhematische Agon bei Aristophanes, München 1960

P. Händel, Formen und Darstellungsweisen in der aristophanischen Komödie, Heidelberg 1963

Th. K. Hubbard, The mask of comedy. Aristophanes and the intertextual parabasis, Ithaca, London 1991

M. Landfester, Handlungsverlauf und Komik in den frühen Komödien des Aristophanes, Berlin, New York 1977

O. Imperio, Parabasi di Aristofane, Bari 2004

G. Kloss, Erscheinungsformen komischen Sprechens bei Aristophanes, Berlin, New York 2001, 238–285 (zum Prolog)

P. Mazon, Essai sur la composition des comédies d'Aristophane, Paris 1904

G. M. Sifakis, Parabasis and animal choruses, London 1971

P. Totaro, Le seconde parabasi di Aristofane, Stuttgart, Weimar 1999

Th. Zielinski, Die Gliederung der altattischen Komödie, Leipzig 1885

B. Zimmermann, Untersuchungen zur Form und dramatischen Technik der Aristophanischen Komödien (3 Bde.), Königstein, Frankfurt 1985–1987

Lyrik, Musik

A. Barker, Greek musical writings, Vol. I: The musician and his art, Cambridge 1984

A. M. Dale, The lyric metres of Greek drama, Cambridge ²1968

B. Gentili, R. Pretagostini (Hrsg.), La musica in Grecia, Roma, Bari 1988

A. J. Neubecker, Griechische Musik, Darmstadt 1977

L. P. E. Parker, The songs of Aristophanes, Oxford 1997

E. Pöhlmann, M.L. West, Documents of ancient Greek music, Oxford 2001

M. Silk, Aristophanes as a lyric poet, in: J. Henderson (Hrsg.), Aristophanes: Essays in interpretation, Yale Classical Studies 16, 1980, 99–151

M. L. West, Ancient Greek music, Oxford 1992

Vorgeschichte

L. Breitholz, Die dorische Farce im griechischen Mutteland vor dem 5. Jahrhundert. Hypothese oder Realität?, Stockholm, Göteborg, Uppsala 1960

A. Seeberg, From padded dancers to comedy, in: Stage directions. Essays in honour of E. W. Handley, London 1995, 1–12

M. Steinhart, Die Kunst der Nachahmung, Mainz 2004

Aristophanes und die Alte Komödie

Gesamtdarstellungen, Sammelbände, Forschungsberichte

J. M. Bremer, E. W. Handley (Hrsg.), Aristophane, Vandoeuvres, Genève 1993

K. J. Dover, Aristophanic comedy, London 1972

Th. Gelzer, Aristophanes der Komiker, Stuttgart 1971

ders., Aristophanes, in: G. A. Seeck (Hrsg.), Das griechische Drama, Darmstadt 1979, 258–306

A. Körte, Die griechische Komödie, Leipzig 1914

D. M. MacDowell, Aristophanes and Athens, Oxford 1995

G. Mastromarco, Introduzione a Aristofane, Bari 1995

P. v. Möllendorff, Aristophanes, Hildesheim, Zürich, New York 2002

M. Landfester, Geschichte der griechischen Komödie, in: G.A. Seeck (Hrsg.), Das griechische Drama, Darmstadt 1979, 354–400

H.-J. Newiger (Hrsg.), Aristophanes und die Alte Komödie, Darmstadt 1975

A. Pickard-Cambridge, Dithyramb, tragedy, comedy, Oxford [2]1962

E. Segal (Hrsg.), Oxford readings in Greek comedy, Oxford 1996

B. Zimmermann, Griechische Komödie, Anzeiger für die Altertumswissenschaft 45, 1992, 161–184; 47, 1994, 1–18 (wird fortgesetzt)

Spezialuntersuchungen

S. Beta, Il linguaggio nelle commedie di Aristofane. Parola positiva e parola negativa nella commedia antica, Roma 2004

A. Bierl, Der Chor in der Alten Komödie. Ritual und Performativität, München, Leipzig 2001

A. M. Bowie, Aristophanes. Myth, ritual and society, Cambridge 1993

Chr. Brockmann, Aristophanes und die Freiheit der Komödie, München, Leipzig 2003

P. Cartledge, Aristophanes and his theatre of the absurd, Bristol 1990

A. Ercolani (Hrsg.), Spoudaiogeloion. Form und Funktion der Verspottung in der aristophanischen Komödie, Stuttgart, Weimar 2002

Ed. Fraenkel, Beobachtungen zu Aristophanes, Roma 1962

M. Heath, Political comedy in Aristophanes, Göttingen 1987

F. Heberlein, Plythygieia. Zur Gegenwelt bei Aristophanes, Frankfurt 1980

J. Henderson, The maculate muse. New York, London [2]1991

G. Hertel, Die Allegorie von Reichtum und Armut. Ein aristophanisches Motiv und seine Abwandlungen in der abendländischen Literatur, Nürnberg 1969

W. Horn, Gebet und Gebetsparodie in den Komödien des Aristophanes, Nürnberg 1970

H. Kleinknecht, Die Gebetsparodie in der Antike, Stuttgart, Berlin 1937

G. Kloss, Erscheinungsformen komischen Sprechens bei Aristophanes, Berlin, New York 2001

K.-D. Koch, Kritische Idee und Komisches Thema. Untersuchungen zur Dramaturgie und zum Ethos der Aristophanischen Komödie, Bremen ²1968

W. Kraus, Aristophanes' politische Komödien (Die Acharner, Die Ritter), Wien 1985

Chr. Kugelmeier, Reflexe früher und zeitgenössicher Lyrik in der Alten attischen Komödie, Stuttgart, Leipzig 1996

P. v. Möllendorff, Grundlagen der Ästhetik der Alten Komödie. Untersuchungen zu Aristophanes und Michail Bachtin, Tübingen 1995

C. Moulton, Aristophanic poetry, Göttingen 1981

H.-J. Newiger, Metapher und Allegorie. München 1957

Ders., Die griechische Komödie, in: Ders., Drama und Theater. Ausgewählte Schriften zum griechischen Drama, Stuttgart 1996, 221–259

P. Rau, Paratragodia. Untersuchungen zu einer komischen Form des Aristophanes, München 1967

K. Reinhardt, Aristophanes und Athen (1938), in: H.-J. Newiger (Hrsg), Aristophanes und die Alte Komödie, Darmstadt 1975, 55–74

P. Reinders, Demos Pyknites. Untersuchungen zur Darstellung des Demos in der Alten Komödie, Stuttgart, Weimar 2001

R. M. Rosen, Old Comedy and the iambographic tradition, Atlanta 1988

K. J. Reckford, Aristophanes' old-and-new comedy, Chapel Hill, London 1987

W. Rösler, B. Zimmermann, Carnevale e utopia nella Grecia antica, Bari 1991

C. F. Russo, Aristophanes, an author for the stage, London 1994

M. S. Silk, Aristophanes and the definition of comedy, Oxford 2000

N. W. Slater, Spectator politics. Metatheatre and performance in Aristophanes, Philadelphia 2002

J. Spielvogel, Wirtschaft und Geld bei Aristophanes, Frankfurt/M. 2001

I. Stark, Die hämische Muse. Spott als soziale und mentale Kontrolle in der griechischen Komödie, München 2004

W. Süß, Aristophanes und die Nachwelt, Leipzig 1911

L. K. Taaffe, Aristophanes and women, London 1993

P. Thiercy, Aristophane: fiction et dramaturgie, Paris 1986

M. Treu, Undici cori comici. Aggressività, derisione e techniche drammatiche in Aristofane, Genova 1999

J. Werner, Aristophanes-Übersetzungen und Aristophanes-Bearbeitungen in Deutschland (1979), in: H.-J. Newiger (Hrsg.), Aristophanes und die Alte Komödie, Darmstadt 1975, 459–485

A. Willi (Hrsg.), The language of Greek Comedy, Oxford 2002

C. H. Whitman, Aristophanes and the comic hero, Cambridge, Mass. 1964

Vorgänger und Zeitgenossen des Aristophanes

D. Harvey, J. Wilkins (Hrsg.), The rivals of Aristophanes. Studies in Athenian Old Comedy, London 2000

R. Kerkhof, Dorische Posse, Epicharm und Attische Komödie, München, Leipzig 2001

I. C. Storey, Eupolis. Poet of Old Comedy, Oxford 2003

Mittlere Komödie

H.-G. Nesselrath, Die attische Mittlere Komödie. Ihre Stellung in der antiken Literaturkritik und Literaturgeschichte, Berlin, New York 1990

Menander und die Neue Komödie

W. G. Arnott, Menander, Plautus, Terence, Oxford 1975

H.-D. Blume, Menanders Samia. Eine Interpretation, Darmstadt 1974

Ders., Menander, Darmstadt 1998

J. Blundell, Menander and the monologue, Göttingen 1980

W.-H. Friedrich, Euripides und Diphilos. Zur Dramaturgie der Spätformen, München 1953

M. Fuhrmann, Lizenzen und Tabus des Lachens. Zur sozialen Grammatik der hellenistisch-römischen Komödie, in: W. Preisendanz, R. Warning (Hrsg.), Das Komische, München 1976, 65–101

S. M. Goldberg, The making of Menander's comedy, London 1980

E. W. Handley, A. Hurst (Hrsg.), Relire Ménandre, Genève 1990

N. Holzberg, Menander. Untersuchungen zur dramatischen Technik, Nürnberg 1974

R. L. Hunter, The New Comedy of Greece and Rome, Cambridge 1985

M. Krieter-Spiro, Sklaven, Köche und Hetären. Das Dienstpersonal bei Menander, Stuttgart, Leipzig 1997

E. Lefèvre, Menander, in: G. A. Seeck (Hrsg.), Das griechische Drama, Darmstadt 1979, 307–353

Ders., Diphilos und Plautus, Mainz 1984

Ders., Plautus und Philemon, Tübingen 1995

H.-J. Newiger, Die griechische Komödie, in: Ders., Drama und Theater. Ausgewählte Schriften zum griechischen Drama, Stuttgart 1996, 221–259

E. G. Turner (Hrsg.), Ménandre, Vandoeuvres-Genève 1969

G. Vogt-Spira, Dramaturgie des Zufalls. Tyche und Handeln in der Komödie Menanders, München 1992

T. B. L. Webster, An introduction to Menander, Manchester 1974

D. Wiles, The masks of Menander. Sign and meaning in Greek and Roman performance, Cambridge 1991

N. Zagagi, The comedy of Menander. Convention, variation and originality, London 1994

Glossar

Um die richtige Aussprache zu erleichtern, sind im Glossar alle griechischen Begriffe mit Akzenten versehen. Die griechischen Komödientitel und sonstige Eigennamen erscheinen jeweils zu Kapitelbeginn oder bei einmaligem Vorkommen an der jeweiligen Stelle mit Akzent.

Agón: wörtlich „Wettkampf"; Organisationsform dramatischer Aufführungen in Athen.

Aischrología: das Aussprechen von Schändlichkeiten, bes. Obszönitäten.

Amoibaíon: Wechselgesang.

Anagnórisis: Erkennen oder Wiedererkennen einer Person

Anapäst: Vers der Form Kürze, Kürze, Länge.

Ánceps: metrischer Fachbegriff, bezeichnet diejenige Stelle in einem Vers, an der Kürze, Länge oder Doppelkürze möglich sind.

Antepírrhema: Gegenstück zu Epirrhema.

Antikatakeleusmós: Gegenstück zu Katakeleusmos.

Anthesterien: dreitägiges „Blütenfest", mit dem der Beginn der Vegetationsperiode begrüßt wurde (Ende Februar).

Antode: Gegenstück zu einer Ode.

Árchon: athenischer Beamter.

Aulós: wörtlich „Flöte"; dem Klang einer Oboe vergleichbares Musikinstrument.

Bakchantin: Verehrerin/Anhängerin des Dioynisos.

Chorege: wörtlich „Chorführer"; eine Art indirekter Besteuerung in Athen, die zur Finanzierung der Tragödien- und Komödien- sowie Dithyrambenaufführungen bestimmt war.

Chorregie: Amt des Chorregen.

Choreut: Mitglied eines Chores.

Chorodidáskalos: Chorinstruktor, Regisseur.

Decórum: das „Angemessene"; Begriff aus der antiken Dichtungstheorie; griechisch prépon.

Démos: Volk, kleinste Verwaltungseinheit Attikas.

Dímeter: aus zwei Metren bestehender Vers.

Dionysien: Große (oder Städtische Dionysien); Hauptfest der Stadt Athen zu Ehren des Dionysios im März/April.

Dithýrambos: altes Kultlied zu Ehren des Dionysios.

Ekklesía: athenischen Volksversammlung.

Ekkýklema: Bühnenrequisit, flacher Wagen.

Embólimon: Einschub, Intermezzo, Chorlied ohne Bezug zur Handlung.

Epeisódion: zwischen zwei Chorliedern stehender Teil eines Dramas (Episode).

Epipárodos: Wiedereinzug des Chores.

Epírrhema: aus langversen bestehende, rezitierte Partie; Bestandteil der Parabase und des epirrhematischen Agons.

Epirrhematischer Agon: typische, aus zwei Teilen bestehende Bauform der Komödie (Diskussionsrunde).

Epirrhematische Syzygie: Element der Parabase, in dem der Chor über seine Rolle im Stück redet.

Episodische Szenen: auf die Parabase folgende Szenen.

Epitáphios: Totenrede.

Éxodos: wörtlich „Auszug"; auf das letzte Chorlied folgender, ein Drama beschließender Teil.

Gephyrismoí: an der Brücke gesungene Spottlieder anläßlich einer Prozession zu Ehren der Demeter bei den Eleusischen Mysterien.

Géranos: Theatermaschine (Kran) für den deus ex machina.

Gnorísmata: (Wieder-)Erkennungszeichen.

Hetairía: politischer Interessensverband/Club, meist aristokratisch-oligarchischer Gesinnung.

Hymnos: Lied zu Ehren eines Gottes.

Hypóthesis: kurze, von den Gelehrten der hellenistischen Zeit erstellte Inhaltsangaben.

Iambus: Metrum der Form Anceps, Länge, Kürze, Länge; als Trimeter Sprechvers im Drama.

Ioniker: Metrum der Form Kürze, Kürze, Länge, Länge.

Katakeleusmós: wörtlich „Aufforderung"; zwei Verse des Chorführers, die den epirrhematischen Agon einleiten.

Kataléxe, katalektisch: metrischer Fachbegriff; bezeichnet einen Vers, der um ein Element verkürzt ist.

Kommátion: wörtlich „Teilchen"; kurze, rezitierte, die Parabase eröffnende Partie.

Kommós: Wechselgesang in klagendem Ton.

Kómos: fröhlicher Festumzug mit Gesang (bes. zu Ehren des Dionysos), häufig auch im Anschluß an ein Symposion.

Kürze: metrischer Fachbegriff (breve); bezeichnet eine kurze Silbe.

Länge: metrischer Fachbegriff (longum); bezeichnet eine lange Silbe.

Lenäen: Fest zu Ehren des Dionysos zu Frühjahrsbeginn (Februar).

Makarismós: Lobpreis.

Mänade: s. Bakchantin.

Mechané: Bühnenmaschine (Kran) für den deus ex machina, auch Géranos genannt.

Metrik: Verslehre.

Monodie: Sologesang, Arie.

Ode: gesungene Partie; Teil der Parabase.

onomastí komodeín: „persönlicher Spott"; Verspottung unter namentlicher Nennung des Opfers (Technik der Alten Komödie).

Orchéstra: Tanzplatz des Chores im griechischen Theater.

Parabáse: für die Komödie typische Bauform, in der der Chor vor das Publikum tritt und in eigener Sache oder als Vertreter des Dichters spricht.

Paraklausíthyron: Klage des ausgesperrten Liebhabers.

Paratragodía: Tragödienparodie.

Párodos: Einzug des Chores.

Peripetie: entscheidende Wendung im Drama.

Phýle: wörtlich „Stamm"; Hauptverwaltungseinheit der attischen Demokratie; Attika untergliedert sich in zehn Phylen.

Pnígos: wörtlich „Ersticker"; aus Kurzversen bestehende Partie, in der ohne Luft zu holen gesprochen wird.

Pólis: Stadt.

Pompé: Prozession.

prépon: s. Decórum.

Proágon: wörtlich „Vorwettkampf; Vorstellung der Dichter und der Chöre vor Eröffnung der Dionysien.

Prolog: Eröffnungsteil eines Dramas vor dem Einzug des Chores.

Prósopon: wörtlich „Antlitz, Gesicht"; im Theaterwesen Bezeichnung für die Rolle und Maske eines Schauspielers/Chormitglieds.

Prytane: 50 Ratsherren bildeten als Prytanen im monatlichen Wechsel die athenische Exekutive.

Prytaneion: Versammlungshaus der Prytanen.

Schólion: erklärende Notiz in den Handschriften.

Skené: Bühne, Bühnenhintergrund.

Skenographía: Bühnenmalerei.

Skólia: Trinklieder, die bei einem Syposion angestimmt wurden.

Sphragís: wörtlich „Siegel"; den epirrhematischen Agon abschließende Partie.

Stásimon: „Standlied" des Chores, d.h. alle Chorlieder, nachdem der Chor nach
der Parodos seinen Standplatz in der Orchestra bezogen hat.

Sympósion: nach bestimmten Regeln ablaufendes Gelage.

Tetrámeter: aus vier Metren betsehender Vers.

Trímeter: aus drei Metren bestehender Vers.

Trochäus: Metrum der Form Länge, Kürze, Länge, Anceps.

Personenregister

Im Personenverzeichnis sind nur die Namen erwähnt, die nicht im Inhaltsverzeichnis erfaßt sind.

Sachregister